酒駕、正當防衛
與實證研究

——翰蘆圖書出版——

國家圖書館出版品預行編目資料

酒駕、正當法律程序與實證研究 / 張文菘著.
-- 初版. -- 臺北市：翰蘆圖書，2017.1
　　面：17×23 公分

　ISBN 978-986-93885-6-6（平裝）

　1. 交通法規　2. 行政程序法　3. 實證研究
557.13　　　　　　　　　　　　105024762

知識分享・文化傳播
翰蘆知識網 www.hanlu.com.tw

酒駕、正當法律程序與實證研究

張文菘

翰蘆圖書出版有限公司
www.hanlu.com.tw

酒駕、正當法律程序與實證研究

2017 年 1 月 初版發行

著　　　者	張文菘
發 行 人	洪詩棠
出 版 者	翰蘆圖書出版有限公司
法律顧問	許兆慶、彭國能、曾榮振（律師群依筆劃）
執行編輯	彭　筠
工作團隊	孫麗珠、許美鈴、王偉志、黃靜君
特約美術	石朝旭、何昀芳
印　　　製	金華排版打字行
電　　　話	02-2382-1169

總 經 銷	翰蘆圖書出版有限公司
地　　　址	台北市 100 重慶南路一段 121 號 5 樓之 11
電　　　話	02-2382-1120
傳　　　眞	02-2331-4416
網　　　址	http://www.hanlu.com.tw
信　　　箱	hanlu@hanlu.com.tw
大陸展售	廈門外圖集團有限公司
地　　　址	廈门市湖里区悦华路 8 号外图物流大厦 4 楼
電　　　話	86-592-2986298

ATM 轉帳	107-540-458-934 中國信託城中分行（代號 822）
郵政劃撥	15718419 翰蘆圖書出版有限公司

加入會員，直購優惠。

書局缺書，請告訴店家代訂或補書，或向本公司直購。

定價　新臺幣 500 元

序言

　　許多家庭心中共同的痛——酒駕。警政署統計顯示，我國酒駕肇事致死亡與受傷車禍，以 2003 至 2014 年為例，平均每 1 年約發生 9,137 件，造成約 442 人不幸死亡，此外還有 11,341 人受傷。為了抑制與打擊酒駕，立法院不斷修訂道路交通管理處罰條例加重第 35 條的處罰效果，包括：罰鍰、吊扣駕照、吊銷駕照、移置保管車輛等；並於 1999 年新增訂刑法第 185-3 條藉以處罰酒駕。20 年間，前後關於酒駕法令的修訂共達 13 次。

　　為此，我國刑事司法體系全面向酒駕宣戰，惟民主法治國家除執法目的正當外，更須兼顧執法的手段是否符合正當程序，十餘年來，因酒駕執法所衍生的爭議未休。本書以正當法律程序的內涵來探討與檢視相關的執法問題，進一步以社會科學問卷與統計方式深入了解影響酒駕的可能因素有那些。

　　最終目的冀望能提升執法的效能與兼顧人權，並期望透過分析影響酒駕的可能因素後，提出具體與可行的建議，以減少酒駕及產生的悲劇。

張文菘 謹識

105 年 12 月 18 日

目錄

第一章

緒 論

第一節　前言

我國道路交通事故每年發生件數約 50 餘萬件，其中約 2,000 人死亡，受傷人數逾 30 萬人次[1]。因道路交通事故所造成民眾之生命隕歿、身體重度傷害與財產損失，對個人及家庭之打擊，甚至社會平衡穩定之結構影響甚巨，因此，道路交通公共安全問題，實有必要進一步深入探討，相關研究背景分述如下：

一、酒駕位居嚴重交通事故（A1 類）原因之首位

道路交通事故發生之原因甚多，有交通工程所致、有天候影響、也有人為因素而導致肇事產生，其中因酒駕行為所引起者往往均是重大之 A1 類交通事故[2]，本書簡約臚列重大之酒駕事故於下[3]：

---

[1]　警政署統計室，www.npa.gov.tw，2016；衛生署統計室，www.doh.gov.tw，2016。

[2]　A1：係指造成人員當場或 24 小時內死亡之交通事故。
　　A2：造成人員受傷或超過 24 小時死亡之交通事故。

[3]　張文菘（2009），酒醉駕車犯罪之探討，第四屆海峽兩岸暨香港、澳門警學研討會論文集。

1996 年 11 月 13 日凌晨，台大農經系大四資優生（北一女資優跳級生）與好友文大畢生共乘機車，於台北市和平東路師大前，被酒駕男子當場撞死，該名台大應屆畢業生已準備申請美國常春藤名校就讀，家屬哀痛逾恆，無法接受事實。

1996 年 10 月 17 日凌晨，台北市政府警察局南港分局，副分局長劉繼倫、刑事組組長黃國勝，駕駛偵防車深夜督勤時，於台北市忠孝東路六段、東新街口，被酒駕男子謝富貴攔腰撞上，當場殉職。經查酒駕者之酒測值高過 0.7mg，而且超速闖紅燈撞上，兩位警官之幼兒才年約國小五、六年級，其眷屬高堂、夫人更是當場數度昏厥、無法言語。

1999 年 10 月 19 日凌晨，北市保安警察大隊，4 位員警於路邊執行勤務，遭酒駕女子蕭淑妃衝撞，一死二傷，員警黃志德被拖行百公尺後傷重不治！另一位員警郭振洲則被撞成重度殘障、大小便失禁，其父親老淚縱橫，不知如何面對未來之復健道路，但卻未見肇事者蕭淑妃道歉。

2007 年 6 月 6 日凌晨，一名宏恩醫院的護士林淑娟，原本值大夜班，返家途中卻遭逢歌手林曉培酒駕撞死之意外，而死者 8 歲的孩子坐在急診室外不發一語，場面令人鼻酸。林曉培酒測值高達 1.1mg。

2003 至 2014 年我國酒駕發生之肇事件數、死亡人數及受傷人數分析，詳如表 1-1、圖 1-1，在這 12 年間，酒駕死亡與受傷車禍，平均每 1 年約發生 9,137 件，並造成約 442 人不幸死亡，此外還有 11,341 人受傷。換言之，我國平均每一天就有 25 件酒駕肇事案件發生，更造成每日 1.2 人死亡，以及 31 人受傷之交通事故悲劇，顯見酒駕問題頗值得大眾共同關注[4]。酒駕肇事不斷，並造成家破人亡，是永遠無法彌補的傷痛，實難一一加以陳述。以上所臚列之個案，更無法完全表達十餘年來我國被害人與其眷屬心中之痛。「酒駕」導致車禍發生之原因，十餘年來排序，始終高居前一、二名，茲以 2010 年為例，如圖 1-2 所示（警政署統計室，2011）。

---

[4] 警政署統計室，www.npa.gov.tw，2016。

表 1-1　A1＋A2 類酒駕死亡與受傷車禍之統計分析表

項目　　年別	2003	2004	2005	2006	2007	2008
件　　數	6,613	7,455	8,458	9,440	9,888	9,579
死　　亡	459	454	547	727	576	500
受　　傷	8,559	9,738	10,800	11,810	12,199	11,906
死　　傷	9,018	10,192	11,347	12,537	12,775	12,406
項目　　年別	2009	2010	2011	2012	2013	2014
件　　數	9,796	10,998	11673	10115	8111	7513
死　　亡	397	419	439	376	245	169
受　　傷	12,154	13,525	14281	12193	9798	9135
死　　傷	12,551	13,944	14,720	12,569	10,043	9,304

資料來源：1. 警政署統計室，2016。
　　　　　2. A1：造成人員當場或 24 小時內死亡之交通事故。
　　　　　3. A2：造成人員受傷或超過 24 小時死亡之交通事故。
　　　　　4. 作者自行整理。

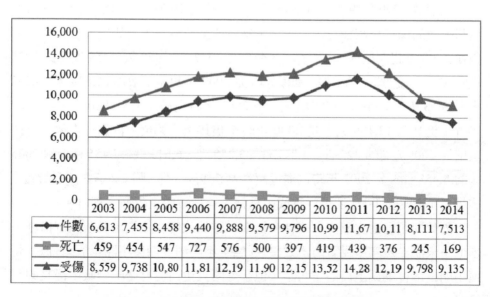

圖 1-1　A1＋A2 類酒駕死亡與受傷車禍趨勢圖

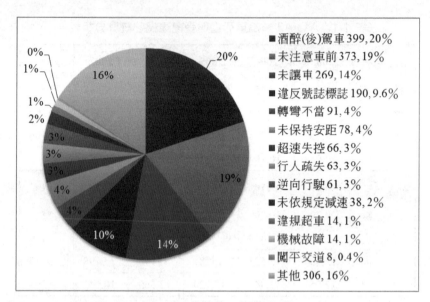

圖 1-2　2010 年 A1 類交通事故原因比例圖

二、刑法第 185-3 條實施後酒駕肇事不減反增

我國於 1999 年將酒駕行為刑罰化至今已逾 10 年，然酒駕發生的件數與酒駕導致的傷亡事故情形，似乎卻未獲得明顯改善，本書研究發現：死亡人數從 2000 年起開始增加：356 人、435 人、443 人、459 人、454 人，到 2006 年時 727 人，已達 2 倍成長。受傷人數從 2000 年起開始增加：5,824 人、6,252 人、6,663 人、8,559 人、9,738 人，至 2005 年時已破萬人 10,800 人，至 2007 年時，更高達 12,199 人，是 2000 年時 2 倍以上之幅度。酒駕死亡與受傷件數則從 2000 年起 4,322 件、4,841 件、5,259 件、6,613 件、7,455 件，到 2005 年的 8,458 件、至 2007 年時已逼近萬件高達 9,888 件，躍 2.2 倍之成長幅度，詳見表 1-1 與圖 1-1。酒駕行為成因為何，有待本書進行深入探討。

酒駕問題已衍生出許多的社會衝擊，雖然政府相繼推出各項防制措施，卻似乎未能從數字中見著防治效果。「開車不喝酒、酒後不開車」，看似一句連小朋友都會朗朗上口的一句話，但卻是國人生命與財產防禦戰中漫長的一條路。

　　針對酒駕肇事造成人民生命的隕歿、身體重度傷害與財產損失等問題之嚴重性，立法機關在 1999 年 4 月將酒駕行爲納入刑法公共危險罪章規範（刑法第 185-3 條）正式實施。若以該年爲分界探究：A1 類交通事故案件中，肇因爲酒駕者，1995～1998 年平均每年約發生 343 件，造成 306 人死亡；1999 年刑法第 185-3 條實施當年計發生 266 件，造成 261 人死亡；2000～2014 年平均每年約發生 412 件，造成 436 人死亡；而 1995～2014 年累計 20 年之平均死亡情形，每年約發生 391 件，造成 401 人死亡[5]（張文菘，2011）。透過上述數據分析可以了解到：刑法第 185-3 條實施後之酒駕死亡車禍平均數值是高於刑法第 185-3 條實施前，亦高於前後 20 年間，因酒駕衍生之平均死亡件數與平均死亡人數，詳如表 1-2、圖 1-3。

　　1999 年酒駕行爲納入刑法公共危險罪章正式實施後，因酒駕肇事所造成之傷亡情形，卻似有更加嚴重的趨勢，亂世用重典是一般民眾對於防制犯罪的傳統觀點[6]（侯崇文，1997；許福生，2010），惟其處罰成效仍待進一步探究。

表 1-2　刑法第 185-3 條實施前後：A1 酒駕死亡車禍對照表

項目＼年別	1995-1998 實施前平均值	1999 過渡期	2000-2014 實施後平均值	1995-2014 總　平　均
A1 件數	343	266	412	391
酒駕死亡人數	306	261	436	401

資料來源：1. 警政署統計室，2016。
　　　　　2. A1：造成人員當場或 24 小時內死亡之交通事故。
　　　　　3. A2：造成人員受傷或超過 24 小時死亡之交通事故。
　　　　　4. 作者自行整理。

---

[5]　張文菘（2011），社會控制與酒駕行爲之省思，2011 年台灣警學與安全管理研討會論文集。
[6]　侯崇文、許福生（1997），治亂世用重典社會意向之研究，犯罪學期刊，第 3 期，頁 43-57。
　　許福生（2010），犯罪與刑事政策學，元照出版有限公司。

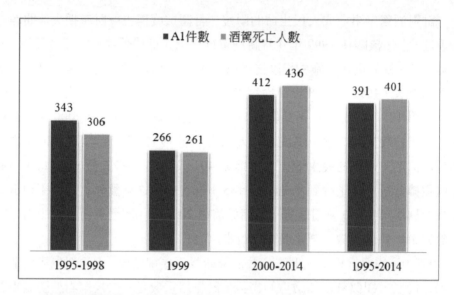

圖 1-3　刑法第 185-3 條實施前後：A1 類酒駕死亡車禍比較統計圖

三、因酒駕犯罪自 2000 年起躍居整體犯罪案件首位

　　以我國於 1999 年時將酒後不能安全駕駛犯罪化為界限，詳加分析：在 1999 年以前，我國犯罪總起訴平均人數每年約 14 萬，其中公共危險罪起訴人數僅約 1,000 人左右，故公共危險罪起訴之人數佔全部刑案中之比例，僅僅是 7‰，詳如表 1-3。

　　然 1999 年立法院將酒後不能安全駕駛刑罰化之後，公共危險罪之起訴人數，卻起了大幅的變化，在 2000～2014 年，這 15 年間我國犯罪總起訴平均人數每年約 187,794 人，較過去平均增加了約 4 萬多人，其中公共危險罪起訴人數成長的幅度，即為過去的 39 倍，約為 39,339 人左右。而公共危險罪起訴人數與全部刑事案件相較，即佔全部刑事案件之 21%，如此鉅大的變化，使得「公共危險罪」罪名排序由原本的最後，躍居為第一。這是因為 1999 年立法院將酒後不能安全駕駛刑罰化後，受到酒駕公共危險犯罪人數激增之影響。以 2000～2014 年為例，酒後不能安全駕駛起訴之人數佔公共危險罪起訴之比例即高達 93.1%，詳如表 1-3：

表 1-3　酒駕犯罪化前與後：刑事案件、公共危險罪、
　　　　酒後不能安全駕駛起訴之對照統計表

年別＼項目	1999 年以前（酒駕犯罪化前）	2000～2014 年（酒駕犯罪化後）
刑事案件起訴人數	平均約 14 萬 / 年	平均約 18.7 萬 / 年
公共危險罪起訴人數	平均約 1 千 / 年	平均約 3.9 萬 / 年
公共危險罪起訴人數佔全部刑事案件之比例	0.7%	21%　罪名排序高居第一
酒後不能安全駕駛起訴人數	－	平均約 3.6 萬 / 年
酒駕起訴人數佔公共危險罪起訴之比例	－	93.1%

資料來源：1. 法務部統計處，2016。
　　　　　2. 作者自行整理。

　　國內學者曾採用質性的德菲研究法，對 12 位犯罪相當精熟之專家學者，匯萃其對我國未來犯罪趨向之預測，其中論及「公共危險犯罪」一項看法時，有超過一半 58.3% 之專家認為未來會增加，至於對未來公共危險犯罪「手法」之看法時，則全數 100% 認為以「酒駕」會最多[7]（謝文彥、許春金，2005）。經過本書之深入分析，2005 年的此項研究，可說非常成功而準確地預測了 2005～2009 年的公共危險酒駕犯罪之發展趨勢。以 2007 年為例，該年經法院裁判確定移送檢察機關執行有罪總人數約為 173,711 人，依罪名分析，以公共危險罪（其中約 94% 為違背安全駕駛）人數最多，占全部刑案有罪總人數的 23.6%。

　　政府為遏阻日益嚴重之酒駕肇禍事件，於 1999 年 4 月 21 日增訂刑法第 185-3 條，由於酒駕刑罰化後，確實對於我國犯罪產生了相當的影響，本書茲將近年來公共危險罪之趨勢發展，分析說明如下[8]（法務部，2011）：

---

[7]　謝文彥、許春金（2005），台灣地區未來犯罪趨向之質性研究，中央警察大學犯罪防治學報第六期。
[8]　法務部（2011），犯罪狀況及其分析，http://www.moj.gov.tw。

公共危險罪與酒後不能安全駕駛定罪部分，2002 年公共危險罪定罪人數約 3 萬 5 千人以上（酒駕約 3 萬 3 千人），占全部刑案定罪人數的 28%，高居犯罪案件之首位。2003 年時，公共危險罪定罪人數約 2 萬 8 千人（酒駕約 2 萬 5 千人），占全部刑案定罪人數的 21%，高居犯罪案件首位。2004 年時，公共危險罪定罪人數約 2 萬 3 千人（酒駕約 2 萬 1 千人），占全部刑案定罪人數的 20.3%，高居犯罪案件之首位。2005 年時，公共危險罪定罪人數約 2 萬 6 千人（酒駕約 2 萬 4 千人），占全部刑案定罪人數的 20.7%，高居犯罪案件之首位。2006 年時，公共危險罪定罪人數約約 2 萬 8 千人（酒駕約 2 萬 6 千人），占全部刑案定罪人數的 19.7%，高居犯罪案件之首位。2007 年時，公共危險罪定罪人數為已突破 4 萬人，占全部刑案定罪人數的 23.6%，高居犯罪案件之首位。2008 年時，公共危險罪定罪人數為 4 萬 3 千人以上，占全部刑案定罪人數的 22.1%，高居犯罪案件之首位。2009 年時，公共危險罪定罪人數為 45,899 人，占全部刑案定罪人數的 24.1%，高居犯罪案件之首位。直到 2014 年，公共危險罪定罪人數更躍升為 7 萬 1 千人，達全部刑案定罪人數的 37.6%，仍然高居犯罪案件之首位。詳見表 1-4、圖 1-4。茲以 2014 年我國地方法院檢察署執行裁判確定有罪人數為例，如圖 1-5 所示（法務部，2016）。

表 1-4　公共危險罪與酒後不能安全駕駛定罪統計表

項　目　＼　年　別	2003	2004	2005	2006	2007	2008
公共危險定罪人數	28,050	23,358	26,263	28,696	41,081	43,867
占全部刑案定罪人數（%）	21	20.3	20.7	19.7	23.6	22.1
酒後不能安全駕駛定罪人數	25,735	21,624	24,312	26,857	38,453	41,342
項　目　＼　年　別	2009	2010	2011	2012	2013	2014
公共危險定罪人數	45,899	43,333	43,911	47,476	48,231	70,938
占全部刑案定罪人數（%）	24.1	24.1	25	27.3	28.6	37.6
酒後不能安全駕駛定罪人數	42,963	40,399	40,860	44,266	45,123	68,145

資料來源：1. 法務部，2016。
　　　　　 2. 作者自行整理。

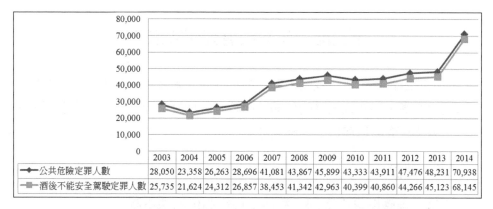

圖 1-4　公共危險罪與酒後不能安全駕駛定罪之趨勢圖

資料來源：作者自行繪製。

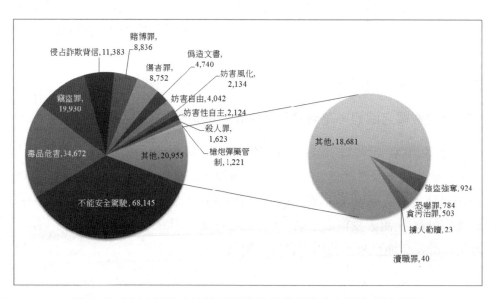

圖 1-5　2014 年地方法院檢察署執行裁判確定有罪人數比例圖

第二節　研究動機與研究目的

　　如前問題背景所述，我國十餘年酒駕問題的嚴重性，吾人可了解酒駕肇事造成的悲劇，是難以彌補的傷痛，同時也影響警察同仁執法之安全問題，茲將本書之研究動機與目的，臚列於下：

一、研究動機

(一) 酒駕面臨嚴厲之行政罰，為何違規行為仍無法下降

　　為了嚴懲酒駕違規人，立法院一直藉三讀修改「道路交通管理處罰條例」，以加重處罰酒駕違規之行為，例如：採取吊扣駕駛執照手段並加倍處罰時間、吊銷駕駛執照、當場移置保管車輛、道路交通安全講習、提高罰鍰等方式，近年來，酒駕之違規駕駛人，雖然須面臨逐漸嚴厲之行政罰處罰效果，惟酒駕卻並無下降之趨勢，每年平均在 10 萬件以上[9]，何種特性之行為人較易發生酒駕行為，值得深入探究分析，此為本書研究動機一。

(二) 面對嚴厲之處罰，為何酒駕肇事傷亡嚴重

　　近 20 年來（1995～2014），酒駕行為，一直位於駕駛人 A1 類肇事十大原因之前三名；因酒駕發生的道路交通事故始終高居不下，進一步分析 2000～2014 年，平均每年因酒駕所發生的道路交通事故超過 8 千件，並導致數百人死亡以及 1 萬人受傷之悲劇[10]。究竟是什麼原因導致民眾酒駕行為不斷，並衍生許多交通事故，此為本書研究動機二。

---

[9] 張文菘（2008a），防治酒醉駕車公共危險犯罪之思維，2008 年台灣警學與安全管理研討會論文集。

[10] 警政署統計室，www.npa.gov.tw，2016。

(三) 酒駕面臨嚴厲之刑罰，為何酒駕公共危險罪高居不下

酒駕引發的社會問題，1999 年對吾人而言是一個很好的觀察點，因為，這一年是我國將酒駕違規行為予以犯罪化之分水嶺，立法院正式將酒駕行為納入刑法公共危險罪章規範第 185-3 條實施，易言之，從今而後，酒駕不再只是被警察開一張交通違規罰單即可了事，嚴重的酒駕行為當事人尚須接受此一公共危險罪刑事罰制裁並移送地檢署偵辦，此即代表政府採取了更強硬之刑事政策。進一步分析酒駕觸犯公共危險罪行為之狀況，本書研究發現酒駕不能安全駕駛佔國內公共危險罪被起訴之比例最高，以 2000～2014 年為例，平均高達 93.1%，這使得公共危險罪在全部刑案中約占 21%，這樣的變化進而使得公共危險罪名排序，自 2002 年以來至今，始終高居第一，前業已詳加說明，如圖 1-5。雖然，政府已採取嚴厲的刑事罰處罰效果，惟酒駕不能安全駕駛卻無下降趨勢，值得吾人深入探究分析！此為本書研究之動機三。

二、研究目的

許多研究文獻，皆從酒駕之執法層面探討，以防制酒駕行為發生，皆屬於防制對策層面之治標手段；惟尚缺乏從酒駕者個人之特徵進行衡量、分析之重要工作。故本書認為基於犯罪學研究之目標理念，對於酒駕行為之研究，應朝向更積極之治本面進行，並遵循下列方向，深入探究：

(一) 探討警察人員執行取締酒駕所面臨的問題

探討正當法律程序原則適用警察人員執行酒駕取締程序所面臨的問題。

(二) 提供警察人員執行酒駕勤務改進作為

藉上述問題的探討，提供日後我國警察人員執行取締酒駕勤務應改進之作為。

(三) 探討酒駕行為人特性

本書以問卷調查方式，深入探討台北市酒駕行為人之個人基本特性如：性別、年齡、教育程度、職業、收入與犯罪前科紀錄等。

(四) 分析控制、機會因素對酒駕及非酒駕行為影響之差異

本書透過問卷調查方式，比較酒駕組及非酒駕組在控制因素與機會因素中各變項之差異情形。

(五) 探討酒駕行為之影響因素

本書以個人基本特性、控制與機會因素各變項為自變項、酒駕行為作為依變項，進行複迴歸分析，以深入瞭解酒駕行為之影響因素。

(六) 根據研究發現擬定酒駕行為之防治對策

根據本書發現，找出顯著影響酒駕行為之成因後，對於誘發酒駕行為之原因，可經由人為介入控制、改善者，擬定具體的防治對策，冀望能有效地降低因酒駕行為所引發之悲劇。

第三節　重要名詞

一、控制因素

許多犯罪學理論都具有控制的概念，包括早期 18 世紀古典學派的刑罰控制理論，強調藉由法律威嚇效果來達到控制人不犯罪之目的、19 世紀 Durkheim 的大環境社會規範的控制理論，則強調社會規範之明確性程度對於犯罪之影響、1969 年 Hirschi 提出的社會控制理論（社會鍵理論），強調 4 個社會鍵對於個體行為影響之重要性、而 1990 年 Gottfredson 以及 Hirschi 提出的自我控制理論，主張低自我控制因素對於犯罪之重要影響，而且該傾向一旦形成終身不易改變。

綜合以上研究文獻，本書係引藉 Hirschi 的社會控制理論與 Gottfredson 以及 Hirschi 提出的自我控制理論為中介變項，其中社會控制理論包括家庭監控、同儕附著、酒駕法律信仰、以及酒駕危險了解等 4 個變項對於酒駕行為之影響；自我控制理論包括衝動性、冒險性、自我中心、低挫折容忍力、投機性、以及體力活動等 6 個變項對於個人酒駕行為之影響（Grasmick, Tittle, Bursik & Arneklev, 1993；陳明志，2008；張文菘，2010b）。

二、機會因素

相關犯罪學理論提出機會因素會促使犯罪發生的重要觀點是源於日常活動理論，該理論又源於古典犯罪理論之論點，人是理性與自由意志的。而後許多犯罪學理論的發展均將機會因素包含在內，例如自我控制理論發展之初僅強調低自我控制對於犯罪發生之重要性，而後引藉機會的概念來說明犯罪發生不僅只於低自我控制因素而已，尚需要其他的條件配合，例如機會（許春金，2010a）。

綜合以上研究文獻，本書研究以日常活動理論為主，探討飲酒情境監控、飲酒情境、大眾交通便利性、執法感受、娛樂型、消遣型與運動型休閒型態等 7 個變項對於酒駕行為之影響（陳明志，2008；Cavaiola & Wuth, 2002；張文菘，2010b）。

三、酒駕行為

酒駕行為係本書之依變項，其操作型定義說明如下：

何謂酒駕行為，並無法律上之統一名稱。惟一般而言，可從三方面來論，包括：「酒後駕車行為」、「道路交通管理處罰條例第 35 條」、以及「刑法第 185-3 條」。

本書研究「酒駕行為」係包含以下 3 項行為：

1. 酒後駕車行為（酒後駕車[11]）：自陳過去 3 個月，喝酒駕車次數（不含

---

[11] 凡是駕駛人在飲酒後，體內酒精尚未完全消除之狀態下駕駛車輛統稱為：「酒後駕車」，亦

被警察取締次數）。

2. 2013 年以前道路交通管理處罰條例第 35 條之處罰對象（酒駕[12]）：酒駕（0.25 mg/l 以上，0.55 mg/l 以下）被取締次數。

3. 2013 年以前刑法第 185-3 條之處罰對象（酒後不能安全駕駛[13]）：酒駕（0.55 mg/l 以上）被取締次數。

因此，本書研究所謂的「酒駕行為」係指「自陳過去 3 個月，喝酒駕車次數」、「0.25 mg/l 以上，0.55 mg/l 以下酒駕被取締次數」、以及「0.55 mg/l 以上酒駕被取締次數」等 3 項行為總和。

茲將上述 3 項「酒後駕車」、「酒駕」、與「酒後不能安全駕駛」名詞詮釋，以圖 1-6 表示如下：

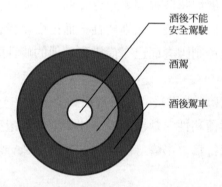

圖 1-6 「酒後駕車」、「酒駕」與「酒後不能安全駕駛」之比較

註：1. 酒後駕車係指「凡是有酒精濃度者」。
　　2. 酒駕係指「酒精濃度 0.25 mg/l 以上，0.55 mg/l 以下」。
　　3. 酒後不能安全駕駛係指「酒精濃度 0.55 mg/l 以上」。
資料來源：作者自行繪製。

即不論駕駛人體內酒精含量多寡，只要是酒後駕車均屬之，此種概念，一般對名稱認知上較無爭議。

[12] 2013 年以前道路交通管理處罰條例第 35 條略以：「酒精濃度超過規定標準，處新臺幣一萬五千元以上六萬元以下罰鍰，並當場移置保管該汽車及吊扣其駕駛執照一年；因而肇事致人受傷者，並吊扣其駕駛執照二年；致人重傷或死亡者，吊銷其駕駛執照，並不得再考領。」

[13] 2013 年以前刑法第 185-3 條規定：「服用毒品、麻醉藥品、酒類或其他相類之物，不能安全駕駛動力交通工具而駕駛者，處二年以下有期徒刑、拘役或科或併科二十萬元以下罰金。」

第二章

相關理論與文獻探討

第一節　美國聯邦最高法院案例之分析

一、BROWN v. TEXAS, 443 U.S. 47（1979）

- 美國聯邦最高法院
- BROWN 對 TEXAS 案[1]

(一) 案例事實

　　兩名警官於近午時分以巡邏車進行巡邏任務時，於毒品交易頻繁之某一地區，發現上訴人與另一人於一巷道中正向彼此之相反方向走開。警官攔下上訴人要求其表明身分並解釋其有何作為。其中一名警官證稱：他攔下上訴人係因當時狀況「看似可疑且其從未於該地區內看過該名當事人」。警官們並未表示其懷疑上訴人有任何不當行為，亦無任何理由使其相信上訴人攜帶武器。當上訴人拒絕表明身分時，隨即因違反德州法律而遭到逮捕，該項法律規定個人拒絕向「合法進行攔問」之警官告知姓名、地址者即構成一項犯罪行為。上訴人以該項法律違反憲法第1、第4、第5及第14修正案而請求撤銷上訴人違反該項法律規定之控訴，但遭到駁回，並判決有罪而處以罰金。

---

[1]　參見 BROWN v. TEXAS, 443 U.S. 47 全文，http://laws.findlaw.com/us/443/47.html。

(二) 最高法院主張

適用此項德州法律拘留上訴人並要求其表明身分，係違反第 4 修正案，因該等警官欠缺任何合理之懷疑足以使其相信上訴人當時或曾經從事犯罪行為。拘留上訴人要求其表明身分構成對其人身之拘束，依據第 4 修正案對人身之拘束須具有「合理性」。參照 Terry 對 Ohio 案，392 U.S. 1；United States 對 Brignoni-Ponce 案，U.S. 873。第 4 修正案要求該等人身拘束須基於特定客觀之事實顯示社會法益有必要採取此等行動， 抑或執行該等人身拘束之行為須依據某項規定，其中具體顯示對個別員警之行為加以明確中立之限制。參照 Delaware 對 Prouse 案，440 U.S. 648。本案中，州政府並未主張上訴人之遭到攔阻係依據一項具體中立之標準，而該等警官之行為並未能基於下述理由而得以正當化，亦即其係根據客觀事實而得以合理懷疑上訴人涉及犯罪活動。因欠缺懷疑上訴人有不當行為之任何根據，基於犯罪防治之公共利益與上訴人個人 [443 U.S. 47, 48] 安全與隱私權之間之平衡，則傾向於保護免於警方干涉之自由。

(三) 裁判要旨

原判決撤銷。最高法院審判長 BURGER, C.J. 陳述法院達成一致性裁判之理由。

最高法院審判長宣示該法庭之判斷理由。

本件上訴質疑上訴人因拒絕遵照員警之要求表明身分，而根據德州刑法之規定此等拒絕依要求表明身分之行為即構成犯罪，惟上訴人受此有罪之判決是否具正當性？

說明一：

於 1977 年 12 月 9 日下午 12 時 45 分，El Paso 縣警局警官 Venegas 與 Sotelo 正以巡邏車進行巡邏任務。他們發現上訴人與另一名男子於一巷道中正向彼此之相反方向走開。雖然上訴人與該名男子最初被發現時相距數公尺遠，但

Venegas 警官於其後作證表示兩名警官均相信上訴人與該男子兩人於巡邏車出現之前曾經聚於一處或即將碰面。

巡邏車進入該巷道中，Venegas 警官下車要求上訴人表明其身分並說明 [443 U.S. 47, 49] 其於現場何為？另一名男子並未遭到盤問或拘留。該警官證稱：其攔下上訴人係因當時情況「啟人疑竇且我們之前未曾於該地區看過該名當事人」。上訴人遭攔下之 El Paso 縣一帶係屬毒品交易發生率高之地區。然而，警方並未表示懷疑上訴人有任何特定不法行為，其亦無任何理由相信上訴人有任何武裝。

上訴人拒絕表明其身分並忿怒質疑警官並無權利攔下他。Venegas 警官回稱上訴人身處於「高度毒品問題地區」；Sotelo 警官隨後對上訴人進行「搜身」，但並無任何發現。

當上訴人繼續拒絕表明身分，隨即因違反德州刑法 Ann., Tit, 8, 38 (1974) 而遭到逮捕，該條款之規定使個人拒絕提供其姓名與地址予「合法對其攔問」之員警者即構成一犯罪行為。進行逮捕之後員警隨即對上訴人進行搜查，但未發現有任何不法。

上訴人被帶往 El Paso 縣立監獄時乃表明身分。然而，上訴人遭到拘留並控以違反 38.02(a) 之規定。當上訴人登入拘留時遭到第三次慣例性之搜索。上訴人於 El Paso 市鎮法院以違反 38.02 之規定被判有罪並科以 20 元罰金及負擔法院費用。上訴人隨後即行使其基於德州法律規定之權利於 El Paso 縣級法院進行重審。於該審級中上訴人以德州刑法第 38.02(a) 之規定違反憲法第 1、第 4、第 5 修正案、且就憲法第 14 修正案之違反具有違憲性之不明確，故要求撤銷該項控訴。第 [443 U.S. 47, 49] 號案件之請求遭到駁回。上訴人放棄陪審團之陪審，法院則判決其有罪並科以 45 元罰金及負擔法院費用。

基於德州法律規定，由初級法院向縣級法院提出之上訴僅限於原審判決所科之罰金超過 100 元時始得為進一步之審理。參照德州刑事程序法 Ann., 第 4.03 條（Vernon 1997）。因此，縣級法院之駁回上訴人之憲法上主張係「由州之最高層級法院就其所能為之裁判範圍內」作成之一項裁決。28 U.S.C. 1257(2)。於此上訴案件本院似有管轄權。439 U.S. 909 (1978)。本院撤銷原判決。

說明二：

當該等員警因要求上訴人表明身分而對其加以拘留者，其係依憲法第 4 修正案之規定執行對上訴人個人人身之拘束。於判定上訴人有罪之時，縣級法院事實上必須發現該等員警有「合法攔阻」上訴人之情事。參照德州刑法 Ann.，第 8, 38.02 條（1974）。當然，憲法第 4 修正案「適用於所有人身之拘束，其包括僅有短暫扣留而非傳統上逮捕之羈押行為。參照 Davis 對 Mississippi 案 394 U.S. 721 (1969)；Terry 對 Ohio 案 392 U.S. 1, 16-19 (1968)。當員警向前盤問一名個人並限制其離去之自由時，該名員警即已「拘束」該名個人，而一如前述，第 5 修正案要求人身之拘束行為必須「合理」。參照 United States 對 Brignoni-Ponce 案 422 U.S. 873, 878 (1975)。

此等比傳統上逮捕具有較少干預性之人身拘束（參閱 Dunaway 對 New York 案 442 U.S. 200, 209, 210 (1979)），其合理性在於「公共利益與個人安全免於執法員警任意干預之權利間之衡平」，參照 Pennsylvania 對 Mimms 案 434 U.S. 106, 109 (1977)；United States 對 Brignoni-Ponce, supra 案 878。對於該等羈押合憲性之思考牽涉到 [443 U.S. 47] 由該等人身拘束行為所傳達出之公益性考量重要性之衡量、該等人身拘束行為增進公共利益之程度、以及其對個人自由干預之嚴重性。例如 422 U.S. 第 878-883 頁參照。

基於如何衡平於各種背景下相互衝突性考量所為之中心思考，在於確保個人對其隱私權之合理期待，非僅由員警於該範圍內之自由裁量即得為任意之侵犯。參照 Delaware 對 Prouse 案 440 U.S. 648, 654-655 (1979)；United States 對 Brignoni-Ponce, supra 案 882。為了此一目的，憲法第 4 修正案要求一項人身拘束行為，必須基於特定客觀之事實，指出因社會之適法性利益必須對該特定人進行人身拘束，或該人身拘束行為必須依據一定之規定執行而且該規定具體顯示對個別員警行為加以明確中立性限制。Delaware 對 Prouse, supra 案 663。參照 United States 對 Martinez-Fuerte, 428 U.S. 543, 558-562 (1976)。

州政府並未聲明係依據具有中立性之執行標準而對上訴人加以攔阻，但卻主張該等警官之攔阻上訴人具有合法性，因其員警有「合理、明確之懷疑

某項犯罪才剛發生、或正在發生、或即將發生」。本院認同於某些情況下即使員警並無「可能之訴因」相信嫌疑犯牽涉到犯罪活動（即如傳統之逮捕行為所要求之條件）仍得以短暫拘留嫌疑犯加以訊問。United States 對 Brignoni-Ponce, supra 案 880-881。參照 Terry 對 Ohio, supra 案 25-26。然而本院要求員警基於客觀事實須有合理之懷疑該個人牽涉到犯罪活動。Delaware 對 Prouse, supra 案 663；United States 對 Brignoni-Ponce, supra 案 882-883；並參照 Lanzetta 對 New Jersey 案 306 U.S. 451 (1939)。

本件州政府案件之缺失在於本件員警扣留上訴人之前並無任何 [443 U.S. 47.52] 之情況存在以獲致一合理懷疑上訴人牽涉到犯罪行為。Venegas 警官於上訴人之審訊中證稱事發巷道中之情況「看似可疑」，但其無法指出任何事證支持該項推論。筆錄中亦未指出人們置身巷道中有何不尋常之處。上訴人於毒品使用者經常出現地區佇立之事實，並不能作為推論上訴人本身參與犯罪行為之基礎。簡而言之，上訴人之行動與該地區其他行人之活動並無不同。於追問下，Venegas 警官承認其攔下上訴人之唯一理由係為確認上訴人身分。筆錄顯示出可理解之意圖以維護警方存在之必要，然而，該項目的並未否定憲法第 4 修正案所賦予之保障。

對上訴人有不法行為之懷疑欠缺任何基礎之情況下，公共利益與上訴人個人安全及隱私權權利之間之衡平，傾向於保護免於警方干擾之自由。據以攔問上訴人表明身分之德州法律係設計以促進於大都會中心防治犯罪之重要社會目標。但即使假定於缺乏任何特定基礎足以相信某一個人牽涉到犯罪活動之情形下而仍對其加以攔截要求出示身分，於某種程度上得以滿足此一社會目標，然而基於憲法第 4 修正案之保障仍無法允許此等行為。當此一攔阻未能基於客觀標準而為之時，任意濫用警方公權力之風險即超出可容忍之限度。參照 Delaware 對 Prouse, supra 案 661. [443 U.S. 47, 53]。

適用德州刑法 Ann., Tit, 8, 38.02 (1974) 規定攔阻上訴人要求其表明身分係違反憲法第 4 修正案，因員警欠缺任何合理懷疑足以相信上訴人正從事或曾從事犯罪行為。是以，上訴人不得因拒絕表明身分而遭受處罰，該項判決撤銷。

判決理由之附錄：

法院：……如果你合法攔下某人，而因其不願與你交談，你即以其觸犯罪行加以拘禁，對此你有何看法？

PATTON 檢察官：首先，我將質疑被告於其答辯中所聲明憲法第 1 修正案所賦予個人保持緘默之權利。

法院：……我所問你的是，為何因你不願說任何話，州政府就將你拘禁？

PATTON 檢察官：嗯，我想是有某些利益必須加以考量。

法院：好，請你告訴我那些利益是……

PATTON 檢察官：嗯，政府之公利以維護社會本身以及居住於該社會中之市民的安全與保障，且因該導向上特定之強大政府公益，此等利益價值超過於某種程度上侵犯個人自由所代表之個人利益。如果僅僅在適當情況下詢問個人的姓名住址，我想在這方面政府公益之價值超過個人利益 [443 U.S. 47, 54]。

法院：但是為什麼不予應答會構成犯罪？

PATTON 檢察官：我只能說如果不作答覆，這導致破壞。

法院：會導致什麼破壞？

PATTON 檢察官：我想這會破壞這個社會維護其市民安全以確保市民所得與居家安全之目標。

法院：以執行刑罰強迫人們（即使係經合法攔阻）告知姓名住址，要如何保障任何人？

PATTON 檢察官：嗯，您也了解，於某些情況下個人經合法攔阻，則推定該個人即將為某些行為，而員警盡其職責也僅僅是查出該個人之姓名住址，並判斷究竟怎麼回事。

法院：我不是質疑、質問是否該名警官不該進行詢問。我相信他們應該詢問每一件可能可以發現的事。我現在所問的是什麼樣的州政府公益可以因某個人不願回答某些事就將他拘禁。我知道許多時候員警會對被告給予緘默權告知，這表示被告不需要作任何聲明。然而許多被告仍然

進行自白，如果他們希望如此也是可以的。但如果他們不作自白，你不能因其拒絕自白罪行就加以拘禁，不是嗎？App. 15-17（特別強調）。

(四) 論點分析

本件上訴質疑上訴人因拒絕遵照員警之要求表明身分，而根據德州刑法之規定此等拒絕依要求表明身分之行為即構成犯罪，惟上訴人受此有罪之判決是否具正當性？

最高法院認為第 4 修正案應具備之實質正當要件如下：

1. 拘留上訴人要求其表明身分構成對其人身之拘束，依據第 4 修正案對人身之拘束必須具有「合理性」。
2. 第 4 修正案要求該等人身拘束須基於特定客觀之事實顯示社會法益有必要採取此等行動。
3. 警方執行人身拘束之行為須依據某項規定，其中具體顯示對個別員警之行為加以明確中立之限制。
4. 執勤警官之行為並未能基於客觀事實而得以正當化。

最高法院基於以上之論點，檢視本案之具體事實情節而認定：

1. 因執勤的警官欠缺任何合理之懷疑足以使其相信上訴人當時或曾經從事犯罪行為。
2. 本案中，州政府並未主張上訴人之遭到攔阻係依據一項具體中立之標準。
3. 該等警官之行為並未能基於客觀事實而得以正當化，亦即其未根據客觀事實而得以合理懷疑上訴人涉及犯罪活動。
4. 因欠缺懷疑上訴人有不當行為之任何根據，最高法院基於犯罪防治之公共利益與上訴人個人安全與隱私權之間之平衡，則傾向於保護免於警方干涉之自由。

二、MICHIGAN DEPT.OF STATE POLICE v. SITZ, 496 U.S. 444 (1990)

■美國聯邦最高法院

■MICHIGAN DEPT.OF STATE POLICE 對 SITZ 案[2]

(一) 案例事實

密西根州警察局控告 SITZ 案 496 U.S. 444 (1990)。

原告密西根州警察局暨警察局長，建立一項公路酒駕檢查點計劃以及用以規範檢查點作業、地點選擇與宣傳的指導原則。在迄今唯一一次的檢查作業期間，一共有 126 部車輛通過該檢查點，每輛車平均延誤時間為 25 秒，並且有二位駕駛人因酒駕而遭逮補。在該作業實施前一日，被告密西根州持有合法執照駕駛人向一郡地方法院提起訴訟，尋求宣告性強制禁止檢查點作業。該法院在一次開庭審理聽取廣泛的證言，其中關於這種問題的「有效性」之後，引用 Brown 控告德州一案，443 U.S. 47 中平衡測試，判決此項州政府計劃違反憲法第 4 修正案。上訴法院確認該項判決，並同意下級法院見解，該州政府在制止酒駕方面有「重大而合法」的利益，但酒駕檢查點計劃一般都成效不彰，因此並不能夠促進該項利益。雖然檢查點對個人自由的客觀侵犯實屬輕微，但駕駛人感受的主觀侵犯是重大的。

(二) 最高法院主張

原告公路酒駕檢查點計劃符合憲法第 4 修正案，頁 448-455。

美國政府控告 Martinez-Fuerte，428 U.S. 543 使用平衡測試支持查察非法移民，及 Brown 控告德州案均為相關判決先例用以評估該州政府計劃的合憲性。財政部員工控告 Von Raab，489 U.S. 656，並非設計為駁絕本法院先前處

---

[2] 參見 MICHIGAN DEPT. OF STATE POLICE v. SITZ, 496 U.S. 444 全文，http://laws.findlaw. com/us/496/444.html。

理警察在公共道路攔檢車輛駕駛人案件，因此並不禁止平衡測試的使用。

當一車輛於檢查點被攔檢時，一項第 4 修正案「扣押」即發生。參閱前文 Martinez-Fuerte，頁 556。因此，這裡的問題是這樣的扣押是否合理，頁 450。

消除酒駕問題在重要性及州政府利益方面是毫無爭議。以下法庭利用最小扣押期間與調查密度精確的測量客觀侵犯。但是，他們（496 U.S. 444, 445）錯誤解讀本院關於主觀侵犯及產生恐懼與驚訝之可能性的案件。此處所考量的「恐懼與驚訝」並不是一個一直喝酒而擔心被在檢查點攔檢的人所有之自然恐懼，而是該特殊攔檢對守法車輛駕駛人心理造成的恐懼與驚訝，例如巡邏警察在很少經過的道路上實施的攔檢。因此，檢查點位置乃依據指導原則選擇，著制服警察則攔檢每一部車輛。因此造成的侵犯，在憲法來講，是無法與 Martinez-Fuerte 案判決的攔檢加以區別，頁 451。

上訴法庭亦錯誤地認為該計劃不符合 Brown 測試之「有效性」部分。此一平衡因素—Brown 實際上描述其為扣押能增進公眾利益的程度—並不是要將有關在其他合理執法技巧中，何種應該被採用以應付嚴重公共危險的選擇自有政治上責任的官員身上移轉到法院。再者，此法庭錯誤地依賴前文中 Martinez-Fuerte 案，及德拉瓦州控告 Prouse 案，440 U.S. 648，提供其「有效性」審查的基礎。不同於德拉瓦州控告 Prouse 一案，本案並不涉及任意攔檢，或缺乏實證資料顯示這類攔檢為提昇道路安全的一項有效手段。本案中也沒有任何理由做成與 Martinez-Fuerte 案不同的結論，該案查獲非法移民與攔檢車輛數比例大約為 0.5%，相較之下，密西根州檢查點查獲率為大約 1.6%，其他州的經驗則為 1%，頁 453-455。

(三) 裁判要旨

法官 REHNQUIST 主撰本法庭意見書。

此項案件的問題在於州政府使用公路酒駕檢查點是否違反美國憲法第 4 及第 14 號修正案。我們判定該向措施並不違反，因此撤銷密西根州上訴法院的相反判決。

原告密西根州警察局暨警察局長早在 1986 年初即已建立一套公路酒駕檢

查點試驗計劃。該警察局長並任命一酒駕檢查點顧問委員會，由州警察、當地警察、州檢察官及密西根州立大學運輸研究院的代表組成。依據其執掌，該顧問委員會制定指導原則，明列規範檢查點作業、地點選擇與宣傳的程序。

依據此組指導原則，檢查點應設立於州公路沿途選定地點。所有經過檢查點的來往車輛應予以攔檢，其駕駛人亦會加以快速檢查是否有酒醉跡象。當檢查點警員發現有酒醉跡象，該名駕駛人將會被移往一離開交通車流的地點。在該處，警員將會核對該名駕駛人駕駛執照及車輛登記資料，而且確定的話，可進行進一步酒醉測試。如果現場測試及警員的觀察均指出該名駕駛人酒醉，該名駕駛人將會遭到逮捕。所有其他駕駛人將會立刻被允許繼續他們的行程。[496 U.S. 444, 448]。

第 1 次—也是到目前唯一一次—在此計畫下實施的酒駕檢查點作業是在 Saginaw 郡警長辦公室的協助下於 Saginaw 郡進行的。在這次檢查點作業 75 分鐘的執行期間，一共有 126 輛車輛通過該檢查點。每輛車平均延誤時間大約為 25 秒。兩名駕駛人因現場酒醉測試結果而遭扣留，其中一位因酒駕當場遭到逮捕。第三位駕駛人因通過檢查點而未停車遭觀測車上員警強迫靠邊停車，並因酒駕同樣遭到逮捕。

在 Saginaw 郡檢查點作業實施前一日，被告向 Wayne 郡巡迴地方法庭提出申訴，要求宣告強制性的禁止此檢查點作業。每一位被告均「是密西根州合法駕照持有人……經常駕駛其車輛來往州內各區。」請見訴訟申請案 3a-4a。在預審程序期間，原告同意延後進一步實施該檢查點計劃，端視本訴訟案結果而定。

在該法庭聽取廣泛的作證，尤其是關於公路酒駕檢查點計劃之有效性，該法庭判決該密西根州政府計劃違反第 4 修正案及密西根州憲法條文 1, 11. App. To Pet. For Cert. 132a。在上訴時，密西根上訴法院確認該判決，該計劃違反第 4 修正案，因是之故，並未將有否違反密西根州憲法列入考量。170 Mich. App. 433, 445, 429 N.W. 2d 180, 185 (1988)。在密西根州最高法院否決原告之准許上訴申請後，本法庭於是核准訴訟文件移轉命令。493 U.S. 806 (1989)。

為判決此案該承審地方法庭運用一項平衡測試，係引用自 Brown 控告德

州一案中本院意見，443 U.S. 47 (1978)。誠如上訴法院所述，該項測試牽涉 [496 U.S. 444, 449]「在州政府於防制酒駕造成意外的利益、檢查點計劃達成該目標的有效性及檢查點造成個人隱私權侵犯的程度之間尋求平衡。」170 Mich. App., at 439, 429 N.W. 2d, at 182（引自前文 Brown at 50-51）。上訴法院同意「此項 Brown 三角平衡測試是用以確定該酒駕檢查點計劃合憲性的正確測試方式。」170 Mich. App., at 439, 429 N.W. 2d, at 182。

　　誠如上訴法院所指出，該承審法院關於平衡因素的判定為，該州政府在制止酒駕方面有「重大而合法」的利益，但酒駕檢查點計劃一般多成效不彰，因此並不能夠顯著地增進該項利益，而且檢查點對個人自由的主觀侵犯是重大的。同頁 439-440，429 N.W. 2d, at 183, 184。根據上訴法院，沒有記錄顯示足以影響該承審法院的判定，且這些判定係在本法院建立用以決定較傳統逮捕侵犯性低的扣押的合憲性的此一分析架構下所為。Id., at 445, 429 N.W. 2d, at 185。

　　在本法院，被告尋求辯護此項有利判決，堅持引用自前述 Brown 控告德州案的平衡測試並非是合適的分析方式。被告主張該分析必需在可能動機或合理懷疑的基礎下進行，並引用本法院在財政部員工控告 Von Raab 一案判決意見以為支持，489 U.S. 656 (1989)。本院於 Von Raab 案說：

　　「當一項第 4 修正案的侵犯擔負有某些特殊政府需求，並超越執法的正常需求時，我們必須尋求在個人隱私權的期望與政府利益二者間的平衡以便決定在特定環境下要求一項正當理由 [496 U.S. 444, 450] 或某種程度的個人化懷疑是否不切實際。」同頁 665-666。

　　被告辯稱一項平衡測試是合適之前必然會出現超越刑法執法正常需求的某特殊政府需求，但原告並未顯示出有如此特殊需求。

　　但從 Von Raab 一書，其中引用並討論本法院之前在美國控告 Martinez-Fuerte 案判決，428 U.S. 543 (1976)，這是非常顯明的，該案在任何方面都不能駁絕本法院先前牽涉公路攔檢車輛駕駛人的案件。前述 Martinez-Fuerte 一案，其中使用平衡分析以允許公路攔檢非法移民，以及前述 Brown 控告德州案均為本案相關判決先例。

　　同本法院看法，原告承認當一車輛於檢查點被攔檢時，一項第 4 修正案「扣押」即發生，Tr. Of Oral Arg. 11；前述 Martinez-Fuerte，頁 556（「檢查點攔檢屬於第 4 修正案『扣押』定義範圍內是獲得同意的」）；Brower 控告 Inyo 郡，489 U.S. 593, 597 (1989)（第 4 修正案扣押發生於「政府藉由刻意應用的方式終止移動自由」（原文強調）。因此，現在問題是如此扣押在第 4 修正案下是否合理。

　　這是重要的，認清什麼與我們的調查無關。本法院並未接到有任何人在一特定檢查點遭拘留之後受到不合理待遇的任何指控。參閱 Martinez-Fuerte 428 U.S. at 559（「聲稱一項用在定位或操作檢查點的特別法規執行為不合理的是必須受到攔檢後法律審查」）。如同下級法院所追訴，此一立即行動大致上僅挑戰酒駕檢查點的使用。本法院僅僅強調檢查點員警對通過檢查點的每一車輛駕駛人實施的最初攔檢及相關的初步質詢與觀察 [496 U.S. 444, 451] 拘留特定車輛駕駛人以進行更廣泛現場酒駕測試可能需要符合一個人化懷疑標準。同頁 567。

　　消除酒駕問題在重要性及各州政府利益方面是毫無爭議。媒體在與酒精相關的死亡案件與全國道路中斷的報導是屢見不鮮。統計上的證據也證明了這些報導。「酒駕人每年造成至少 25,000 人死亡，與近 100 萬人受傷以及超過 50 億元的財產損失。」4W. LaFave, Search and Seisure: A Treatise on the Fourth Amendment 10.8(d), (2d ed. 1987)。數十年來，本法院「再三地對這樣慘劇表示悲嘆」。南達科他州控告 Neville，459 U.S. 553, 558 (1983)；參閱 Breithaupt 控搞 Abram，352 U.S. 432, 439 (1957)（「我們公路上增加的殺戮……現在已達到了只有在戰場上才聽聞過的驚人數字。」）

　　相反的，天平的另一端—檢查點短暫之攔檢施加於車輛駕駛人的侵犯程度是輕微的。本法院曾達成一類似結論，係關於查察非法移民公路檢查點短暫之攔檢施加於車輛駕駛人的侵犯程度，參閱前述 Martinez-Fuerte，頁 558。本法院認為實質上這兩種檢查點必要之短暫攔檢施加於守法車輛駕駛人的侵犯程度並無不同 [496 U.S. 444, 452]。對於一般車輛駕駛人，檢查點員警可能詢問的問題，其本質是相同的。因此承審地方法院與上訴法院，以最小扣押

期間與調查密集度為衡量基準，精確地計算出「客觀」侵犯。參閱 170 Mich. App.，頁 444，429 N.W. 2d，頁 184。

然而，有關施加於車輛駕駛人的「主觀」侵犯，上訴法院發現如此侵犯是重大的。參閱前文頁 449。該法院首先確認承審地方法院的發現，用以規範檢查點作業的執導原則大大減少了現場警員的自由裁量權。但是該法院亦同意承審地方法院的結論，檢查點有可能對車輛駕駛人產生恐懼與驚訝。如此結果是因為記錄上不能顯示駕車接近檢查點的車輛駕駛人可能知道他們可以選擇迴轉或熄火停車以規避檢查點攔檢。基於此點，該法院認為檢查點攔檢造成的主觀侵犯是不合理的。同頁 443-444，429 N.W. 2d，頁 184-185。

本法院認為密西根州地方法院及上訴法院錯誤解讀本法院關於「主觀侵犯」及產生恐懼與驚訝之可能性的案件。此處所考量的「恐懼與驚訝」並不是一個一直喝酒而擔心被在檢查點攔檢的人所有的自然恐懼，而是該特殊攔檢施加於守法車輛駕駛人心理的恐懼與驚訝。此點已在 Martinez-Fuerte 一案中明確表示。比較檢查點攔檢及之前案件中的巡邏警察攔檢，本法院認為：

「本法院以不同的觀點看待檢查點攔檢，因為主觀侵犯－對守法旅行者產生的憂慮甚至恐懼－在檢查點情形是明顯較少的。在美國控告 Ortiz 一案，[422 U.S. 891 (1975)]，本法院說明：

『檢查點攔檢與搜索的形成之環境較巡邏警察攔檢不具侵犯性。巡邏警察攔檢經常於夜間在鮮少通行的道路上實施，他們的方式可能驚嚇到車輛駕駛人。在交通檢查點，車輛駕駛人可以看見其他車輛正被攔檢，他能看見明顯的警員權威標示，而他是比較不可能被此侵犯驚嚇到或困擾。422 U.S.，頁 894-895』」Martinez-Fuerte，428 U.S.，頁 558。

參閱同 559 頁。此處，檢查點地點係依據指導原則選擇，且著制服警察攔檢每一台經過車輛。酒駕檢查點之短暫攔檢所造成的侵犯，就憲法上來講，是無法與 Martinez-Fuerte 一案中本法院判決的檢查點攔檢加以區別。

上訴法院則繼續考慮，作為平衡測試的一部份，提議的檢查點計劃的「有效性」。基於審判記錄裡廣泛的證言，該法院做成結論，該檢查點計劃無法符合該測試的「有效性」部分，而且該項失敗重大地減損了原告的實施該計劃

的強烈興趣。本法院認為上訴法院關於此點亦是錯誤的。

　　密西根州地方法院及上訴法院的「有效性」評估係依據 Brown 控告德州一案。該案真正的文句描述該平衡因素為「扣押能增進公眾利益的程度」。

　　Brown 案中此段文字並不是要將有關在其他合理執法技巧中，何種應該被採用以應付嚴重公共危險的選擇自有政治上責任的官員身上移轉到法院。警務科學專家也許會不同意數種緝拿酒駕的方法中哪一種是最理想的。但是就第 4 修正案分析之目的而言，合理替代方案的選擇 [496 U.S. 444, 456] 仍然是應由政府官員決定。他們對於有限的公共資源，包括人數有限的警力，有特別的瞭解並承擔責任。Brown 對於「扣押能增進公眾利益的程度」的一般說法乃是引用自前案的內容，其中前述 Martinez-Fuerte 案為最高峰。無論是 Martinez-Fuerte 案或是德拉瓦州控告 Prouse 案，440 U.S. 648 (1979)，都不能支持密西根上訴法院採取的「有效性」之搜索檢驗，雖然該法院引用此二案件作為其「有效性」審查的基礎，參閱 170 Mich. App.，頁 442，429 N.W. 2d，頁 183。

　　在前述德拉瓦控告 Prouse 一案中，本法院不贊同德拉瓦公路巡邏警員為緝捕無照駕駛人及危險車輛所實施的任意攔檢。本法院觀察到缺乏實際證據顯示如此攔檢會是提昇道路安全的一項有效方法，並表達「就常識來說，在公路上無照駕駛的人的比例是很小的，而為了找到一位無照駕駛者所需攔檢的合法駕駛人的數目卻會是真的很大。」同頁 659-660。本法院觀察到這樣的任意攔檢牽涉到「一種漫無標準及不受限制的自由裁量權。這是本法院已經識別出來的弊病。在之前案件中，本法院已經主張現場警員的自由裁量權，至少某種程度上，必需有所限制。」同頁 661。本法院繼續陳述本法院的判決並未「質疑路邊卡車地磅站及調查檢查點設置的容許性，其中某些車輛可能會遭進一步拘留以供安全與法規檢查。」同頁 663，n. 26。

　　不同於 Prouse 一案，這次案件並未涉及完全缺乏實證資料以及對任意公路攔檢的挑戰。在 Saginaw 郡檢查點作業期間，進入該檢查點的 126 部車輛中結果共有 2 位酒駕人遭到逮捕。[496 U.S. 444, 455] 以百分比表示的話，大約1.6% 通過該檢查點的駕駛人因酒精傷害遭到逮捕。再者，一位專家證人在

庭訊中作證指出根據其他州的經驗，整體來說，酒駕檢查點酒駕逮捕事件大約佔全體受攔檢駕駛人的 1%。170 Mich. App.，頁 441，429 N.W. 2d，頁 183。比較的話，最堅實案件之一的 Martinez-Fuerte 案，其記錄顯示在相關的檢查點，查獲載運非法移民者僅佔通過該檢查點車輛的 0.12%。參閱 428 U.S.，頁 554。查獲的非法移民佔所有攔檢車輛的比率（考慮有時 2 或更多個非法移民於單一車輛內查獲）僅為大約 0.5%。參閱同頁。本法院結論為此項「記錄……提供了一份大致完整的 San Clemente 檢查點的有效性之概況，」同頁，而且本法院確認其合憲性。本法院看不出有做出不同結論的需要。

綜言之，權衡州政府防制酒駕的利益、該系統被合理視為能增進該利益的程度以及施加於受攔檢車輛駕駛個人的侵犯程度三者，州政府的計劃是有利的。本法院因此判決該計劃符合第 4 修正案。密西根州上訴法院判決因此予以撤銷，以及該案發回更審，倘若有不同意此意見書者。

本案如是判決。

[附註] 法官 STEVENS 不同意見書中提出的統計證據指出這個數據在 1982 年至 1988 年間降低。參閱後文頁 460-461，n.2，及頁 467-468，n.7（引用自美國運輸部、國家公路交通安全部及 1988 年死亡意外回報系統資料）。在相同時期，警察部門開始實驗酒駕檢查點系統。以原告為例，檢查點作業於 1986 年 5 月實施，參閱 App. To Pet. For Cert. 6a，及承審地方法院庭訊中許多證詞提及的馬里蘭州警察局檢查點計劃，開始於 1982 年 12 月。參閱同頁 84。的確，這是很有可能的，最近決定實施酒駕檢查點系統的執法機關，在評估這樣檢查點的使用可能性時，乃是依據這些 1980 年代以來的資料。

法官 BLACKMUN 同意以下判決。

本人僅同意以下判決。

本人完全同意本法院關於我國公路車禍死亡案以及受酒精或其他藥物影響的駕駛人對幾乎每個人造成之危險的深沉哀痛。本人補充僅是提醒本法院，自本人與其他三位法官（均不在本法院服務）於 Perez [496 U.S. 444, 456] 控告 Campbell 402 U.S. 637, 657 (1971) 共同撰述已經幾乎二十年過去了，本人陳述「吾國公路車禍死亡人數超越了戰爭死亡人數，」以及本人「未發現有

真誠公眾的關切我們之間與每日行經的路徑到底發生了什麼。」參閱 Tate 控告 Short 案，401 U.S. 395, 401 (1971)（同意聲明）。而且在 Perez 案附錄，402 U.S.，頁 672，本人引用官方數據，是說明從 1900 年至 1969 年間美國因車禍致死人數已超過所有戰爭死亡人數。本人甚少懷疑這些數據，當再加入 1969 年以來二十年數字，會揭示一項更令人沮喪的對比。本人至感高興，本法院現已注意到此一美國人生命的慘劇面。參閱前文頁 451。

法官 BRENNAN，法官 MARSHALL 附議，不同意如下：

今日，本法院否定一項第 4 修正案對於酒駕檢查點政策的挑戰。在該檢查點作業，警方攔檢所有車輛，並在沒有任何個人化懷疑特定駕駛人有使用酒精或藥物情形下，檢查所有駕駛人是否有上述的徵兆。本法院做如此判決係權衡「州政府防制酒駕的利益、該系統被合理視為能增進該利益的程度以及施加於受攔檢車輛駕駛個人的侵犯程度」三者。參閱前文頁455。對於法官 STEVENS 於其不同意見書中第 1 部分與第二部分的所述理由，本人同意本法院錯誤利用平衡測試，低估侵犯的本質及誇大使用路障以防制酒駕的執法需要。參閱美國政府控告 Martinez-Fuerte 案，428 U.S. 543, 567 (1976)（法官 BRENNAN, J. 不同意）。本人單獨撰述額外幾點意見。

多數人意見形成了本法院一般使用平衡測試以決定 [496 U.S. 444, 457] 所有或至少與警方在公路攔檢車輛駕駛人有關的扣押之合憲性的印象。參閱前文頁 450。此事並非如此。在絕大多數的案件裡，警方必須有正當的理由，扣押才能視為合理。參閱 Dunaway 控告紐約州案，442 U.S. 200, 209 (1979)。只有當扣押較之典型逮捕具有非常少的侵犯性時，同頁210，平衡測試才能用以取代普通法則。本人同意本法院，密西根州警方酒駕檢查點政策下實施於一路障之最初車輛攔檢，相較於逮捕，是具非常少的侵犯性，所以扣押的合理性可加以評判，不是依有否正當理由，而是權衡「扣押造成公眾關切的嚴重性、扣押能增進公共利益的程度以及干涉個人自由的嚴重性。」Brown 控告德州案，443 U.S. 47, 51 (1979)。個人尋求多數人意見，是否知曉應用平衡測試的理由乃是因為扣押造成的侵犯最小，惟徒勞無功。

的確，此判決意見書讀似扣押的最小性質結束了而非開啟了合理性的追

詢。一旦本法院建立扣押是輕微的之立場，同前頁 451，便毫無任何解釋的斷言平衡結果是州政府計劃有利。前文頁 455。本法院忽視此事實，即是在最小侵犯性的搜索中，我們一般會要求政府證明它對於視爲合理的最小侵犯性的扣押是有其合理懷疑的。參閱德拉瓦州控告 Prouse 案，440 U.S. 648, 661 (1979)；美國控告 Brignoni-Ponce 案，422 U.S. 873, 882-883 (1975)；Terry 控告俄亥俄州，392 U.S. 1, 27 (1968)。某種程度的個人化懷疑乃是第 4 修正案提供對抗政府專橫獨斷行爲的保護核心組成之一。參閱前述 Prouse 案，頁 654-655；前述 Martinez-Fuerte 案，頁 577、659（法官 BRENNAN, J. 不同意）（「僅基於 [496 U.S. 444, 458] 所爲的行動，不論是否會引起特定警員的好奇心，乃是合理行爲與避免虐待與騷擾所需之主觀標準的相反。」）。支持警方爲了防制酒駕可能攔檢車輛之前是無須任何懷疑存在，則本法院有可能置一般大眾於警方專斷或騷擾的行爲之下。本人會希望在採取此一步驟前，本法院會詳細說明如此計劃如何適用於我國的憲政架構。

也許，本法院意欲自前述 Martinez-Fuerte 一案獲得支持。這是唯一一件本法院曾判決一項計劃，將一般大眾置於缺乏懷疑之扣押的限制下。但誠如法官 STEVENS 在後文頁 463-466、471-472 所指出的，密西根州警方政策與 Martinez-Fuerte 案中所討論的計劃是相當的不同，如此的依賴關係是無效的。再者，即使此處所討論的政策與 Martinez-Fuerte 案中所討論的計劃是可以比較的，這並不意味本案中各因素間的平衡亦能將廢棄個人化懷疑之要求合理化。在 Martinez-Fuerte 案中，本法院解釋說缺乏懷疑之攔檢已獲致合理化，「因爲在交通流量增大的情形下，針對特定車輛之特別研究以辨別其爲非法移民的可能載具是被不允許的，所以要求攔檢必須基於合理懷疑是不切實際的。」428 U.S.，頁 557。在本案中，並無任何顯示在偵查酒駕個人方面存在有類似的困難，也無直覺般明顯，如此困難是存在的。參閱前述 Prouse 案，頁 661。攔檢每一輛車能使防制酒駕簡單些，參閱後文頁 469-471，但這是不足以合理化廢棄個人化懷疑的要求。「執法的需要始終與憲法對於個人對抗某些公權力之執行的保護是互相衝突的。這正是促使憲法守護者擁有堅毅忠心之壓力的可預測性。」Almedia-Sanchez 控告美國案，413 U.S. 266, 273 (1973)。

在沒有證明說警方不能發展一個人酒駕的合理化懷疑下，本人相信憲法上的平衡必須是落在有利於保護公眾，對抗即使是本案中牽涉之最小侵犯性的扣押。

本人並不駁斥酒駕人造成的龐大社會成本，亦不輕視政府防制這樣悲劇損失的努力。事實上，本人冒險一猜，今日的意見將會為社會大多數接受，他們願意承受酒駕檢查點攔檢所帶來的最小侵犯，以防制酒駕。但是一項特殊之執法技術可擔負一項值得讚賞之目的的共識向來就不是憲法分析的基石。

「第 4 修正案並非設計僅針對於官方侵犯的保護，而這些侵犯之社會利用，以某平衡測試衡量，較其施加於個人隱私權之侵犯為少；它是設計額外的允許個人隱私空間，而這隱私權的保護只有當正當理由標準之合理要求滿足時才能達到。政府官員的恐懼已受到任何一時的惡所驅使，也許即使他們受到多數公民的支持，也可能誘使他們採取犧牲個別公民自由的搜索以減輕此認知的惡。但是第 4 修正案乃立基於此原則，個人與社會的真正平衡依賴於此『不受干擾的權利－最廣泛的權利及最為文明人珍視的權利。』的認知。Olmstead 控告美國案，277 U.S. 438, 478 (1928)（法官 Brandes, J. 不同意）。」紐澤西州 [496 U.S. 444, 460] 控告 T.L.O. 案，469 U.S. 325, 361-362 (1985)（法官 BRENNAN, J. 同意部分及不同意部分。）（附註省略）。

面對酒駕的「一時之惡」，本法院今日放棄了它作為基本權利保護者的角色。本人謹表不同意。

法官 STEVENS，其中法官 BRENNAN 及法官 MARSHALL 附議於第 1 部分與第二部分，不同意如下：

酒駕檢查點通常在夜間於未宣告的地點實施。驚訝是其方法的重要一部分。密西根州警方與 Saginaw 郡警長辦公室共同執行的檢查點作業實施自午夜過後至凌晨一時。此期間，19 位參與行動的員警總共逮捕 2 名駕駛人，並攔檢及詢問其他 124 名無嫌疑無辜駕駛人。這當然是無法知曉的，如果這些警員在相同時間進行正常巡邏行動會逮捕多少人。然而，承審地方法院的判決，係基於廣泛的紀錄並為密西根州上訴法院確認，指出酒駕檢查點在交通安全的淨效果是極小的且可能為負的。

　　確實的，本案的紀錄明顯指出，一項判決這些缺乏懷疑之扣押為違憲的決定並不會阻礙執法機關在減少公路車禍死亡人數的顯著進步。因為 [496 U.S. 444, 461] 此一密西根州計劃乃仿效自馬里蘭州一較舊計劃，承審地方法官特別注重該州的經驗。在為期數年的時間，馬里蘭州總共實施 125 個檢查點作業；在 41,000 名通過檢查點的車輛駕駛人中，僅 143 人（0.3%）遭到逮捕。投入這些作業的人工時間並未紀錄，但是這看起來不具說服力的，一個較高的逮補率不能藉由較傳統的方式達成。雖然，即使這些 143 件逮捕可以假設能與每年酒駕逮捕次數淨增加有關，相較於密西根州警方僅 1984 年一年內在無檢查點下所為 71,000 件逮補，這數據依然是非常微不足道。參閱 App. To Pet. For Cert. 97a。

　　酒駕檢查點與公路上死亡率實質之降低間的任何關係，對逮捕率之最小的衝擊而言，都是更為不重大。誠如密西根州上訴法院指出：「馬里蘭州已進行一項研究，比較使用檢查點的郡與控制組郡間之交通統計數據。該項研究結果顯示酒精相關的交通事故在使用檢查點的郡下降了 10%，然而在控制組郡，卻下降了 11%；雖然死亡事故在控制組郡從 16 件下降至 3 件，死亡事故在使用檢查點的郡卻比前一年成長 1 倍。」170 Mich. App. 433, 443, 429 N.W. 2d 180, 184 (1988)。

　　依據這些考慮，明顯的本法院今日錯誤應用 Brown 控告德州一案中宣佈的平衡測試，443 U.S. 47, 50-51 (1979)。本法院高估使用酒駕檢查點的執法利益，低估免於任意、宣告的調查性扣押的公民利益，以及錯誤假設在一個永久、固定的檢查點所為的例行攔檢與在一個酒駕檢查點所為的意外攔檢 [496 U.S. 444, 463] 是「實際上相同的」。本人相信本案由數位譴責缺乏懷疑之任意攔檢的前任者所控制的。德拉瓦州控告 Prouse 案，440 U.S. 648 (1979)；美國控告 Brignoni-Ponce 案，422 U.S. 873 (1975)；美國控告 Oritz 案，422 U.S. 891 (1975)；Almeida-Sanchez 控告美國案，413 U.S. 266 (1973)；參照 Carroll 控告美國案，267 U.S. 132, 153-154 (1925)。

　　一個事先公平通知的扣押與一個突然執行的扣押間是有很大的差異存在。參閱 Wyman 控告 James 案，400 U.S. 309, 320-321 (1971)；美國控告

Martinez-Fuerte 案，428 U.S. 543, 559 (1976)；密西根州控告 Tyler，436 U.S. 499, 513-514 (1978)（法官 STEVENS, J. 部分同意及同意判決）。此即是為什麼邊境搜索，或實際上任何在一永久、固定的檢查點所為的搜索，相較於任意攔檢，是較不具侵犯性的。事先知道一永久檢查點位置的車輛駕駛人有機會完全規避該搜索，或至少有所準備或限制施加於她的侵犯。

在本案中並無如此機會。任意攔檢或臨時檢查點二者的有效性均依賴於此意外成分。一位駕駛人在熟悉的地方道路上發現一個未預期的檢查點會因而感到訝異與沮喪。她也許會正確的推論該檢查點並不是「例行性」的，同樣可能再次正確的推論警方已經做了一個自由裁量的決定，針對她及其他通過該處的人，加強他們的執法努力。

這項意外成分是今日多數人允許的酒駕檢查點與本法院於 Martinez-Fuerte 案中核准的內陸邊境檢查點之間最明顯的分野。這分野讓人不禁立即懷疑多數人的論點，因為 Martinez-Fuerte 案是本法院支持對車輛駕駛人缺乏懷疑之扣押 [496 U.S. 444, 464] 的唯一案件。但是通知與意外的差別僅是區分永久與活動檢查點的重要理由之一。關於前者，攔檢的時間及地點均毫無自由裁量權的空間—它只是地理景觀的永久一部分。然而，在後者，雖然檢查點經常實施於週末夜間（因為那時駕駛人最容易飲酒後上路），警方具有非常大的自由裁量權決定精確時間與路障設置。

在檢查點設立後，在員警行使的自由裁量權上，也有重大的差別。檢查駕駛執照或在移民檢查點檢查證明文件，是遠較搜索酒醉證據來得簡單多了。一位在酒駕檢查點詢問車輛駕駛人的密西根州警察，實際上擁有無限的自由裁量權，在最輕微之懷疑的基礎下 [496 U.S. 444, 465] 拘押駕駛人。臉色紅潤、襯衫扣子未扣、眼睛充血或講話結巴便足以延長羈押。任何剛喝過一杯啤酒或只是一小口酒，都幾乎會有必須向警員證明其駕駛能力未受損害的沉重負擔。

最後，這是很重要的，許多永久性檢查點攔檢是在日間實施的，然而酒駕檢查點幾乎不變的都在夜間實施。在夜間，扣押、之後質詢甚至是草率搜索是較幾乎像是例行通過收費站一般的日間攔檢來得更具攻擊性的。因此我

們認為這點很重要，而且必須指出在 Oritz 一案中討論的任意攔檢乃於夜間實施。422 U.S.，頁 894。

這些恐懼並不是，如同本法院會有的，只是罪惡感而已。參閱前文頁 452。守法並不意味完美無瑕，而就算是最有德行的人也有不幸的時候。當地警方多餘的注意並不需要只是因為某人的秘密不是刑事起訴的材料就較少不舒服。再者，由於偏見或不幸而發現與警方遭遇可能會無理由的變成有敵意或令人不悅的人，將會有理由擔心攔檢是設計用來引誘可疑行為跡象。遭警方攔檢是令人沮喪的，即使當它不應該是可懼的，而開始時是輕柔的，可能意外的變為嚴重。

基於這些理由，本人不相信本案可與 Martinez-Fuerte 案加以類比。在本人看法，酒駕檢查點反而類似─在某些方面也更具侵犯性－本法院在 Brignoni-Ponce 與 Prouse 二案中判決違憲的任意調查性攔檢。在後者案件，本法院解釋：[496 U.S. 444, 466]

「本法院不贊同在一般市區道路攔檢或扣留車輛，相較於在主要公路上的巡邏攔檢，是比較不具侵犯性的，而且它更像是在邊境附近檢查點之允許的攔檢與後續扣留。關於這點，本法院注意到 Brignoni-Ponce 案並不僅限於在使用有限道路上所為的巡邏攔檢，並且適用邊境巡邏員，在少於合理的懷疑下，於任一種道路上所為之任何巡邏攔檢。參閱 422 U.S.，頁 882-883；美國控告 Oritz 案，422 U.S. 891, 894 (1975)。本法院不能假設任意攔檢以核查文件施加於車輛上載員之肉體與心理的侵犯，是較邊境巡邏員巡邏攔檢不重要的。這二種攔檢通常均發生在執法官員以可能令人不安的警察權威顯示方式示意一移動中車輛靠邊停車之後。二者均干涉行動自由、造成不便及費時。二者均可能產生重大焦慮。440 U.S.，頁 657。

本法院因此判決州政府產生比較受質疑的扣押與其他執法方式的證據，以便能顯示該扣押「是一項非常具生產力的機制，足以合理化攔檢施加於第 4 修正案利益的侵犯。在本法院之前的記錄，該問題只能以負面回答。假設有其他替代的機制，使用中及可能被採用者，本法院不相信任意攔檢檢查對於公路安全的邊際貢獻能合理化第 4 修正案的實行。」同頁 659，[496 U.S. 444,

467]。

由於無法自 Martinez-Fuerte 案中獲取任何具有說服力的類推，本法院今日依靠利用取自 Brown 控告德州案中，443 U.S. 47 (1979)，一項較一般化的平衡測試作決定。在該案，上訴人步行於德州 El Paso 地區，該地區毒品走私猖獗，而上訴人遭攔檢詢問「因為他看起來可疑」。同頁 49。上訴人因而旋遭逮捕並因拒絕向警方辨明身分而被定罪。本法院取消其判決因為當警察攔檢他時，警方缺乏任何合理懷疑他有參與犯罪活動。在本法院意見，本法院陳述：

「如此扣押之合憲性的考量牽涉到權衡「扣押造成公眾關切的嚴重性、扣押能增進公共利益的程度以及干涉個人自由的嚴重性。」同頁 50-51。

公眾關切公路安全的嚴重性，如本案所示，當然是無庸置疑。[496 U.S. 444, 468] 然而，德拉瓦州控告 Prouse 案也顯示同樣關切的嚴重性。再者，本人並不了解本法院較不重視 Brown 控告德州案所顯示的毒品問題的重要性，或是 Almeida-Sanchez 案及其後續案件討論的控制非法穿越邊境的需要。Brown 程式中的其他二個因素必須能合理化本案不同的結果。

如本人之前解釋，本人相信本法院愉悅的主張，酒駕檢查點是不較永久性檢查點具侵犯性，是錯誤的。在本人看法，未宣佈的調查性扣押，特別是夜間舉行者 [496 U.S. 444, 469]，是大不同於吾國制度之政府標記；這施加於個人自由的意外侵犯不是最小的。就此議題，本人與本法院意見的差異在於二者個人自由重要性的各自評價的差異性，這是一項重大，亦即不可避免的，憲政歧見的來源。然而，就酒駕檢查點扣押能增進公眾利益的程度來看，本法院的立場是完全毫無防禦餘地的。

本法院此議題的分析像是一項商業決定，衡量獲利，僅計算毛收入而忽略費用。本案證據顯示酒駕檢查點實施結果僅是佔攔檢駕駛人中不到 1% 的逮捕率，但是卻毫無證據說此數據代表逮捕人數超過使用相同執法資源的傳統巡邏方式。因此，雖然總逮捕數是大於 0 [496 U.S. 444, 470]，但是卻無任何證明是否整體的扣押數已經產生在逮捕酒駕方面任何公眾利益的淨增加。

的確，本法院今日所採取的立場並非為本法院意欲服從的任一執法機關

所背書，參閱前文頁 453-454。密西根州警方並不同本法院一般，前文頁 454-455，依賴酒駕檢查點的逮捕率以合理化所為攔檢。密西根州警察指揮官 Hough 上校，亦是該檢查點主要領導人之一，於庭訊中坦承檢查點上的逮捕率是「非常低」。相反的，Hough 與州政府仍堅持說這樣逮捕的單純威脅就已足夠嚇阻酒駕，而得以降低事故率。庭上作證的馬里蘭州警員對於該州計劃亦抱持相同立場。一項執法技巧，不須懲處任何人僅憑單純嚇阻降低犯罪，是明顯的無任何不對的。相反的，如此方式是值得高度讚賞的。然而，一項技巧不能藉計算所為逮捕數證明其功效。該技巧也必須衡量已避免的犯罪數。也許此記錄是欠缺的，本法院單純的忽略此點。

本法院此一議題稀落的分析與法官 Powell 針對本法院 Martinez-Fuerte 案之意見書有顯著的差別。法官 Powell 並未僅計算 1973 年在 San Clemente 檢查點所為的 17,000 件逮捕，428 U.S.，頁 554；他亦詳細解釋為何這些逮捕代表對討論的執法利益是一項淨利益。再者，以常識來說 [496 U.S. 444, 472]，移民檢查點較酒駕檢查點更為需要；沒有任何理由說走私非法移民會損害一車輛駕駛人的能力，但是如果酒醉並未顯著的影響駕駛能力，這就不算違法。酒駕，不同於走私，可能在任何檢查點未被發現。一項產生數千個須依賴此法成功之逮捕的計劃並不是一項僅產生數個逮捕的計劃的相關先例，況且無須訴諸於數百名無辜公民遭缺乏懷疑扣押，這些逮捕亦可較易達成。[496 U.S. 444, 473]。

本法院今日決定中最令人感到紛擾的方面是，它似乎並未考量公民免於缺乏懷疑未宣佈之調查性扣押的利益。雖然該意見書作者並未一再其描述該利益為「透明的」，參閱德拉瓦州控告 Prouse 案，440 U.S.，頁 666（法官 RWHNQUIST, J. 不同意），本法院之意見書隱約採用了該特徵。另一方面，本法院執法利益，只看到總收入而非淨利益。或許本法院對於公路上的謀殺明顯的關切以及因而產生的對於警方以少數駕駛人「殺雞儆猴」以減輕該問題的容忍度，適足以解釋這樣的玩弄司法的天平。這樣的可能性引發了二個觀察。

第一，我個人對於任意扣押或臨時性檢查點的反對並不適用於其他調查

性程序。這些程序不依賴於驚訝，而且是毫無疑問的可允許的。這些程序一直被用於處理其他對人類生命緊迫性不亞於酒駕的威脅上。例如，這是普遍的做法去要求每一位可能的飛機乘客，或每一位進入公共建築物的訪客，必須通過一金屬探測器，以便顯示有無武器或爆炸物。永久性、非自由裁量的檢查點可能使用在其他公共運轉的設施以控制嚴重危險。因為隱藏的武器明顯的代表了一項對公眾安全的重大威脅，本人會設想 [496 U.S. 444, 474] 只要金屬探測器是永久性的，而且每一位乘客都必須接受同樣的搜索，則所有的地下鐵乘客可被要求通過金屬探測器。同樣的，本人會設想一州政府可以不只藉由支付過路費還有接受統一管理的呼氣分析儀測試去控制收費道路的使用。該項要求可能能使所有酒駕駕駛遠離這些最快速及最危險的收費公路。該程序並不會受控制本案的憲法上反對的限制。這些檢查點會是永久性固定的，攔檢的程序會以完全相同方式應用於收費道路的所有使用者，而且警員不能再自由的做專斷的決定，如那一個社區作為目標或那一個人需要更徹底搜索。然而，任意、缺乏懷疑的扣押設計用以搜索武器、毒品或酒醉的證據，屬於基本上不同的類別。這些扣押依賴於遭拘押個人的隱私權之理性期待，即缺乏懷疑搜索正常情況下不會發生。今日看似透明的負擔明日可能會令人不可忍受。參閱 Boyd 控告美國案，116 U.S. 616, 635 (1886) [496 U.S. 444, 475]。

　　第二，酒駕檢查點是精心設計，而且令人不安的宣傳花招。如果沒有得到任何人注意的話，任何人無論多麼無辜都有可能遭警察攔檢的可能性是絲毫不重要。這個檢查點計劃的嚇阻價值也許就是它最有效的特色：馬里蘭州警官 Cotton，辯方證人，便作證指出「媒體的報導……一直是絕對壓倒性的……非常坦白的說，我們確實從酒駕檢查點的爭議性獲得了好處，」到目前為止 [496 U.S. 444, 476] 當州政府根據他們設想的防制酒醉有關意外之公眾利益，以尋求合理化其酒駕檢查點的使用時，本法院應留心法官 SCALIA 在一項毒品過濾計劃的類似辯護中所下的評論：

　　「唯一合理的解釋，在本人看來，是局長本人在其向海關人員宣佈此計畫的備忘錄中的結論：『該毒品過濾計劃的實施，會在我國對抗國民健康及國家安全最嚴重之威脅的奮鬥中，豎立一個重要實例。』App. 12. 或如被告提供

本法院的摘要：『如果一個執法機關及其執法人員並不嚴肅看待法律，那麼該機關有效性所依恃的社會大眾也不會嚴肅看待法律。』」。什麼是較好的方式去展示政府是嚴肅看待其「毒品戰爭」，而不是要限制其員工處於該戰爭的最前線以對抗對他們隱私權的侵略及他們尊嚴的冒犯？的確，只有些微的機會，該計劃能防制某些產生自海關員工毒品使用的公共傷害，但是這會向世人顯示該海關是清白的，而且最重要的是，將會展示政府消滅此社會禍害的決心！本人認為再明顯也不過的是，這樣的判決是不能接受的；個人自由的損害不能作為強調某件事的手段；象徵主義，[496 U.S. 444, 477] 就算是象徵主義如廢除非法毒品之理由，也不能使一在其他方面不合理的搜索合法化。」財政部員工控告 Von Raab 案，498 U.S. 656, 686-687 (1989)（不同意見書）。

這是一件象徵性國家行動所驅使的案件——一項針對不合理之任意扣留計畫的不充分的合理化。不幸的是，本法院驚愕於錯誤的象徵—懲罰無數酒駕人的幻望—當它應留心憲法大道時。

本人謹表不同意。

(四) 論點分析

本案件的問題在於州政府使用公路酒駕檢查點是否違反美國憲法第 4 及第 14 修正案，最高法院判定該項措施並不違反，因此撤銷密西根州上訴法院的相反判決。

1. 這是一套設計周詳的公路酒駕檢查點試驗計劃，其顧問委員會制定指導原則，明列規範檢查點作業、地點選擇與宣傳的程序。

2. 相較於酒駕人每年造成至少 25,000 人死亡與近 100 萬人受傷以及超過 50 億元的財產損失，檢查點短暫之攔檢施加於車輛駕駛人的侵犯程度是輕微的。

3. 最高法院以不同的觀點審視檢查點的攔檢，因為主觀侵犯對守法旅行者產生的憂慮甚至恐懼，在檢查點的情形是明顯較少的。相對的，巡邏警察攔檢經常於夜間在鮮少通行的道路上實施，他們的方式可能驚嚇到車輛駕駛人。

4. 此案並未涉及完全缺乏實證資料以及對任意公路攔檢的挑戰。在此次檢查點的作業期間，進入該檢查點的 126 部車輛中，結果共有 2 位酒駕人遭到逮捕，以百分比表示的話，大約1.6% 通過該檢查點的駕駛人因酒精濃度遭到逮捕。再者，一位專家證人在庭訊中作證指出：根據其他州的經驗，整體來說，酒駕檢查點因酒駕遭逮捕事件大約佔全體受攔檢駕駛人的 1%。

5. 綜言之，權衡州政府防制酒駕的利益、該系統被合理視為能增進該利益的程度以及施加於受攔檢車輛駕駛個人的侵犯程度等方面，州政府的計劃是有利的。

三、SCHMERBER v. CALIFORNIA, 384 U.S. 757

■美國最高法院判例
■SCHMERBER 對 CALIFORNIA 案[3]

(一) 案例事實

訴願人在一次交通事故後送醫治療，他顯然是該次事故的駕駛人。一位警官在處理訴願人事故時，聞到他呼吸有酒精味，在事故現場還發現其他酒醉徵候，因此將他逮捕，告知訴願人有權聘請律師，可保持沉默，他的任何供詞將用來指控他。在警官指示下，一位內科醫師在訴願人身上抽血，不管他在律師忠告下，拒絕醫師驗血，不過警官還是照辦。依據血液的化學分析報告指出：他已經酒醉，依此證據證實，即使訴願人在審訊時有異議，仍舊判定訴願人酒駕。訴願人被判罪，這項罪名經上訴法院確認，並駁回他請求的以下申訴：正當程序的申訴、避免自行定罪的申訴、聘請律師的申訴、被迫不合理搜索和逮捕的申訴。

---

[3] 參見 SCHMERBER v. CALIFORNIA, 384 U.S. 757 全文，http://laws.findlaw.com/us/384/757.html。

(二) 最高法院主張

1. Breithaupt 指控 Abram 案，352 U.S. 432，上訴法院採取這個類似處境的判例，駁回訴願人正當法律程序的請求。頁 759-760。

2. 如果沒有強迫被告自行定罪的任何事例，或提供州政府證據或供詞，被告就不能援用自行定罪的申訴。頁 760-766。

3. 訴願人的有限申訴被駁回，否決他聘請律師的權益。因為訴願人在律師忠告下，拒絕抽血以否決他的異議，就此他無權因為律師忠告而堅持拒絕驗血，以證明他酒駕肇事。頁 765-766。

4. 考慮到涉及隱私權的實質利益，訴願人有權拒絕抽血檢查和避免不合理搜索和逮捕，但就本案具體事實看來，並無違反這項權益之處。頁 766-772。

   (A) 警方逮捕罪犯必須基於可能的理由，基於相同事實而建立的可能理由證明警方有權要求 [384 U.S. 757. 758] 訴願人提供血液酒精濃度測試。考慮到讓訴願人有充分送醫治療的時間、延後實施血液酒精濃度測試的不利後果、調查事故現場所需時間，警方已經沒有充裕時間取得搜索證明，但是明顯現象指出，事實上可發現訴願人已有酒醉現象，測試訴願人血液，只是逮捕訴願人的適當和附帶證據。頁 770-771。

   (B) 警方選擇檢驗訴願人血液酒精濃度是合理的，因為這是判定酒醉的有效方法，施加於訴願人身上，不會造成危險、外傷、疼痛，並且是由醫院內科醫師以合理方式執行。

(三) 裁判要旨

最高法院法官 BRENNAN 代表最高法院做出以下裁決：

訴願人因為酒駕肇事，經洛杉磯市法院判決觸犯刑事法定罪。(1)因為涉及駕車肇事，他在就醫治療後，在醫院被警方逮捕。(2)在警官指示下，醫院內科醫師向訴願人抽血檢查。[384 U.S. 757. 759] 血液化學分析顯示訴願人肇

事時，體內酒精濃度已呈現酒醉狀態，這份驗血分析報告在審訊時，法官確認為證據。訴願人提出異議，拒絕承認分析報告可視為一項證據，因為訴願人基於律師忠告，認為醫師在抽血時，並沒有徵求他的同意，以取得血液證據。訴願人辯稱在這情況下，抽血和確認血液分析報告為證據的程序，違反他享有在第 14 次修正案規範下法律正當程序的權益，及人權法案和憲法各修正案保障人民免於國家侵害的以下權益：第 5 次修正案：不自行認罪權、第 6 次修正案的聘請律師權、第 4 次修正案的拒絕不合理搜索和逮捕權。但是，加州最高法院的上訴部門駁回訴願人的請求和確認他的罪行。(3) 考慮到我們在 Breithaupt 指控 Abram, 352 U.S. 432；Escobedo 指控 Illinois 州政府，378 U.S. 478；Malloy 指控 Hogan, 378 U.S. 1；Mapp 指控 Ohio 州政府，367 U.S. 643；等案件，最後考慮這些問題的各憲法裁決判例，本院都提出調閱令，382 U.S. 971。特此確認下級法院判決。

說明一：有關正當程序條款的申訴

Breithaupt 也是警官針對涉及交通事故之肇事駕駛，要求驗血的案例之一；在這個案例上，警官對於該肇事司機握有充分證據，認定他是酒駕肇事。在前後兩個案例上，都是由內科醫師執行抽血檢驗，在醫院醫療環境下，這是簡易和可接受的行為。[384 U.S. 757. 760] 但是，駕駛在抽血當時不知道正被抽血，因此沒有機會提出異議，反對警方採取這個程序。我們確認裁決訴願人有罪，依據驗血報告的證據，我們堅信在該情況下，抽血檢查不違反在 Rochin 指控加州州政府案 342 U.S. 165 提到關於「司法公正」的意義。因此，Breithaupt 要求最高法院駁回訴願人關於正當程序的申訴，不過本案例的任何情況 4. 或附帶事件，都不足以說服我們，依據和 Breithaupt 的相同方面，也必須被駁回。

說明二：有關自行認罪權益的申訴

Breithaupt 案簡短駁斥該案涉及：抽血和承認驗血分析報告的程序，違反憲法第 5 次修正案關於任何國民有權「對於任何刑事案件，不被迫自行定

罪。」引述 Twining 指控紐澤西州政府案 211 U.S. 78，但是該案中，法官裁決憲法第 14 次修正案的保障權益，不包括憲法第 5 次修正案涵蓋的範圍，這項判例已被 Malloy 指控 Hogan 案 378 U.S. 1.8 援用。本院裁決為：「憲法第 14 次修正案保障個人權益，免於國家的侵入；憲法第 5 次修正案是保障個人權益，免於聯邦政府的侵害，兩者有類似處；後者強調個人享有保持沉默權益，除非他選擇發言是出於行使本人意願。[384 U.S. 757. 761] 法律將不處罰保持沉默的當事人。」因此本院現在必須對以下爭議部分做出裁決：向當事人抽血和當事人承認血液分析證據是否涉及侵害訴願人權益。本院認為關於保障被告權益部分，僅限於使被告不在被迫情況下，證明自己有罪，及保障被告可婉拒提供國家：證明或供詞性質的證據 5.本案爭議的抽血和使用血液分析報告，不涉及強迫被告達成以上那些目的。

不可否認地，要求訴願人提供抽血和血液化學分析報告的行為，事實上是由國家強制要求訴願人交付證據，以用來起訴訴願人觸犯刑事罪。訴願人是在警官拒絕接受他的異議後，在警官指示下接受內科醫師抽血檢查。在訴願人異議下，警官指揮內科醫師處理訴願人的驗血事項，這已構成強迫提供證據之行為，違反憲法的宗旨。最重要的問題是，訴願人是否因此被迫：自行定罪。6 [384 U.S. 757. 762]。

如果該權利適用範圍和需要保護的價值同時出現時，本院有義務裁決此權利已遭受侵害。在 Miranda 指控 Arizona 州政府案，最高法院提到該權利保障的有關利益：「這些政策顯示某個已經撤銷的想法：這些權利根據的憲法基礎，指出在這方面，不論地方政府、州政府、聯邦政府，都必須尊重美國公民的尊嚴和完整性。為維護國家和個人利益的平衡，才要求由美國政府來承擔全部責任，尊重和不侵犯個人的人格尊嚴；美國刑事審判的起訴制度要求政府，若要處罰個人，政府應獨自努力的調查，取得足以指控個人的證據，而不是採用殘忍或簡單的強迫手段，從被告口中取得證據。」抽血時必定會涉及穿刺皮膚來抽取血液，血液中的酒精濃度，可以經由血液化學分析取得，構成判定刑事罪的證據。從以上觀點來看，強迫檢查已經違反憲法尊重：「個人人格尊嚴不受侵害」的原則。再則，因為這樣幫助國家從被告身上強迫取

得有效證據，該強迫行為至少在某意義中，違反憲法規定：「國家應獨自努力取得足以指控被告的證據。」

但是，在 Miranda 指控亞利桑那州政府案例中，Miranda 默認：憲法上的權利規定還沒有完全落實，不足以幫助人民保護有關價值。法律歷史 [384 U.S. 757. 763] 和下級法院當局，長久以來都將憲法的保障，僅限於某些處境。使國家試圖忽視憲法保障個人權益的價值：「採用殘忍或簡單的強迫手段，從被告供詞中取得證據。總而言之，若要落實該權益，個人應享有保持沉默權益，除非他選擇發言是出於行使本人意願。」最高法院的重要判例有：Hold 指控美國聯邦政府案 218 U.S. 245。這項判例的問題在於被告指出在接受審判前，警方在他抗議下，強迫他穿上合身的上衣，以取得證據。因此，警方強迫被告試穿某件上衣是否違憲引發爭議。大法官 Holmes 代表最高法院裁決，駁斥被告說詞是：「基於過度沿用憲法第 5 次修正案。並且提到。禁止在刑事法庭上，採用強迫被告自行定罪的程序，主要是避免使用身體或道德的威脅來進行逼供，憲法並不排除將身體作為求證的方式，特別在取得實證。原則上，被告的這些異議可能導致禁止陪審團觀察罪犯和比對照片證據的特徵。」218 U.S. 頁 252-253、257。

顯然被告已經瞭解憲法上有關權利的保障，不論該保障可能採取什麼形式。[384 U.S. 757.764] 被告也已經知道強迫逼供的內容，例如符合傳票要求填寫個人資料。在 Boyd 指控美國聯邦政府案 116 U.S. 616。另一方面，聯邦法院和州法院通常裁決憲法並沒有保障被告提供：指紋、照相、測量、填寫或口述身分資料、出庭、聆聽審判、表達立場、步行作證、作特定姿態。8. 這些差異通常在不同方面表現出來，憲法保障的權益是禁止警方對被告逼供和自行定罪，但是強迫嫌疑犯和被告提供：「真實和實際的證據」，卻沒有違反憲法規定。

雖然本院同意這樣的區別是有用的分析架構，本院卻不完全同意過去判例所持的任何立場。許多案例沒有真正做這樣的區別。某些試驗似乎是想要取得物證，例如測謊試驗用來檢查詢問問題時的身體反應，實際上是想取得可以作為重要證據的身體反應。強迫受測驗者接受測試，想要依據生理反應

判定測試者有罪或不知情，不論是出於自願或不是，將會引起關於是否違反第 5 次修正案的精神和歷史的爭議。這種處境使人想起保護個人權益的原則是：「憲法試圖保護的權益和過失，一樣廣泛。」Counselman 指控 Hitchcock 案 142 U.S. 547. 562 [384 U.S. 757. 765]。

　　但是目前這個案件，訴願人沒有提出援用判例的問題。被告沒有提出警方強迫他自行認罪或強迫表達意見，不論抽血或血液化學分析的程序。警方完全沒有訴諸於訴願人作證的能力；實際上，他的合作和輸血，都和驗血結果無關，警方根據的只有血液化學分析的證據。雖然，血液測試證據為訴願人指控州政府：強迫他自行作證的證據，不過這既不是憲法上指出關於訴願人的供詞行為或撰寫的文件，構成的口供或證據，不適用於憲法保障範圍。

說明三：有關聘請律師的申訴

　　這項結論也將回應訴願人的申訴，關於他在律師忠告下，提出異議：認定他被強迫接受驗血，[384 U.S. 757.766]，不過最高法院駁回他享有憲法第 6 次修正案的聘請律師協助的權益。因為他聘請的律師錯誤地告知他可堅持享有該權益，因此訴願人無權堅持享有這項權益和更大的權益。

　　他的申訴僅限於警方的疏失，未能尊重他的意願，不過律師卻強調他沒有觸犯法律。關於律師有能力協助訴願人爭取：享有任何權益之問題，都沒有涉及。此處提出的有限申訴，必須予以駁回。

說明四：有關搜索和逮捕的申訴

　　Breithaupt 案也像本案，訴願人爭論化學分析報告必須不列入證據，因為這項證據是得自於非法的搜索和逮捕的結果，違反第 4 次和第 14 次修正案。最高法院並沒有裁決抽血行為是否違法，不過依據 Wolf 指控科羅拉多州案 338 U.S. 25 駁回該申訴。該案的裁決是憲法並沒有要求州法院檢察官裁決州內罪犯時，不得使用違反第 4 次修正案條文取得的證據。因此我們基於這項規定駁回 Wolf 的指控，也在 Mapp 指控俄亥俄州政府案 367, U.S. 643. 做出同樣裁決，在 Week 指控美國聯邦政府案，232, U.S. 383 中，聯邦檢察官

也援用類似的排除原則，州法院也必須採用這些刑事檢控的判決。因此問題很明顯，本案使用的化學分析證據 [384 U.S.757.767] 不得視為違法搜索和逮捕而取得之證據。

第 4 次修正案的撤銷判決的效力是為保障個人隱私權和尊嚴，避免國家非法侵入。在 Wolf 案，本院確認：「保障個人隱私權和避免警方任意侵入，正是第 4 次修正案主要內容，也是自由社會基本條件。」338 U.S. at 27 本院再度確認第 4 次修正案宗旨的廣泛觀點，也適用於 Mapp 案的排除原則。

第 4 次修正案和第 5 次修正案保障的價值，實質上有重疊之處。歷史和判例都要求我們現在對於援用第 5 次修正案條文的自行定罪之申訴均予以駁回；並要求在任何環境下，都可以針對個人體檢，不會違反國家搜索犯罪證據的權宜之策。但是如果強制執行驗血不涉及違反第 5 次修正案，卻顯然涉及違反第 4 次修正案限制國家搜索和逮捕的保障條文。第 4 次修正案明文規定：「人權保障的範圍涵蓋：個人、居家、文書、影響，避免不合理的搜索和逮捕，皆不可違反。」本案是不合理的申訴，實際上也沒有具體的申訴內容，執行驗血是在第 4 次修正案保障範圍之外。該測試程序顯然構成搜索：個人。依據該次修正案的判例，應就原先提出，逮捕「個人」之定義而定。

因為本院處理的是侵害人體，不是國家侵入財產關係或個人文書，即第 4 修正案保障：「個人、居家、文書、影響」[384 U.S. 757, 768] 我們在法律上明文規定。在提出搜索證明後，可限制財產種類和取得財產，不同於搜索程序和允許搜索範圍，這些文脈不能提供具體說明。本院首先假定：當憲法保障的免於自行定罪權不被採用，國民被侵害卻沒有禁止，警方使用人體血液分析酒精濃度。那麼第 4 次修正案的正當效力應在於限制侵入，而不是反對任何侵入，不過也保障國民免於任何情況的非法或不正當的侵入。換句話說，本院對於本案的這些問題，必須認定警方是否合法要求訴願人接受驗血，及抽取訴願人血液運用的工具和程序是否尊重第 4 次修正案的有關的合理標準，然後做出裁決。

在這個案例，就像通常強制取締酒駕者，通常警官都在欠缺搜索證下，逮捕肇事者而產生許多問題。同樣在本案，警官堅持訴願人為酒駕的可能理

由而逮捕他，並指控他酒駕肇事。警官在抵達 [384 U.S. 757. 769] 現場不久，就聞到訴願人呼吸中有酒精味，看到訴願人眼睛充血、眼汪汪、似乎像玻璃般透明。警官在訴願人就醫的醫院再度檢視他，在送醫後兩小時內，警官還查覺到類似的酒醉症候。因此，他通知訴願人：「你酒駕肇事被捕，你有權聘請律師和保持沉默，你告訴我的任何事物，都可能作為供詞來指控你。」

　　雖然許多早期判例指出「不論英國制或美國制的法律，政府方面都具有不受限制的權利，在合法逮捕後，可搜索被告身體，以發現和取得犯罪結果和證據。」參考：Weeks 指控美國聯邦政府案 232 U.S. 383, 392、People 指控 Chiagles 案 237 紐約州 193, 142, N.E. 583 (1923)（Cardozo, J.）這是唯一的合法逮捕的事實，本院不想就結束調查。這些案例的建議顯然依據兩個因素：首先，在被告直接控制下，將有更直接的危險，被告可能會隱藏武器或破壞證據。美國聯邦政府指控 Rabinowitz, 339 U.S. 56. 72-73（異議法官：Frankfurter, J.,）其次，當警方試圖搜索被逮捕者持有武器的行為，被法院批准後，第 4 次修正案的執行宗旨（限制僅能搜索某些物品）卻變成不可行和不必要。People 指控 Chiagles 案 237 紐約州 197-198, 142, N.E. 584 一般而言，不論這些考慮有任何效力，他們很難適用在關於搜索到侵入人體表皮以下的抽血行為。第 4 次修正案保障的人性尊嚴和隱私權的利益 [384, U.S. 757, 770] 禁止任何這樣的侵入，以掌握這個唯一取得必要證據的機會。雖然缺乏清楚表徵，事實上還是可以找到酒醉的證據，不過保障這些基本的個人利益，將會迫使法官承擔該證據消失的風險，唯有立即搜索才能將嫌犯定罪。

　　雖然這個案例有許多事實，可證實逮捕罪犯的可能的理由，不過也必須提供相關的證據，如成功的測試出訴願人當時血液的酒精濃度，問題在逮捕被告的警官，法院是否允許他自行追究推論，還是向司法當局取得證明後才驗血。在搜索住宅前提出搜索證明是很平常的，緊急事件的不在場證明也是事後才提出，更不用說檢查身體求證的需要。取得搜索證的要求是支持警方，對於犯罪事實推論的搜索要件，該證明是「由中立的法院而不是提供給偵查警官判斷，後者通常由許多競爭的偵查犯罪組織形成，通常不能中立。」Johnson 指控美國聯邦政府 333, U.S. 10, 13-14 參閱 Aguilar 指控德州政府案

378, U.S. 108, 110-111. 處理這類問題的重要性,在於周詳、中立、謹慎:以判定是否檢查人體以取得犯罪證據,這樣就不會引起爭議和適當處理。

但是,本案警官也可以堅持他在處理緊急事故,延後取得必要的搜索證明。在這樣的情況下,證據可能會有被破壞的疑慮。Preston 指控美國聯邦政府案 376, U.S. 364, 367。本院經警方告知:停止飲酒後不久,血液的酒精濃度開始遞減,人體機能可以將酒精從人體消除。特別是在這樣的案例,將被告送醫治療和調查汽車事故現場,已經花去不少時間 [384, U.S. 757, 771],已經沒有足夠時間向法院取得搜索證明。基於這些特別的事實,本院裁定本案警官取得血液酒精濃度測試,確實是逮捕訴願人的適當權宜之策。

(四) 論點分析

最高法院認為有關涉及隱私權的實質利益,訴願人有權拒絕抽血檢查和避免不合理搜索和逮捕。惟就本案之具體事實內容,卻無違反這項權益之處。

1. 訴願人送醫治療已花費許多時間。
2. 警方調查交通事故現場亦花費相當時間。
3. 停止飲酒後,血液中的酒精濃度會開始遞減,人體機能可以將酒精從人體消除。
4. 警方對該肇事駕駛人握有充分的證據:明顯的跡證顯示——「聞到訴願人呼吸中有酒精味,看到訴願人眼睛充血、眼汪汪、似乎像玻璃般透明」,訴願人確有酒醉現象。
5. 對訴願人的血液酒精濃度檢驗,因由醫院內科醫師執行,不會造成危險。

並基於以上的觀點,最高法院主張:
1. 警方對該肇事駕駛人測試血液酒精濃度,只是逮捕訴願人的適當和附帶證據。
2. 警方選擇檢驗訴願人血液酒精濃度是合理的。
3. 警方選擇檢驗訴願人血液酒精濃度是判定酒醉的有效方法,並且是由醫院內科醫師以合理方式執行,不會造成危險。

第二節　正當法律程序在我國法制上之適用

美國憲法增修條文第 5 條所規定「……非經正當法律程序，不得剝奪任何人的生命、自由或財產……」之內容，係屬於美國憲法上人權法案的一部分，也正是正當法律程序之條款。發展至今不論立法、司法或行政，都受到正當法律程序原則的限制[4]。

但是，大多數的大陸法系國家的憲法中，卻沒有類似如美國憲法上的正當法律程序之條款規定，我國的憲法亦然。因此有學者指出：「有關憲法上正當法律程序的規範基礎，必須透過憲法的修改或憲法的解釋。然而在憲法沒有修改之前，如何透過憲法的解釋來處理此一理論上的爭議，才是問題的核心。」[5]

據此，學者葉俊榮教授於其所著「環境行政的正當法律程序」一書中明確指出：「我國憲法第 8 條的規定，一般均將其定性為人身自由的保障。也有將其與刑法第 1 條的規定結合，作為刑法罪刑法定原則的規範基礎者。若將憲法第 8 條，配合刑事訴訟法第 1 條、憲法第 9 條、司法院大法官會議釋字第 166 號與第 251 號解釋作一體觀察，可以看出其共同指出一個方向：有關『人身自由』的限制或剝奪，必須經過法定程序，方得為之。此與美國憲法上正當法律程序所作的要求，在人身自由方面，已經相當吻合。此一規定在本質上已是我國憲法在人身自由的保障上，所作『正當法律程序』的規範要求。」[6]

學者葉俊榮與林國漳教授更進一步指出：「憲法第 15 條明文保障財產權、工作權與生存權。憲法第 16 條則進一步保障人民的請願、訴願與訴訟權。此等權利保障的規定配合司法院大法官會議釋字第 187 號、第 211 號、第 220

---

[4]　參見葉俊榮，環境行政的正當法律程序，台大法學叢書，1993 年 4 月初版，頁 55。
[5]　參見葉俊榮，前揭書，頁 55。
[6]　參見葉俊榮，前揭書，頁 56。

號及第 273 號解釋的意旨，可以看出憲法對實體權和程序權的兼顧——由此可以導出『正當法律程序』原則。」[7]

學者林國漳於所著「淺釋行政法學上之正當法律程序原則」一文中並指出：「我國大法官會議解釋中，其隱涵有『正當法律程序』原則之內涵者不少，惟明文宣示「正當法律程序」者可謂絕無僅有。其中釋字第 166 號及 251 號解釋，應即屬有關『正當法律程序』原則之宣示。」[8]

文中並陳述：「大法官會議釋字第 187、201、243、266、298、312、323、338 等號解釋，突破所謂的『特別權利關係』，使得公務員的基本權利受侵害亦有救濟之途徑，此亦屬『正當法律程序』原則之實踐。最後並舉出釋字第 220、224、273、288、321 等號解釋，係廣開人民救濟途徑，使人民之訴訟權不受不當之限制，亦蘊含有『正當法律程序』之意味。」[9]

學者陳運財教授於所著「憲法正當法律程序之保障與刑事訴訟」一文中，亦就大法官會議自第 166 號、第 251 號、第 271 號到第 300 號之發展脈絡，明文指出：「可見實務上，以憲法第 8 條法定程序來規範下位之法律的規定，探求法定程序之具體內涵的動向，隱然形成主流。而 84 年釋字第 384 號解釋的出現，更進一步奠立了『正當程序論』發展的里程碑。」[10]

茲以大法官會議釋字第 384 號解釋為中心，就正當法律程序在我國法制上之適用發展情形，分別以大法官會議釋字第 166、251、271、300、384、396、418 號等解釋，詳述於后：

---

[7] 參見葉俊榮，前揭書，頁 57。林國漳，淺釋行政法學上之「正當法律程序」原則。收錄於行政法之一般法律原則 (一)，城仲模主編，頁 72-75。

[8] 參見林國漳，前揭書，頁 74-75。

[9] 參見林國漳，前揭書，頁 75。

[10] 參見陳運財，憲法正當法律程序之保障與刑事訴訟，收錄於刑事訴訟與正當之法律程序，月旦出版社，1998 年 9 月初版，頁 14-17。

一、大法官會議第 384 號解釋前之發展

(一) 釋字第 166 號及第 251 號解釋[11]

　　關於人身自由的保障，較早期的大法官會議實務見解有釋字第 166 號及第 251 號兩項關於違警罰法違憲條文的解釋。

　　審視大法官會議釋字第 166 號解釋，涉及「法定程序」的部分，可將要點整理如下：

1. 大法官會議首先強調憲法第 8 條第 1 項關於人身自由保障之規定：按人民身體之自由，應予保障，除現行犯之逮捕由法律另定外，非經司法或警察機關依法定程序不得逮捕拘禁，非由法院依法定程序不得審問處罰。

2. 大法官會議並明確指陳「逮捕、拘禁」與「審問、處罰」之行使主體，應有區別：憲法第 8 條第 1 項已定有明文保障人民身體之自由規範。是警察機關對於人民僅得依法定程序逮捕或拘禁；至於有關人民身體自由之處罰，則屬於司法權。違警罰法所定由警察官署裁決之拘留、罰役，既係關於人民身體自由之處罰，即屬法院職權之範圍，自應由法院依法定程序為之。

3. 據此，大法官會議作出結論指出：惟違警行為原非不應處罰，而違警罰法係在行憲前公布施行，行憲後為維護社會安全及防止危害，主管機關乃未即修改，迄今行憲三十餘年，情勢已有變更，為加強人民身體自由之保障，違警罰法有關拘留、罰役由警察官署裁決之規定，應迅改由法院依法定程序為之，以符憲法第 8 條第 1 項之本旨。

　　審視大法官會議釋字第 251 號解釋，涉及「法定程序」的部分，可將要點整理如下：

1. 大法官會議首先對於先前「釋字第 166 號解釋」再次重申：憲法第 8 條

11　參見司法院網站法學檢索資料釋字第 166 號解釋、釋字第 251 號解釋，http://www.judicial.gov.tw。

第 1 項已定有明文，按人民身體之自由，應予保障，除現行犯之逮捕由法律另定外，非經司法或警察機關依法定程序不得逮捕拘禁，非由法院依法定程序不得審問處罰。

2. 據此，大法官會議釋字第 251 號再次宣示國家機關作為應符合憲法第 8 條第 1 項之規定，方能達成憲法規定之本旨：違警罰法所定之違警罰中，由警察官署裁決之拘留、罰役，係關於人民身體自由所為之處罰，應迅改由法院依法定程序為之，以符上開憲法規定之本旨，前經本院於中華民國 69 年 11 月 7 日作成釋字第 166 號解釋公布在案。

3. 大法官會議更進一步針對違警罰法第 28 條中「施以矯正或令其學習生活技能」之處分作為是否合憲，加以論述：違警罰法第 28 條規定：「因遊蕩或懶惰而有違警行為之習慣者，得加重處罰。並得於執行完畢後，送交相當處所，施以矯正或令其學習生活技能」。其所謂送交相當處所，施以矯正或令其學習生活技能，係附隨於違警罰之一種處分，同屬限制人民之身體自由。此種處分由警察官署逕為裁決，依前述解釋之同一理由，亦不符憲法第 8 條第 1 項之本旨，應與拘留、罰役之裁決程序，一併改由法院依法定程序為之。

4. 最後，大法官會議明文訂定違警罰法失效之日期以及應修訂法律之期限：前述解釋之拘留、罰役及本件解釋之處分裁決程序規定，至遲應於中華民國 80 年 7 月 1 日起失其效力，並應於此期限前修訂相關法律。

綜觀大法官會議釋字第 166 號、第 251 號解釋理由書要點內容，可將其內涵分析如下：

1. 以上兩件解釋文確立：為落實維護憲法上保障人民身體自由之精神，首先對於「逮捕、拘禁」與「審問、處罰」所依據法定程序之行使主體分別為「司法或警察機關」與「法院」，應優先有所界定區別。大法官會議指出，警察機關對於人民僅得依法定程序進行逮捕或拘禁，而有關人民身體自由之拘留、罰役即係關於人民身體自由之處罰，即屬法院之職權之範圍，自應由法院依法定程序為之。

　　大法官會議顯明直指該法律之內容規範有違公平、合理、正當，故為違憲之認定，應無疑義。惟解釋文中雖並未明文直指正當法律程序一詞，但觀其意涵，即代表大法官會議認為應踐行正當法律程序之實質正當原則。易言之，縱使國家機關之作為已有法律明文規範法定程序，然其法律內容卻不符公平、合理、正當，充其量只是徒具法治國家之名，而欠缺法治國家之實。

　　再觀大法官會議釋字第 384 號，可知大法官會議解釋前後法理脈絡之一致，解釋文中闡述憲法第 8 條第 1 項之文義稱：係指凡限制人民身體自由之處置，不問其是否屬於刑事被告之身份，均受上開規定之保障。且立法機關於制定法律時，其內容更須合於實質正當，並符合憲法第 23 條所定相關之條件，此乃屬人身自由之制度性保障。舉凡憲法施行以來，已存在之保障人身自由之各種建制，及現代法治國家對於人身自由所普遍賦予之權利與保護，均包括在內，否則人身自由之保障，勢將徒託空言[12]。

2. 解釋文並確立「法定程序」之必要性及重要性：除現行犯之逮捕由法律另定外，非經司法或警察機關依「法定程序」不得逮捕拘禁，非由法院依「法定程序」不得審問處罰。故不論司法或警察機關，凡關乎人民身體自由之作為，均須有法律依據做為基礎，方符合憲法上之法律保留原則。上開解釋之內涵相當於正當法律程序之形式正當原則。

3. 違警罰法所定由警察官署裁決之「拘留」、「罰役」以及「送交相當處所，施以矯正或令其學習生活技能」，因同屬關於人民身體自由之處罰，即屬法院職權之範圍，自應由法院依法定程序為之。

　　有關以正當法律程序推定是否合憲的判斷基準，學者葉俊榮教授在「正當法律程序的雙階結構與利益衡量」一文中以雙階結構表示：「首先必須決定系爭被剝奪之利益是否為憲法上正當法律程序所欲保障之實體要件，亦稱為質的判斷。此即對於憲法上正當法律程序原

---

[12] 參見司法院網站法學檢索資料釋字第 384 號解釋，http://www.judicial.gov.tw。

則所欲保障之實體要件予以確認。再決定以何種程序保障，始能符合憲法上之正當法律程序原則，稱之為量的選擇。毫無疑問的，關乎人民身體自由之處罰，自是憲法上所保護之標的，而此標的既受到不當的侵害，當屬違憲。故須進一步衡量其應該受到何種法定程序之保障，方能符合憲法所要求之內涵。」[13]

4. 關於人民身體自由之處罰，不問對象是否屬於刑事被告的身份，均受憲法上的保護。

(二) 釋字第 271 號解釋[14]

審視大法官會議釋字第 271 號解釋，涉及「法定程序」的部分，可將要點整理如下：

1. 大法官會議首先列舉憲法第 8 條第 1 項及刑事訴訟法第 1 條第 1 項，說明對於人身自由非依法定程序及訴訟程序不得追訴、審問、處罰之相關規定。

憲法第 8 條第 1 項：「人民身體之自由，應予保障，除現行犯之逮捕由法律另定外，非經司法或警察機關依法定程序，不得逮捕、拘禁。非由法院依法定程序不得審問處罰」。

刑事訴訟法第 1 條第 1 項：「犯罪，非依本法或其他法律所定之訴訟程序，不得追訴、處罰」。

學者林山田教授更於所著「論正當法律程序原則」一文中，明文指出：「憲法第 8 條第 1 項規定中之『法律另定』或『法定程序』以及刑事訴訟法第 1 條第 1 項之規定，均係明文揭示『法律性原則』，亦稱之為『法律保留原則』。」[15]

2. 大法官會議對於具有判決之形式，確有重大違背法令之情形者，接續

---

[13] 參見葉俊榮，前揭書，頁 63-64。

[14] 參見司法院網站法學檢索資料釋字第 271 號解釋，http://www.judicial.gov.tw。

[15] 參見林山田，論正當法律程序原則，軍法專刊，第 45 卷第 4 期，1999 年 4 月，頁 1-7。

以釋字第 135 號解釋及本院院字第 790 號解釋加以說明：刑事訴訟程序因判決確定而終結者，不論為實體上之判決或程序上之判決，均生法律上之羈束力，其有重大違背法令之情形者，依本院釋字第 135 號解釋，雖不生（實質）效力，惟就不利益於被告之合法上訴所為駁回上訴之程序上判決，依本院院字第 790 號解釋意旨，在未經法定程序撤銷其判決前，自不得回復原訴訟程序，逕行審問處罰。

3. 大法官會議解釋理由書中並強調「信賴原則」：刑事訴訟程序之實施，應保障當事人之合法訴訟權，並兼顧被告對於裁決效力之信賴及國家刑法權之正確行使。

4. 據此，關於「涉及刑事訴訟程序中不利益於被告之合法上訴，上訴法院誤為不合法，而從程序上為駁回上訴之判決確定者，應如何處理的問題」，大法官會議作出結論指出：刑事訴訟程序中不利益於被告之合法上訴，上訴法院誤為不合法，而從程序上為駁回上訴之判決確定者，其判決固屬重大違背法令，惟既具有判決之形式，足使被告信賴其羈束力，依上開說明，仍應先依非常上訴程序將該確定判決撤銷後，始得回復原訴訟程序，就合法上訴部分進行審判。否則即與憲法第 8 條第 1 項規定人民非依法定程序不得審問處罰之意旨不符。

5. 最後，大法官會議並且確立指出：最高法院 25 年上字第 3231 號判例，認此種駁回上訴之程序上判決，不發生實質上之確定力，得再逕行為實體上裁判，於上開解釋範圍內，應不再援用。

綜觀大法官會議釋字第 271 號解釋理由書要點內容，可將其內涵分析如下：

1. 本號解釋文藉由憲法第 8 條第 1 項及刑事訴訟法第 1 條第 1 項之闡述確立：國家機關對於人身自由非依法定程序及訴訟程序不得追訴、審問、處罰之憲法法律位階。

2. 本號解釋文並確立實體上或程序上之判決之羈束力：不論為實體上之判決或程序上之判決，均生法律上之羈束力。

換言之，既然具備了判決之形式，基於對法律應有之信賴與遵循，仍具有法律上之形式效力。此即強調正當法律程序之「形式正當」之意涵。

3. 本號解釋文確立踐行刑事訴訟程序之必要性：縱有重大違背法令之情形者，依本院釋字第 135 號解釋，雖不生實質上效力，惟既具有判決之形式，依「信賴原則」，亦即兼顧被告對於裁決效力之信賴及國家刑法權之正確行使，足使被告信賴其羈束力，依上開說明，仍應先依非常上訴程序將該確定判決撤銷後，始得回復原訴訟程序。

此處說明了判決縱有重大違背法令之情形者，表示欠缺「實質正當」之內涵，但仍應遵循刑事訴訟程序之規定，踐行正當法律程序原則，進行補救。

學者林教授山田進一步指出：「正當法律程序原則乃指整個刑事程序（含偵查、控訴、審判與執行）必須依據法律所明定之程序規範，而且所有之法定程序之規定內容必須是公平而正當合理。」[16]

文中所欲闡述者，當係指正當法律程序原則之形式正當與實質正當兩大內涵。

刑事訴訟法中既有明文規範非常上訴之程序，自已符合正當法律程序之「形式正當」，且其規定之內容亦無違反公平、正當、合理之情形，自亦符合正當法律程序之「實質正當」，故刑事訴訟法本身當然並無違反正當法律程序之問題，而係實務運作上有無依循刑事訴訟法之規定，亦即有無踐行正當法律程序之原則內涵。因此，解釋文中論及「仍應先依非常上訴程序將該確定判決撤銷後，始得回復原訴訟程序，就合法上訴部分進行審判。否則即與憲法第 8 條第 1 項規定人民非依法定程序不得審問處罰之意旨不符。」即是表徵應當踐行正當法律程序之原則。

4. 本號解釋文確立法定程序之必要性：依本院院字第 790 號解釋意旨，

---

[16] 參見林山田，前揭書，頁 1-7。

在未經法定程序撤銷其判決前，自不得回復原訴訟程序，逕行審問處罰，即係強調踐行「正當法律程序原則」之重要性。

　　此處與文中分析大法官會議第 166 號與第 251 號內涵之第 2 點義理完全一致。

(三) 釋字第 300 號解釋[17]

　　審視大法官會議釋字第 300 號解釋，涉及「法定程序」的部分，可將要點整理如下：

1. 大法官會議首先指出破產法第 71 條所訂定羈押破產人之規定，係憲法第 23 條必要性原則：破產法第 71 條第 1 項：「破產人有逃亡或隱匿、毀棄其財產之虞時，法院得簽發押票將破產人羈押」之規定，旨在保全破產財團之財產，維護全體債權人之權益，俾破產程序得以順利完成，固有其必要。

2. 惟大法官會議對於破產法第 71 條第 2 項之規定則有不同論述，並舉強制執行法第 22、24 條規定加以說明：破產法第 71 條第 2 項則規定「羈押期間不得超過 1 個月，但經破產管理人提出正當理由時，法院得准予展期，每次展期以 1 個月為限」。按對人民身體自由之拘束，除因犯罪受無期徒刑之宣告確定者外，現行法律中有關人身自由之拘束，均有期間之限制。例如強制執行程序中對於債務人顯有逃亡之虞或就應供強制執行之財產有隱匿或處分之情事者，強制執行法第 22 條規定執行法院對於債務人無相當擔保者，得拘提管收之。同法第 24 條則規定，管收期限不得逾 3 個月，且有管收新原因發生而對債務人再行管收時，以 1 次為限。

3. 大法官會議並繼以刑事訴訟法第 101、108 條規定說明：又刑事訴訟程序中，對於被告如認有逃亡或有事實足認為有逃亡之虞者，或有事實足認為有煙滅、偽造、變造證據或勾串共犯或證人之虞者等情形之一

---

[17] 參見司法院網站法學檢索資料釋字第 300 號解釋，http://www.judicial.gov.tw。

時，刑事訴訟法第 101 條規定於必要時得羈押之。同法第 108 條則規定，羈押被告，偵查中不得逾 2 月、審判中不得逾 3 月，但有繼續羈押之必要者，延長羈押期間每次不得逾 2 月，偵查中以 1 次為限，如所犯最重本刑為 10 年以下有期徒刑以下之刑者，審判中第 1 審第 2 審以 3 次為限，第 3 審以 1 次為限。

4. 據此，大法官會議作出結論認定：破產法上之羈押，其主要目的既在保全破產財團之財產，該法第 71 條第 2 項但書關於羈押展期次數未加限制之規定，與上開其他法律規定兩相比較，顯欠妥當，易被濫用，有違憲法保障人民身體自由之本旨。應就羈押之名稱是否適當、展期次數或總期間如何限制，以及於不拘束破產人身體自由時，如何予以適當管束暨違反管束時如何制裁等事項通盤檢討，儘速加以修正，至遲應於本解釋公布之日起屆滿 1 年時停止適用。

綜觀大法官會議釋字第 300 號解釋理由書要點內容，可將其內涵分析如下：

1. 本號解釋文確立：凡限制個人人身自由權益者，須基於為維護公共利益的考量，而此考量係依憲法第 23 條必要性原則出發。

2. 本號解釋文並確立：對人民身體自由之拘束，除因犯罪受無期徒刑之宣告確定者外，現行法律中有關人身自由之拘束，均有期間之限制。故縱使為維護公共利益的考量而限制個人人身自由權益，其範疇亦非無所節制。故大法官會議認為應就羈押之名稱是否適當、展期次數或總期間如何限制，以及於不拘束破產人身體自由時，如何予以適當管束暨違反管束時如何制裁等事項通盤檢討，儘速加以修正，以免遭濫用，而侵害人民所應受憲法保障之基本權益。

此大法官會議解釋文之內涵即係強調關乎人身自由之規範，縱使以法律定之，業已符合法律保留之原則，亦即縱使已符合正當法律程序之形式正當；惟其法律訂定之內容更須符合公平、合理、正當，方能達成正當法律程序之實質正當之內涵。

二、大法官會議第384號解釋後之發展

學者湯德宗教授在所著「論憲法中的正當法律程序」一文中陳述:「釋字第384號解釋涉及檢肅流氓條例諸多規定是否牴觸憲法第8條人身自由保障的問題。解釋文中首次使用『內容更須合於實質正當』一詞,闡示『憲法上正當程序』的概念。」[18]

學者何賴傑教授在所著「正當法律程序原則──刑事訴訟法上一個新的法律原則?」一文中亦指出:「自大法官會議釋字第384號解釋提出『實質正當法律程序』概念之後,大法官隨即於第396、418、436號解釋,繼續以此概念做為判斷法律程序合憲法性與否之標準,此一概念儼然已成為有憲法位階之法律原則。」[19]

另有學者郭介桓於「正當法律程序──美國法制之比較研究」一文中認為:「『正當法律程序』一詞在我國司法實務上,首見於司法院釋字第384號解釋文,論及檢肅流氓條例第6條、第7條、第12條、第21條等規定,無論有無特別預防之必要,有再受感訓處分而喪失身體自由之虞,均逾必要程度,欠缺實質正當。」[20]

司法院翁院長岳生於所著「大法官關於人身自由保障的解釋」一文中更明確說明:「基本上,憲法第8條完全是英美法的產物,該條所稱『依法定程序』與英美法之『正當法律程序』原則相同,現在大陸法也接受這樣的理念,相關的國際人權公約也都有這樣的規範。」[21]

---

[18] 參見湯德宗,論憲法中的正當法律程序。收錄於「正當法律程序原則之內涵與落實」學術研討會,頁9。

[19] 參見何賴傑,正當法律程序原則──刑事訴訟法上一個新的法律原則?收錄於「正當法律程序原則之內涵與落實」學術研討會,1999年11月6日,頁34。

[20] 參見郭介桓,正當法律程序──美國法制之比較研究。收錄於憲法體制與法治行政──城仲模教授六秩華誕祝壽論文集,頁130。

[21] 參見翁岳生,大法官有關保障人身自由之解釋,收錄於中央警察大學法學論集,創刊號,中央警察大學法律學系,1996年3月,頁8。

(一) 釋字第 384 號解釋[22]

審視大法官會議釋字第 384 號解釋，可將要點整理如下：

1. 大法官會議首先強調人身自由之於其他權利的重要性、前提性：人民身體自由享有充分保障，乃行使其憲法上所保障其他自由權利之前提，為重要之基本人權，故憲法第 8 條對於人民身體自由之保障特別詳加規定。

2. 大法官會議並針對憲法第 8 條第 1 項予以闡述：第 8 條第 1 項規定：「人民身體之自由應予保障，除現行犯之逮捕由法律另定外，非經司法或警察機關依法定程序，不得逮捕拘禁。非由法院依法定程序，不得審問處罰。非依法定程序之逮捕、拘禁、審問、處罰，得拒絕之。」，係指凡限制人民身體自由之處置，不問其是否屬於刑事被告之身份，均受上開規定之保障。且立法機關於制定法律時，其內容更須合於實質正當，並符合憲法第 23 條所定相關之條件，此乃屬人身自由之制度性保障。舉凡憲法施行以來，已存在之保障人身自由之各種建制，及現代法治國家對於人身自由所普遍賦予之權利與保護，均包括在內，否則人身自由之保障，勢將徒託空言。

　　此處大法官會議除強調：凡限制人民身體自由之處置，均應受到憲法第 8 條第 1 項規定中之「法律另定」及「法定程序」所代表之「法律保留原則」保障外，更進一步要求其法律內容須符合「實質正當」以及憲法第 23 條所定相關之條件。

3. 大法官會議繼之對實質正當之法律程序內涵加以說明：前述實質正當之法律程序，兼指實體法及程序法規定之內容，就實體法而言，如須遵守罪刑法定主義；就程序法而言，如犯罪嫌疑人除現行犯外，其逮捕應踐行必要之司法程序、被告自白須出於自由意志、犯罪事實須依證據認定、同一行為不得重覆處罰、當事人有與證人對質或詰問證人

---

22 參見司法院網站法學檢索資料釋字第 384 號解釋，http://www.judicial.gov.tw。

之權利、審判與檢察之分離、審判過程以公開為原則及對裁判不服提供審級救濟等為其要者。現行檢肅流氓條例之制定，其前身始於戒嚴及動員勘亂時期而延續至今，對於社會秩序之維護，固非全無意義，而該條例第 2 條所列舉之行為，亦非全不得制定法律加以防制，但其內容應符合實質正當之法律程序，乃屬當然。

4. 大法官會議同時說明例外情形及違憲之界限：除依法宣告戒嚴或國家、人民處於緊急危難之狀態，容許其有必要之例外情形外，各種法律之規定，倘與上述各項原則悖離，即應認為有違憲法上實質正當之法律程序。

5. 據此，大法官會議作出結論指出：

(1) 現行檢肅流氓條例第 6 條及第 7 條授權警察機關無須踐行必要之司法程序即得逕行強制人民到案之規定，已逾越必要程度，並有違憲法第 8 條第 1 項明白區分現行犯與非現行犯之逮捕應適用不同程序之規定意旨。

(2) 同條例第 12 條關於秘密證人制度之規定，不問個別案情，僅以檢舉人、被害人或證人要求保密姓名、身分，即限制法院對證人應依秘密證人方式個別詢問，並剝奪被移送裁定人及其選任律師與秘密證人之對質或詰問，用以防衛其權利，俾使法院發現真實之防禦權利有導致無充分證據即使得被移送裁定人受感訓處分之虞，自非憲法所許。

(3) 同條例第 21 條關於受感訓處分人其行為同時觸犯刑事法律者之執行規定，使受刑之宣告及執行之人，不問有無特別預防之必要，有再受感訓處分而喪失身體自由之危險。同條例上開規定縱使有防止妨害他人自由，維護社會秩序之用意，亦已逾越必要程度，有違實質正當，自亦為憲法所不許。

(4) 同條例第 5 條關於警察機關認定為流氓並予告誡之處分，人民除向內政部警政署聲明異議外，不得提起訴願及行政訴訟，亦有與憲法第 16 條保障人民訴願及訴訟權之規定意旨相違。

綜觀大法官會議釋字第 384 號解釋理由書要點，可將其內涵分析如下：

1. 大法官會議首先於本號解釋，藉著程序之實質正當之概念與憲法第 23 條之適用，否定檢肅流氓條例部分規定之合憲性[23]。

2. 本號解釋文明白指出法定程序之保障範圍：凡限制人民身體自由之處置，不問其是否屬於刑事被告之身份，亦有憲法第 8 條第 1 項之適用。

3. 本號解釋文並明文指出法定程序應有之內涵：立法機關於制定法律時，其內容更須合於實質正當，並符合憲法第 23 條所定相關之條件。

4. 本號解釋文進一步指出實質正當之法律程序包括兩個面向：就實體法而言，如須遵守罪刑法定主義；就程序法而言，如犯罪嫌疑人除現行犯外，其逮捕應踐行必要之司法程序、被告自白須出於自由意志、犯罪事實須依證據認定、同一行為不得重覆處罰、當事人有與證人對質或詰問證人之權利、審判與檢察之分離、審判過程以公開為原則及對裁判不服提供審級救濟等為其要者。

(二) 釋字第 396 號解釋[24]

學者湯德宗於所著「論憲法中的正當法律程序」一文中指出：「我國大法官解釋中首次使用『正當法律程序』一語者，乃釋字第 396 號解釋。」[25]

審視大法官會議釋字第 396 號解釋，可將要點整理如下：

1. 大法官會議首先強調：憲法第 16 條所保障人民之訴訟權，乃人民於其權利遭受侵害時，得訴請救濟之制度性保障，其具體內容，應由立法機關制定法院組織與訴訟程序有關之法律，始得實現。

2. 保障訴訟權之審級制度，得由立法機關視各種訴訟案件之性質定之。公務員因公法上職務關係而有違法失職之行為，應受懲戒處分者，憲法明定為司法權之範圍；公務員懲戒委員會對懲戒案件之議決，公務

---

[23] 參見何賴傑，正當法律程序原則──刑事訴訟法上一個新的法律原則？收錄於「正當法律程序原則之內涵與落實」學術研討會，頁 34。

[24] 參見司法院網站法學檢索資料釋字第 396 號解釋，http://www.judicial.gov.tw。

[25] 參見湯德宗，前揭書，頁 6。

員懲戒法雖規定爲終局之決定，然尙不得因其未設通常上訴救濟制度，即謂與憲法第 16 條有所違背。

3. 憲法所稱之司法機關，就其狹義而言，係指司法院及法院（包括法庭），而行使此項司法權之人員爲大法官與法官。公務員懲戒委員會掌理公務員之懲戒事項，屬於司法權之行使，並由憲法上之法官爲之。

4. 惟懲戒處分影響憲法上人民服公職之權利，懲戒機關之成員既屬憲法上之法官，依憲法第 82 條及本院釋字第 162 號解釋意旨，則其機關應採法院之體制，包括組織與名稱、且懲戒案件之審議，亦應本「正當法律程序」之原則，對被付懲戒人予以充分之程序保障，例如採取直接審理、言詞辯論、對審及辯護制度，並予以被付懲戒人最後陳述之機會等，以貫徹憲法第 16 條保障人民訴訟權之本旨。

綜觀大法官會議釋字第 396 號解釋理由書要點內容，可將其內涵分析如下：

1. 大法官會議於本號解釋，即斷然且異常明確以「正當法律程序」之原則作爲公務員懲戒案件程序之準則[26]。

2. 大法官會議首先說明爲落實憲法賦予保障人民之訴訟權，應先踐行正當法律程序之形式正當：憲法第 16 條所保障人民之訴訟權，乃人民於其權利遭受侵害時，得訴請救濟之制度性保障，其具體內容，應由立法機關制定法院組織與訴訟程序有關之法律，始得實現。

中央法規標準法第 5 條第 2 項規定：「關於人民之權利、義務者，應以法律定之。」此正是憲法上關於法律保留原則之適用，使人民之訴訟權取得法律依據。

3. 大法官會議繼以說明正當法律程序之實質正當：因懲戒處分係影響憲法上人民服公職之權利，而懲戒機關之成員既屬憲法上之法官，故依據憲法第 82 條及本院釋字第 162 號解釋意旨，則其機關應採法院之體

---

[26] 參見何賴傑，前揭書，頁 34。

制，包括組織與名稱、且懲戒案件之審議，亦應本「正當法律程序」之原則，對被付懲戒人予以「充分之程序保障」，例如採取直接審理、言詞辯論、對審及辯護制度，並予以被付懲戒人最後陳述之機會等。

　　至此，大法官會議除在形式上，將公務員懲戒委員會之體制明確宣示應採法院之體制，此即代表正當法律程序之「形式正當」內涵。更進一步指出懲戒案件之審議應本正當法律程序之原則，對被付懲戒人予以充分之程序保障，並明文列舉其應有之內容，此即正當法律程序之「實質正當」內涵。

4. 本解釋文闡述對於特殊權利義務下之公務員，所受懲戒處分相關之保障內涵，諸如懲戒處分機關應採法院之體制、懲戒案件之審議應本正當法律程序之原則，對被付懲戒人予以充分之程序保障等指導作為，均可謂是一項新觀念的里程碑。

　　同時由本解釋文中所列舉要求之程序，亦可看出於大法官觀念中，「正當法律程序」所應具備之具體內涵應為如何[27]。

(三) 釋字第 418 號解釋[28]

　　審視大法官會議釋字第 418 號解釋，繼之以正當法律程序之形式正當及實質正當闡述，其要點經整理如下：

1. 大法官會議說明正當法律程序之形式正當與實質正當：憲法第 16 條保障人民訴訟權，係指人民於其權利遭受侵害時，有請求法院救濟之權利，法院亦有依法審判之義務而言。此種司法上受益權，不僅「形式上」應保障個人得向法院主張其權利，且「實質上」亦須使個人之權利獲得確實有效之保護。

2. 司法救濟之方式，有不論民事、刑事或行政訴訟之裁判，均由普通法院審理；有於普通法院外，另設行政法院審理行政爭訟事件，我國即

---

[27] 參見何賴傑，前揭書，頁 34。
[28] 參見司法院網站法學檢索資料釋字第 418 號解釋，http://www.judicial.gov.tw。

從後者。然無論採何種方式，人民於其權利因違法行政處分而遭受侵害時，得向法院請求救濟，則無不同。至立法機關將性質特殊之行政爭訟事件劃歸何種法院審理、適用何種司法程序，則屬立法者之權限，應由立法者衡酌權利之具體內涵、訴訟案件之性質及既有訴訟制度之功能等因素，以法律妥為合理之規定。

3. 道路交通管理處罰條例中所規定之處罰計有罰鍰、吊扣駕駛執照及汽車牌照等，均係行政機關對違反秩序行為之裁罰性行政處分。道路交通管理處罰條例第 87 條規定：「受處分人 15 日內，向管轄地方法院聲明異議」；「法院受理前項異議，以裁定為之」；「不服第 2 項之裁定，得為抗告。但不得再抗告」。是受處分人因交通事件對行政機關處罰而不服者，應由普通法院之交通法庭審理，而非如一般行政爭訟事件循訴願、再訴願及行政訴訟程序，請求救濟。此係立法機關基於行政處分而受影響之權益性質、事件發生之頻率及其終局裁判之急迫性以及受理爭訟案件機關之負荷能力等因素之考量，進而兼顧案件之特性及既有訴訟制度之功能而為設計。

4. 上開法條，既給予當事人申辯及提出證據之機會，並由憲法第 80 條所規定之法官斟酌事證而為公平之裁判，顯已符合正當法律程序，依本理由書首段所揭示之法理，與憲法第 16 條保障人民訴訟權之意旨尚無牴觸。

綜觀大法官會議釋字第 418 號解釋理由書要點內容，可將其內涵分析如下：

1. 本案並非刑事案件，亦非屬傳統特別權力關係當事人之爭訟問題，故可解釋為在一般行政事件中亦有正當法律程序之適用。

2. 本案論及「人民於其權利遭受侵害時，有請求法院救濟之權利，法院亦有依法審判之義務而言。此種司法上受益權，不僅『形式上』應保障個人得向法院主張其權利，且『實質上』亦須使個人之權利獲得確實有效之保護。」首先解釋文闡述有關「形式上應保障個人得向法院

主張其權利」，當係指「關於人民之權利、義務者，應以法律定之」
之法律保留原則，以落實憲法賦予人民訴訟權之保障，並符合正當法
律程序之形式正當原則，這也是人民基本權利能獲得保障的第 1 個步
驟。其後解釋文中復加以陳述「且實質上亦須使個人之權利獲得確實
有效之保護」，其意當指法院受理人民訴訟案件，自應遵循法院既有
訴訟程序之司法程序制度，以求能落實保障人民之基本權利，方符合
正當法律程序之實質正當原則。易言之，人民之訴訟程序原應充分獲
得法治國家對於法院所賦予之各種建制之功能保障。否則憲法對人民
訴訟權之保障，勢將徒託空言。

3. 本案道路交通管理處罰條例限制人民不得依「再抗告」程序提起救濟
程序，對人民訴訟權是否已造成不必要之限制，事涉救濟之程序是否
已足夠保障當事人之權利，此係關於正當法律程序之實質正當之內涵。
大法官會議係以對於立法機關將性質特殊之行政爭訟事件劃歸何種法
院審理、適用何種司法程序，認為係屬立法者之權限。因此，針對道
路交通管理處罰條例第 87 條規定：「受處分人，不服第 8 條主管機關
所為之處罰，得於接到裁決之翌日起 15 日內，向管轄地方法院聲明
異議」；「法院受理前項異議，以裁定為之」；「不服第 2 項之裁定，得
為抗告。但不得再抗告」。大法官會議認定此係立法機關基於行政處
分而受影響之權益性質、事件發生之頻率及其終局裁判之急迫性以及
受理爭訟案件機關之負荷能力等因素之考量，進而兼顧案件之特性及
既有訴訟制度之功能而為設計。

(四) 小結

　　正當法律程序雖然起源於英國，並在美國發揚光大，係屬於英美法系的
法律原則。觀之我國憲法雖未明文規範此一法律原則之適用，尤其與人身自
由最有關聯的憲法第 8 條並未提及「正當法律程序」一詞用語：「人民身體之
自由應予保障，非經司法或警察機關依法定程序，不得逮捕拘禁。非由法院
依法定程序，不得審問處罰。非依法定程序之逮捕、拘禁、審問、處罰，得

拒絕之。」

　　但是大法官會議解釋的法律位階係與憲法位階相當，故其解釋文所闡述之法理決不可不加理會，此觀大法官會議解釋第 491 號大法官吳庚在「協同意見書」中指出：「目前行政程序法尚未施行，各級機關切勿以民國 90 年 1 月 1 日該法實施後，依新法推翻舊解釋之理，排除本解釋之適用，因為本解釋乃憲法位階之釋示，任何法律不得與之對抗也。」[29] 更可一目了然。而在本節的文獻探討時，從大法官會議的解釋文中，我們可以明確而具體的了解到正當法律程序在國內法律的適用及發展情形。舉例如：解釋憲法第 8 條的大法官釋字第 384 號解釋文：「憲法第 8 條所稱依法定程序，係指凡限制人民身體自由之處置，不問其是否屬於刑事被告之身份，國家機關所依據之程序，須以法律規定，其內容更須實質正當，並符合憲法第 23 條所定相關之條件。」其中的意涵已於前文中詳加敘述過。

　　茲以圖 2-1、圖 2-2、圖 2-3 詳加說明由憲法第 8 條及大法官釋字第 384 號解釋文所導引出的正當法律程序原則。

---

[29] 參見司法院網站法學檢索資料釋字第 491 號解釋，http://www.judicial.gov.tw。

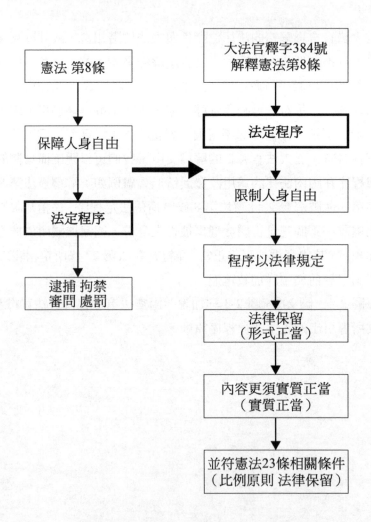

圖 2-1　正當法律程序源起大法官釋字 384 號解釋憲法第 8 條

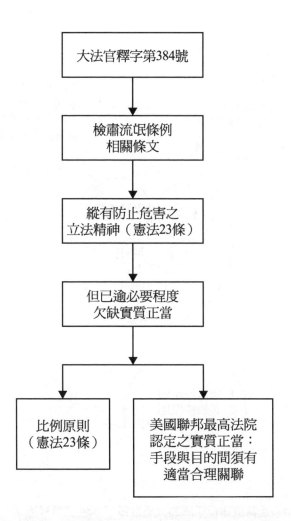

圖 2-2　正當法律程序源起大法官釋字 384 號解釋憲法第 8 條

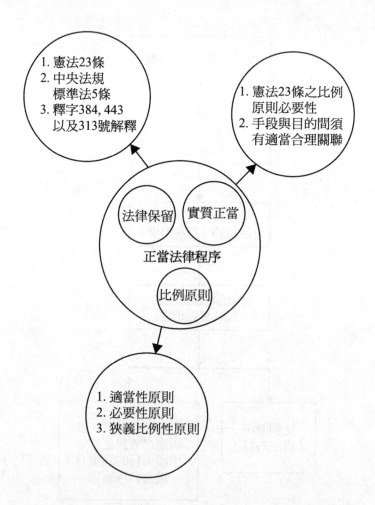

圖 2-3　正當法律程序源起大法官釋字 384 號解釋憲法第 8 條

　　現今，正當法律程序已不僅僅單指公平合理的司法程序而已，亦兼指公平合理的法律內容。易言之，此法律原則不僅是針對程序方面，甚且包括法律的內容及其目的是否合法[30]。正當法律程序原則從最初僅用於程序法上，到後來實體法亦被要求應適用之，並且不論程序法或實體法亦均被要求不僅僅應該符合形式正當，更應具備實質正當性。茲以圖 2-4 說明正當法律程序的發展適用內涵。

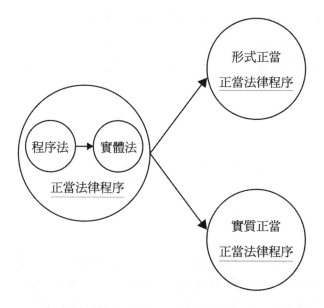

圖 2-4　正當法律程序之形式正當與實質正當的關聯

第三節　個人基本特性與酒駕

　　本節主要探討個人基本特性、控制因素與機會因素對於酒駕行為之影響為何。基本特性探究性別、年齡、婚姻、教育程度、職業與犯罪前科對於酒駕行為之影響；控制因素部分主要以 Hirschi 於 1969 年提出的社會控制理論

---

[30]　參見林國漳，前揭書，頁 57。

以及 1990 年時由 Gottfredson & Hirschi 所提出的自我控制理論進行探討；其次機會因素部分主要係以 Cohen & Felson 於 1979 年提出之日常活動理論進行探究，茲詳述如下：

一、年齡

相關研究文獻指出：酒駕者的年齡與一般駕駛人相比較時，前者通常傾向是較為年輕的（Cavaiola & Wuth, 2002；National Highway Traffic Safety, 2009；Mercer, 1986；Donovan et al., 1985；Donelson, 1985；Donovan, 1980）。不同年齡層在酒駕違規之次數上有顯著差異，以 36～45 歲年齡層酒駕被取締次數最多（張文菘，2010b）。

二、性別

國外文獻指出：關於酒駕者的性別，一般多屬於男性（Cavaiola & Wuth, 2002；National Highway Traffic Safety, 2009；Wieczorek, Miller & Nochajski, 1992；Norstrom, 1978；Hyman, 1968）。我國酒駕人之性別亦以男性居多（張文菘，2010b）。

Franklin (1989) & Sutton (1993) 認為：女性酒駕者的多數是有問題的駕駛人。McCormack (1985) 與 Shore & McCoy (1987) 指出：女性酒駕者多數是具有某種人格特質的女性駕駛，例如：中年、分居或離婚者，而且更容易因酒駕或與酒精有關的車禍而被逮捕。

女性酒駕者比起男性酒駕者年齡要稍長、白人、離婚或未婚、並且之前未曾有因酒駕被逮捕的紀錄（National Highway Traffic Safety, 2009）。

Parks 研究團隊（1996）針對 812 位因酒駕被定罪的女性駕駛人進行研究，經使用多元測量後，發現：24.5% 具有酒精依賴，43.1% 屬於酒精濫用，32.4% 是未診斷出狀況的。在酒精依賴與酒精濫用的群體中，分別有 49.7% 與 18.6% 是有藥物濫用的情形。在酒精依賴的群體中，有較高的百分比是無業的、有犯罪歷史的、其家庭成員中有使用酒精或藥物的問題並且因酒駕被逮捕。未診斷出狀況的群體比起酒精依賴的群體時，較多是有婚姻狀態、年

齡較大。Wieczorek, Miller & Nochajski (1992) 則透過 DSM-III-R（美國精神疾病診斷與統計手冊修正三版）調查男性對酒精的依賴程度，發現：男性比女性有更多的依賴效標，並且依賴程度更嚴重。

三、婚姻狀況

婚姻狀況部份較多為單身、分居、或離婚（Cavaiola & Wuth, 2002；Yoder & Moore, 1973；Hyman, 1968；Waller, 1967）；然有其他研究發現：年齡較大的酒駕者通常是已婚的（Moskowitz, Walker & Gomberg, 1979；Selzer, Vinokur & Wilson, 1977）。

四、社經地位

職業家庭收入情形酒駕者傾向是較低的社經地位（Cavaiola & Wuth, 2002；Donovan et al., 1985）、受教育的層面是偏向比較不良好的教育，通常僅完成高中教育且從事較低階層的工作（Donovan et al., 1985；Donovan & Marlatt, 1983；Vingilis, 1983；Donovan, 1980）。

不同教育程度在酒駕被取締之次數上達顯著差異，以低教育程度（國小、國中），酒駕被取締次數最多（張文菘，2010b）。

Murty & Roebuck (1991) 從研究中得到結論：酒駕者最可能是年輕人、有敵意人格的勞工男性、高風險行為、曾有被逮捕的紀錄。

不同職業在酒駕違規之次數上達顯著差異，以從事工方面，酒駕被取締次數最多（張文菘，2010b）。

茲將以上論述年齡、性別、婚姻狀況、社經地位與酒駕行為之相關研究彙整如表 2-1 所示：

表 2-1　年齡、性別、婚姻狀況、社經地位與酒駕之相關研究

作　　　　　者	年代	個人特性	主　　要　　發　　現
National Highway Traffic Safety	2009	年　　齡	酒駕者的年齡與一般駕駛人相比較時，前者通常傾向是較爲年輕的。
Cavaiola & Wuth	2002		
Mercer	1986		
Donelson	1985		
Donovan et al	1985		
Donovan	1980		
張文菘	2010b	年　　齡	不同年齡層在酒駕違規之次數上有顯著差異，以 36～45 歲酒駕被取締次數最多。
National Highway Traffic Safety	2009	性　　別	酒駕者的性別，一般多屬於男性。女性酒駕者比起男性酒駕者年齡要稍長、白人、離婚或未婚、並且之前未曾有因酒駕被逮捕的紀錄。
Cavaiola & Wuth	2002		
Wieczorek, Miller & Nochajski	1992		
Norstrom	1978		
Hyman	1968		
張文菘	2010b	性　　別	酒駕者一般以男性居多。
Cavaiola & Wuth	2002	婚姻狀況	婚姻狀況部份較多爲單身、分居、或離婚。
Yoder & Moore	1973		
Hyman	1968		
Waller	1967		
張文菘	2010b	社經地位	家庭收入情形酒駕者傾向是較低的社經地位。受教育的層面是偏向比較不良好的教育，通常僅完成高中教育且從事較低階層的工作。
王邦安	2008		
Cavaiola & Wuth	2002		
Donovan et al	1985		
Donovan & Marlatt	1983		
Vingilis	1983		
Donovan	1980		

資料來源：作者自行整理。

五、酒駕者與前科紀錄或再犯紀錄方面之關聯

Argerious, McCarty & Blacker (1985) 研究 1,406 位酒駕者，發現：超過 75% 的酒駕者有一次或多次犯罪行爲被控告。同時，除了與酒駕或機動車輛有關的犯罪行爲外，有 50% 的酒駕者因其他犯罪行爲被控告。而酒駕的再犯者中約 68% 是有犯罪紀錄的。

Wells-Parker, Cosby & Landrum (1986) 研究也發現：先前有犯罪紀錄的酒駕者最有可能會再犯下酒駕行爲。

Beerman, Smith & Hall (1988) 研究發現，酒駕再犯者之最佳預測指標，有兩項：(1) 輕微的犯罪，例如：商店竊盜、失序行爲、妨礙安寧。(2) 嚴重的犯罪，例如：攻擊、凶殺案、重大竊盜、僞造罪，兩者都是。

Nichols & Ross (1989) 指出：發生酒駕死亡車禍的駕駛人中約 35% 曾被定罪。約 1/3～1/5 曾因酒駕被定罪者，未來會再被逮捕。

Murty & Roebuck (1991) 從研究中得到結論：酒駕者最可能是年輕人、有敵意人格的勞工男性、高風險行爲、曾有被逮捕的紀錄。

Nochajski 研究團隊（1993）研究發現：曾經有酒駕犯行以外的犯罪逮捕紀錄者，未來會有超過 2 倍因酒駕犯行而被逮捕的機會。

「再犯」是酒駕人口中的一項慢性問題，酒駕的再犯者是駕駛人口中相當小的一部分，然而卻是導致交通事故死亡車禍的很大比例。

Simpson (1995) 指出：約 35%～40% 死亡與受傷的駕駛人，先前有因酒駕被逮捕的紀錄。1994 年時，因酒駕被逮捕的 150 萬人中的 31% 是再犯。

Fell (1993) 發現：駕駛人因酒駕而發生死亡的車禍，當中約有 10%，在過去 3 年中，曾因酒駕被逮捕。

Fell (1993) 進一步指出：在過去 3 年中，曾因酒駕被定罪者，未來發生死亡車禍的機會是第一次酒駕者的 4 倍。

犯罪前科紀錄在酒駕人被取締次數差異上達顯著差異，犯罪前科紀錄愈高者，酒駕被取締次數愈多（張文菘，2010b）。

第四節　酒駕相關理論與實證研究

本節主要探討個人基本特性、控制因素與機會因素對於酒駕行為之影響為何。基本特性探究性別、年齡、婚姻、教育程度、職業與犯罪前科對於酒駕行為之影響；控制因素部分主要以 Hirschi 於 1969 年提出的社會控制理論以及 1990 年時由 Gottfredson & Hirschi 所提出的自我控制理論進行探討；其次機會因素部分主要係以 Cohen & Felson 於 1979 年提出之日常活動理論進行探究，茲詳述如下：

一、控制因素與酒駕實證研究

犯罪學理論具有控制概念者包括：早期 18 世紀古典學派刑罰控制理論，強調藉由法律的一般、特殊威嚇效果來達到控制一般人不犯罪或犯罪者不再犯罪之目的、Durkheim 的大環境社會規範的控制理論，則強調社會規範若非常明確清晰，則個體不易犯罪、Hirschi 提出的社會控制理論，強調 4 個社會鍵對於影響個體行為之重要性、而 Gottfredson & Hirschi 提出的自我控制理論，主張低自我控制因素對於犯罪之重要影響，而且該傾向一旦形成終身不易改變，此理論指出家庭則是自我控制培養訓練的最重要機構（許春金，2010a）。

社會控制可分為正式社會控制與非正式社會控制，前者強調的是正式、官方、強制、懲罰性的；後者強調的則是非正式、民力、教化的，本書研究理論主要探討的是非正式社會控制部分。

(一) Hirschi 社會控制理論與實證研究

Hirschi (1969) 之社會控制理論亦稱為社會鍵理論，他接受學者霍布士（Hobes）的說法，認為人都有犯罪的自然傾向，因此，對赫胥而言，犯罪是無庸解釋，不犯罪才需要解釋。人為何不會犯罪？這是因為受到外在的社會控制影響，而個體在社會化的過程中，會與不同的社會機構產生不同強度

的社會鍵，當社會鍵連繫越強時，個體越不容易犯罪；但當社會鍵變得薄弱時，就可能會犯罪，此理論強調四個社會鍵的重要性：依附（Attachment）、參與（Commitment）、奉獻（Involvement）、信仰（Believe）（鄧煌發，2001a；孟維德，2000；許春金，2010a）：

1. 依附（Attachment）

個體越附著於父母，越習慣分享父母親的精神生活，他越會向父母親徵求對他有關活動的意見，也越認爲父母是他們社會與心理活動的一部份，因而越不容易從事非行行爲。在學校方面，個體若覺得對學校團體沒有感情上的附屬，那麼學校的規範似乎不能約束或控制個人，甚而認爲學校管教不合理或無權力來約束他們，其從事犯罪或偏差行爲的可能性即大增。赫胥的社會控制理論認爲：個體越附著於同輩團體，越尊敬或崇拜朋友言行談吐，個體越可能附著於父母，因而越不可能從事非法行爲。

2. 奉獻（Commitment）

係指個體若能對於人生的目標如求學、事業、儲蓄、家庭等奉獻，則越不易犯罪。因爲一個人越奉獻於追求教育或事業目標時，則將因違法而嚴重損害喪失這些目標，因此，也將越受這些目標的約束。

3. 參與（Involvement）

係指個體若能經常參與正常有益身心健康的活動，如運動、公益活動、志工、捐血等，則越不易犯罪。因爲時間及精神體力都耗費在這些正當活動上時，則從事犯罪的時間、精力自然受到限制。故而「邪惡出於懶人之手」自是參與鍵的基本邏輯。

4. 信仰（Believe）

係指個體若能遵循警察、社會共同規範等，就會有服從它的道德義務感，則越不易犯罪；反之，一個人若質疑法律規定的正當性，自然不會信仰及服

從法律、社會共同規範,則易於產生犯罪與偏差行為。

　　雖然社會控制分為正式與非正式社會控制,惟透過以下非正式社會控制、正式社會控制對於酒駕行為影響研究之結果,吾人將可了解非正式社會控制對於酒駕之下降是有顯著之效果。因此,本書研究變項主要探討的是非正式社會控制部分對於防治酒駕行為之影響:

(二) 非正式社會控制與實證研究

　　學者 Fradella (2000) 在檢視以正式社會控制 (formal social control) 對於防制酒駕行為手段方面的文章中指出:「酒駕行為」(driving under the influence, DUI) 是一種社會問題,為了解決此一問題,進而衍生出了許多正式與非正式的社會控制方法。其中法定最低科刑 (Mandatory Minimum Sentence) 的實施是一種為人熟知的正式社會控制方法。該研究係檢視亞歷桑納 1975～1995 年之間,對於酒駕相關法案的立法歷史,以及同期間酒駕逮捕紀錄的變化情形,研究資料顯示:非正式社會控制 (informal social control) 的實施,顯著地降低了酒駕的發生;而以犯罪裁決方式 (criminal sanction) 的增加,卻對於酒駕並沒有顯著的影響效果。20 年中間的酒駕發生次數平均為 28780.25 次,1975～1979 年間酒駕占總案件比例之平均數為 23.0825%;1981～1985 間降為 20.4620%:之後經由人民團體母親防制酒駕協會 (Mothers against drunk driving) 的成立以及一些非正式社會控制活動相繼投入,使得酒駕之百分比降至 12.0600%;其後在 1991 年法定最低科刑立法之後,平均百分比為 12.984%。將 1991～1994 年間與 1986～1990 年間之平均百分比進行差異性分析,顯示兩時段並無顯著差異。但是以 1975～1979 年間、1981～1985 間、1986～1990 年間與 1991～1994 年間之酒駕百分比進行單因子變異數分析則有顯著差異。由圖 2-5 中可以得知:在此 20 年間僅有酒駕百分比有顯著的降低,其他非暴力犯罪百分比都十分穩定 (如賣淫)。換言之,必有某些關鍵因素影響酒駕行為,值得進一步探究。

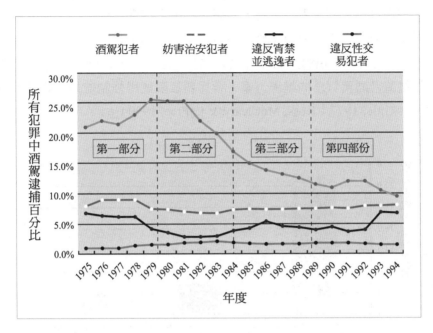

圖 2-5　亞歷桑納州酒駕與非暴力犯罪比較趨勢圖

資料來源：Mandatory Minimum Sentences: Arizona's Ineffective Tool for the Social Control of Driving Under the Influence, 2000.

　　進一步由圖 2-6 可以得知：1975～1980 年間，母親防制酒駕協會尚未創立，同時法定最低科刑也尚未立法，此時的酒駕百分比高達 20% 以上。1981～1990 年間，此時母親防制酒駕協會已經成立，並發起一系列之宣傳活動，而法定最低科刑則尚未實施，此期間酒駕百分比即已大幅下降至 11.77%。1991～1995 期間，法定最低科刑已經實施，但酒駕僅下降至 9.79%。這顯示非正式社會控制（母親防制酒駕協會以及一系列宣傳活動）對酒駕之下降是有顯著的效果，但正式社會控制（法定最低科刑）的效果並不明顯。

　　透過學者 Fradella (2000) 之研究結果顯示：嚴格的刑責對酒駕行為並無明顯的效果，要降低酒駕行為建議由非正式的社會控制（informal social control）著手。因為，法律的刑責約束是建立在人是理性的（rationality）、精於成本效益考量的功利算計（utilitarian calculus）等假設上。但是酒駕行

爲並非理性行爲，酒駕者本身可能有嚴重的酗酒問題，因此，理性假設在酒
駕者的身上並不成立。所以，應該重視酒駕犯者的需求，從心理、社會等層
面出發，塑造大眾鄙視酒駕的社會風氣、社會規範（Cavaiola & Wuth, 2002）、
並且提供改善酒駕行爲的輔導方案，會比藉法院使用強制監禁等懲罰手段更
有效果（Tittle, 1977；Ross, McCleary & LaFree, 1990）。

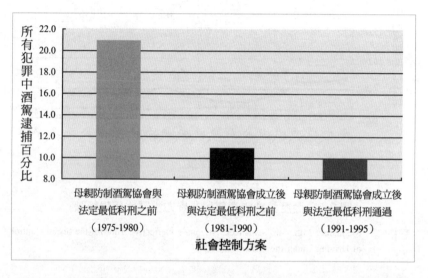

圖 2-6　母親防制酒駕協會與法定最低科刑實施前後酒駕比較統計圖

資料來源：Mandatory Minimum Sentences: Arizona's Ineffective Tool for the Social Control
　　　　　of Driving Under the Influence, 2000.

陳明志（2008）於實證探討酒後駕車者之問題行爲症候群時指出：非酒
駕組與酒駕組在附著學校、學業表現及學校監控與工作態度與工作表現等變
項上，無顯著之差異。惟於在朋友方面，非酒駕組與酒駕組在同儕附著的特
性上，達顯著差異。在家庭控制因素方面，非酒駕組與酒駕組在家庭氣氛及
家庭監控上是達顯著差異的，非酒駕組較酒駕組的家庭監控力較強。另一方
面，探討研究酒駕人在酒駕法律信仰變項上之差異時，發現：酒駕違規人具
有不同的酒駕法律信仰程度時，在酒駕違規次數之差異上，是達顯著差異，
酒駕法律信仰程度與酒駕被取締之次數呈現顯著負相關（張文菘，2010b），

這樣的研究發現類似先前國內學者探討青少年偏差行為與社會控制關聯之研究結果：「青少年對被捕機會的認知」，具有嚇阻青少年偏差行為的作用（侯崇文，1998）。

(三) 正式社會控制與實證研究

美國為了防制酒駕行為，也實施不同的處罰方式，學者 Wheeler & Rodney (1988) 等人特別評估了緩刑、罰金與拘留監禁（jail）等不同裁決處罰方式，對酒駕累犯者的效果。樣本是由 DWI 母體中隨機抽取，為期 36 個月。此研究利用「存活時間分析」（survival time analysis）進行分析。結果顯示，各種判決的效果差異並不顯著。有酒駕前科紀錄（DWI history）者再犯的速度顯著快於初犯者。本書研究認為，應該以其他替代方案來取代監禁酒駕犯者。學者 Wheeler 等人特別指出：早期有關酒駕再犯（DWI recidivism）之研究受限於研究週期太短，及抽樣問題。並且忽略了審判前的裁決（pretrial sanction）。過去之研究多排除處罰的審判前的層面（pretrial aspect of punishment），例如：在判決前「先行被拘留」；而在抽樣方面，過去研究的調查對象多是未被判決監禁的群體，因此缺乏被判決監禁的樣本；同時，過去研究僅將累犯分為「成功」或「失敗」兩群，卻忽略了在不同判決下，再犯酒駕的間隔時間之長短，而「存活時間分析」則克服了這個問題。

學者 Wheeler & Hissong (1988) 的研究指出：初犯者（DWI first offender）中有 67% 是被判緩刑的；18% 被判罰金、15% 被判監禁居留；有酒駕前科者部分（DWI conviction history）被判監禁居留者占 47% 是較前者為高的、只有 15% 被判緩刑、38% 判罰金。初犯者被判定監禁的 49 人中，有 90% 在判前是先行被拘留的（pretrial detention），平均天數 4.3 天。被判定緩刑的 222 人中，有 50% 在判前先行被拘留，平均居留天數 1.6 天。被判罰金的 58 人中，有 48% 在判前先行被拘留，平均天數 1.9 天。有酒駕前科者，被判定監禁的 32 人中，有 69% 在判決前先行被拘留，平均天數 2.3 天。被判定緩刑的 10 人中，有 20% 在判前先行被拘留，平均居留天數 1.5 天。被判罰金的 26 人中，有 69% 在判前先行被拘留，平均天數 5.5 天。上述研究資料顯示不

成比例的現象，有酒駕前科者，被判罰金與被判監禁者，在判決前先行被拘留的比例竟然相同（皆為69%），而被判罰金者的拘留時間竟然高於被判監禁者。此外，初犯者被裁定監禁的平均天數（14.8）竟然高於有前科者的平均監禁天數（11.3）。在初犯者中，58個判罰金者中，有8個（14%）在研究週期中再犯。197個被判緩刑者中，有25個（11%）在研究週期中再犯。45個被判拘留監禁者中，有4個（8%）在研究週期中再犯。經 χ^2 檢定顯示：在初犯者群體中，三種裁決的再犯比例無顯著差異。在有前科紀錄者中，21個判罰金者中，有5個（19%）在研究週期中再犯。9個被判緩刑者中，有1個（10%）在研究週期中再犯。24個被判拘留監禁者中，有8個（25%）在研究週期中再犯。經 χ^2 檢定顯示，在有前科紀錄者群體中，三種裁決的再犯比例無顯著差異。該研究以判決刑罰（包含罰金、緩刑、拘留監禁三種）、年齡、性別、前科紀錄（包含累犯、初犯）為自變數，「再犯酒駕之時間間隔長度」為依變數，進行迴歸分析，但均未達顯著。圖 2-7 顯示：酒駕初犯者（No prior DWI）與有酒駕前科者（Prior DWI）之成功機率，此處所謂成功是指「不犯酒駕」隨時間越來越長，成功機率越來越低，表示不犯酒駕的機率會隨著時間過去而降低。這表示，各種裁決刑罰的嚇阻效果隨著時間流逝。而且相較於初犯者，刑罰的嚇阻效果對累犯的效過更差，流失的更快。

綜合上述學者 Wheeler 等人之研究，顯示：各種判決的效果差異並不顯著（Nichols & Ross, 1990；Wheeler & Hissong, 1988；Voas, 1986；Siegal, 1985；Salzberg & Paulsrude, 1983；Blumenthal & Ross, 1973），並基於成本效益考量，由於居留監禁需佔用監獄空間，加上監管，因此費用龐大，建議將這些成本轉而用在研發改善酒駕的新方法上。由於許多法院因為監禁人口過多，因此，逐漸放棄根據強制拘留法判決，而使該法的威信不如以往。另一方面，多數酒駕犯者選擇罰金及拘留監禁，而僅有少數人選擇緩刑。因為，緩刑必須受到監督或必須參予教育課程，可見酒駕犯者不喜歡必須一直向監督人（probation officer）報到，而又要支付監督費（supervision fees）。因此，學者建議應該有其他代替拘役的替代方案，例如：參予社區服務活動、非工作時間需留在家中（Home Incarceration）、駕駛交通工具時需配戴酒測儀器或

裝置電子監測儀器等方式（Wheeler & Hissong, 1988；Richard & Lilly, 1986）。

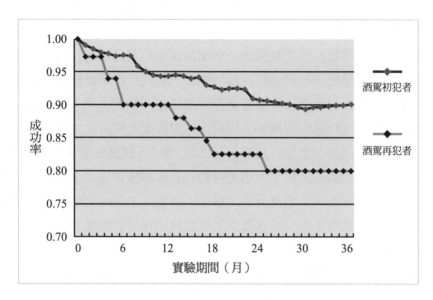

圖 2-7　酒駕初、再犯之成功機率評估趨勢圖

資料來源：Effects of Criminal Sanctions on Drunk Drivers: Beyond Incarceration, 1988.

　　另有學者 Weinrath & Gartrell (2001) 研究關於評估監禁（prison sentence）時間的長短方面對於酒駕的再犯率影響爲何？該研究運用官方資料進行回顧式的研究設計，以 514 位被判監禁的加拿大亞伯達州（Alberta）酒駕犯人爲樣本，追蹤 24～45 個月，實驗於 1989 年 10 月開始，至 1991 年 6 月結束；樣本平均年齡爲 34.5 歲，最小 19 歲，最大 66 歲；47% 已婚；72% 在入監前有工作；樣本平均有 3 次酒駕前科記錄，最多者有 14 次記錄。最後，其研究結果顯示：監禁時間的長短確實可以嚇阻酒駕再犯的情形，惟若監禁時間若低於 4 個月，其對酒駕並沒有顯著的嚇阻效果；最佳的監禁時間介於 4～6 個月之間；監禁超過 6 個月，則監禁亦不會在產生更佳的效果。

　　由於本書研究係依據相關文獻結果指出對於酒駕行爲有顯著影響之變項，故僅選取「家庭監控、同儕附著、酒駕法律信仰、以及酒駕危險了解」等變項（陳明志，2008；張文菘，2010b）。另考量許多職場工作的付出，可

能需要應酬飲酒，因此，當個體愈參與事業時，其應酬飲酒之機會愈多，其酒駕之機會反而可能更大，故未納入測量變項中，併此敘明。而 Hirschi 社會控制理論中的信仰鍵，於本書研究改為「酒駕法律信仰、酒駕危險了解」較為適宜，係由於酒駕行為在我國是一項相當普遍的交通違規行為，原本僅是行政法的領域，屬於一般的違規行為。例如一般民眾的聚餐活動，就極可能產生酒駕行為，惟這些酒駕者未必會犯罪如強盜、竊盜、殺人等，因此，本書研究將信仰鍵進行適度的修正，以符合本書研究所探討之主題。同時，政府相關單位如交通部在實施防制酒駕行為時，皆以「提高酒駕法律處罰」、「宣導酒駕危險了解」兩部分為主，透過媒體或各級學校實施以上兩者重要性之宣導措施，藉以嚇阻大眾酒駕行為之發生。因此，本書研究認為「酒駕法律信仰」與「酒駕危險了解」兩者皆屬於對酒駕法律信仰的部分，故研究變項選取時皆納入之。

　　陳明志（2008）指出非酒駕組與酒駕組在家庭監控及同儕因素上達顯著差異，如非酒駕組較酒駕組的家庭監控力較強。另筆者曾對 311 位酒駕人研究發現：酒駕者對於酒駕法律信仰之程度與酒駕被取締之次數呈現顯著負相關、酒駕者對酒駕危險程度之了解與酒駕被取締之次數呈現顯著負相關（張文菘，2010b）。

　　故本書研究在測量社會控制方面，參考相關文獻如陳明志（2008）、張文菘（2010b）等相關測驗，研究結果指出非酒駕組與酒駕組在家庭監控、同儕附著的特性上達顯著之差異。而酒駕法律信仰與酒駕危險了解部分，則參考著者先前對於 311 位酒駕者施測之研究問卷量表（張文菘，2010b）。

表 2-2　社會控制因素之各變項分析

因素一	變　項	實證研究	主　要　發　現
社會控制	家庭監控	陳明志，2008	家庭監控變項對酒駕行為具有負向影響力。
	家庭監控	張文菘，2010b	無家庭組織的酒駕者較有家庭組織的酒駕者有較高的衝動性，其酒駕情形更嚴重。
	同儕附著	陳明志，2008	同儕附著變項對酒駕行為具有負向影響力。
	酒駕法律信仰	張文菘，2010b	酒駕者對於酒駕法律信仰之程度與酒駕被取締次數呈現顯著負相關。
	酒駕危險了解	張文菘，2010b	酒駕者對於酒駕危險了解之程度與酒駕被取締次數呈現顯著負相關。

資料來源：作者自行整理。

(四) 自我控制理論與實證研究

　　繼 1969 年 Hirschi 提出社會控制理論後，Gottfredson & Hirschi 於 1990 年提出更完備的自我控制理論（A General Theory of Crime），該理論提出時亦屬創舉，因為，傳統古典犯罪學派重視行為的懲罰與嚇阻，所以，古典犯罪學派較忽略犯罪人；而實證犯罪學派重視犯罪原因探討與犯罪人矯治，因此，實證犯罪學派較忽略犯罪行為。惟 1990 年 Gottfredson & Hirschi 所提出的自我控制理論，卻同時結合探討這兩個重要部分：犯罪（Crime）以及犯罪性（Criminality）。前者以「機會」來解釋犯罪事件發生之條件；後者意指促使一個人從事偏差、犯罪行為之特質與傾向，學者們並認為「低自我控制」最能解釋犯罪人特質。此理論認為低自我控制係來自於無效的社會化與缺乏家庭教養之結果，早期的社會化過程若不成功，則低自我控制會出現形成，而一旦形成，則不易再改變，通常 14、15 歲即穩定，不容易再改變（許春金，2010a）。

　　自我控制理論基本宣稱：低自我控制是造成犯罪行為的主要個人特徵，低自我控制被視為是一項特質，包括：(1) 衝動性；(2) 缺乏勤勉、執著與持續；(3) 喜好刺激與冒險；(4) 偏好肢體活動，較不熱衷認知與心智之活動；

(5) 以自我爲中心，對他人漠不關心；(6) 低挫折忍受力；(7) 認知與學業技術之笨拙；(8) 追求非犯罪行爲之立即滿足傾向；(9) 婚姻、友情與工作欠缺穩定，而且該特質在生命的早期即已建立了。(許春金，2010a；周文勇，2002；Wikström & Treiber, 2007)。

Gottfredson & Hirschi (1990) 定義犯罪是：「以力量或欺詐行爲追求自我利益。」進一步，該理論指出：人的行爲通常都是自我利益的追求快樂或避免痛苦，而觀察犯罪的行爲在這方面與任何其他的行爲並沒有什麼不同。因此，該理論不僅適用於法律上界定爲犯罪之行爲，而且也適用於類似的行爲，例如：意外事故或逃學或翹班。此外，低自我控制者不僅犯罪和偏差行爲的可能性較高，其他與犯罪行爲相類似的各種意外事故亦較高，同時，低自我控制者亦容易有許多非犯罪的立即享樂行爲。這種犯罪行爲和意外事故行爲及各種的問題行爲，彼此間的高度關聯的現象，被稱之爲問題行爲症候群 (Jessor and Jessor, 1977；許春金，2010a)。

茲將實證研究指出某些人格特質會影響酒駕行爲之文獻資料臚列於下：

Miller & Windle (1990) 研究指出：某些人格特質會影響飲酒行爲與駕駛行爲。(1) 某些人格特質如：衝動或低挫折容忍力，可能影響駕駛行爲 (例如：何時應停止禮讓)。(2) 人格特質如：敵意、侵略，可能會引起緊張事件，例如：與家庭成員爭吵、過份的駕駛行爲、不負責或魯莽的駕駛行爲。(3) 某些人格特質如：尋求刺激的、較差的抑制能力、偏差行爲傾向，可能影響不安全的駕駛行爲，而不論是否有飲酒。(4) 多元的人格特質如：冒險或尋求刺激的人格，可能影響飲酒地點與飲酒的時間。上述 Miller & Windle 的研究發現，非常類似1977年 Jessor & Jessor 與 1987年 Jessor, R 所發表的 Problem Behavior Syndrome Theory (問題行爲症候群理論)。

Wieczorek, Miller & Nochajski (1991) 提出一項因果概念間的解釋：尋求刺激[31] (Sensation-seeking) 的特質，能足以解釋酒駕者的多元飲酒地點問題 (Multiple-location drinking)，亦即當事人先在一個地點飲酒，再移動到另一

---

[31] 溫世頌 (2006)，心理學辭典，三民書局，頁 219。

地點飲酒。此處的「尋求刺激」的特性，被定義為：變化的需求、強烈的、新奇的、會以冒險的方式達成複雜的經驗或刺激感官（Zuckerman, 1990）。Wieczorek, Miller & Nochajski 於稍早 1990 年的研究，已進一步發現證實:「尋求刺激」對於多元飲酒地點的特性，具有顯著的影響。這些學者結論指出：多元飲酒地點（Multiple-location drinking）的酒駕者，是更傾向對周圍環境感到無聊的，因此他們更容易行旅從某一個點，移動到另一個地點，以尋求新奇、刺激與更興奮的地點來飲酒。

人格特性中的敵意（Hostility），對於研究與酒駕者的關聯性，則是一項更複雜的特質。例如：Miller & Windle (1990) 研究指出：有敵意的駕駛人，可能會引起緊張事件，如：與家庭成員爭吵、然後有敵意的駕駛人，因為可能不受到歡迎而會離開該情境，並在酒醉的情形下駕駛車輛到另一個地點。

Walter et al., (1990) 等人另外研究發現：敵意往往與酒精、藥物依賴是具有相關的。不過，從酒駕者的身上觀察到的敵意，有一部分也可能是因為被逮捕的因素所導致，也有一部分可能是因為要接受「治療、或教育的課程」所反應產生的。而生氣也可被視為是當事人接受罰款、刑罰與治療過程的一部份（Cavaiola, 1984）。

Donovan & Marlatt (1982) 研究了 172 位男性的第一次酒駕犯行者，發現幾種人格型態：第一種型態是：高度的侵略、競速的、尋求刺激的、攻擊的、易怒的、間接與言語的敵意等。第二種型態是：高度的沮喪、忿怒情緒，同時，他們在自信表現、情緒調整、內控觀[32] 等測驗方面，也獲得最低的分數。

Donovan, Marlatt & Salzburg (1983) 研究酒駕者與一般駕駛人的風險問題時，得到幾種人格特質差異：衝動的、尋求興奮的、低挫折容忍力、明顯的敵意、易怒的、忿怒、低自信、過度挑剔、無助的感覺、情緒不穩定。

Murty & Roebuck (1991) 從研究中得到結論：酒駕者最可能是年輕人、有敵意人格的勞工男性、高風險行為、曾有被逮捕的紀錄。

McMillen (1992) 團隊研究因車禍或其他違規而被逮捕的酒駕者，發現：

---

[32] 溫世頌（2006），心理學辭典，三民書局，頁 177。

比起非酒駕者，他們有較高的敵意、更傾向尋求刺激的、也消耗更多的酒。

Nolan, Johnson & Pincus (1994) 研究發現：酒駕者具有侵略的、敵意的、尋求刺激的，這些人同時也最可能有高危險的駕駛行為。

Cavaiola & Wuth (2002) 進一步指出：某一些人格型態的確與酒駕人都有相關。例如：他們對於無聊（boredom）和挫折（frustration），具有「較低的容忍力」。此外，許多研究亦指出：酒駕者常常是呈現「低度自尊」（low self-esteem）、「反權威的」（antiauthoritarian）、或「鄙視傳統的規範」（disdain for rules in general），易言之，他們是比較不服從警察與法律之規範，易打破社會傳統而違反法律之規定，侵犯別人的權利。

Selzer, Vinokur & Wilson (1977) 在比較過酗酒組、酒駕組與非酒駕組之後，發現：第一組在侵略與敵意的量表方面得分是最高的，其次為酒駕者；前兩者與非酒駕者組在侵略與敵意的量表方面均達顯著差異。

Donovan (1980) 比較酒駕組、高危險駕駛組與非酒駕組之後，發現：前兩者違規組與非酒駕者組，在攻擊方面、敵意方面、以及口頭敵意的表現方面，均達顯著差異。

McCord (1984) 與 Selzer & Barton (1977) 的研究，也發現男性的酒駕者有較高的攻擊性。

Wilson & Jonah (1985) 經比較酒駕組與非酒駕組之後，發現：酒駕組在測量尋求興奮與攻擊方面有較高的得分。

Donovan (1985) 與研究團隊比較酒駕組、高危險駕駛組與非酒駕對照組，在飲酒、飲酒態度、人格與敵對方面。發現：酒駕組與高危險駕駛組這兩組比起非酒駕組，他們均有相類似較高的言語敵意、易怒的、忿怒的、攻擊的、尋求刺激的與不易調適的。

Jonah & Wilson (1986) 比較酒駕組與非酒駕組之後，發現：酒駕組是更容易衝動的、忿怒的、言語敵意的、自我輕視的。

McMillen (1992) 團隊研究因車禍或其他違規而被逮捕的酒駕者，發現：比起非酒駕者，他們有較高的敵意、更傾向尋求刺激的、也消耗更多的酒。

Nolan, Johnson & Pincus (1994) 研究發現：酒駕者具有侵略的、敵意的、

尋求刺激的，這些人同時也最可能有高危險的駕駛行為。

茲將國外文獻所研究探討並比較酒駕者、高危險駕駛者與一般非酒駕者間之相關人格特質整理分析，以表2-3臚列於后：

表2-3　酒駕者之人格特質總表

作　　者	年　代	人格特質	主　要　發　現
Cavaiola & Wuth	2002	衝 動 性	酒駕組較非酒駕組更具衝動性特質。
Miller & Windle	1990		
Jonah & Wilson	1986		
Donovan, Marlatt & Salzburg	1983		
Cavaiola & Wuth	2002	低挫折容忍力	酒駕組較非酒駕組更具低挫折容忍力。
Miller & Windle	1990		
Donovan, Marlatt & Salzburg	1983		
Cavaiola & Wuth	2002	冒 險 性	該人格特質影響飲酒地點與駕駛行為。
Murty & Roebuck	1991		
Miller & Windle	1990		
Cavaiola & Wuth	2002	尋求刺激	1.該人格特質會影響飲酒地點與飲酒時間。 2.研究因車禍或其他違規被逮捕的酒駕者發現較非酒駕者更具該特質。 3.比較酒駕組、高危險駕駛組與非酒駕組，前兩者均較非酒駕組更具該特質。
Nolan, Johnson & Pincus	1994		
McMillen et al	1992		
Wieczorek, Miller & Nochajski	1991		
Donovan, Umlauf & Salzberg	1990		
Wilson & Jonah	1985		
Donovan, Marlatt & Salzburg	1983		
Donovan & Marlatt	1982		

資料來源：作者自行整理。

　　自我控制理論提出時，遭致極大的批評，包括自我控制理論「過度概化」、「忽略自我控制並非是穩定的事實」、「過度渲染自我控制的重要性，視其爲犯罪的唯一原因」等等（許春金、孟維德，1997；孟維德，2000）。同時，自我控制理論發展之初並無量表，直到 1993 年 Grasmick et al. 等學者以心理層面技術，予以操作化，共分「6 個面向、24 題」（Wikström & Treiber, 2007；莊耀嘉，1996a；莊耀嘉，1996b；邱文彬，1999；楊慧萍，1997；曾幼涵，2000；陳明志，2008；陳南翰，2003）。

　　前已說明，由於酒駕行爲原本並非刑事領域處罰之對象，如搶奪、詐欺、殺人等。最初大眾並未關注其嚴重性，處罰也相當輕微，易言之，屬於一般的交通違規行爲，因此，酒駕者是否具有低自我控制之特質，本書研究將透過實證方式進行了解。惟設計問卷時，題目已近百題，而低自我控制量表原有 6 個面向 24 題，恐題目數量過多，影響問卷施測，因此，仍選取 6 個面向包括：衝動性、冒險性、自我中心、低挫折容忍力、投機性與體力活動，每個面向僅選取 3 題，共計 18 題，併此敘明。

表 2-4　低自我控制因素之各變項分析

因　素　二	變　　項	實　證　研　究	主　要　發　現
低自我控制	衝動性	陳明志，2008	研究結果發現，衝動性變項、以及低挫折容忍力變項兩者均對酒駕行爲具有影響力。
	冒險性		
	自我中心		
	低挫折容忍力		
	投機性		
	體力活動		

資料來源：作者自行整理。

二、機會因素與酒駕實證研究

(一) 日常活動理論與實證研究

　　日常活動理論為 Cohen & Felson (1979) 將 Hindelang, Gottfredsonu & Garofalo (1978) 的生活型態理論具體化所提出，他們認為日常活動包括正式的工作型態及食物、性、休息、社會互動、學習的不同方式。此理論從職業活動、學校活動、休閒活動等方面探討日常活動理論。日常活動理論嘗試經由社會結構的改變，影響大眾日常活動型態，以改變犯罪機會。並認為犯罪之所以發生，在特定的時空下，至少要有三要素相聚合：(1)具有能力及傾向的犯罪者：係指社會急速之變遷，人類活動型態改變，造成犯罪機會之增加及潛在犯罪者之發生，而此為犯罪被害發生之啟動者。(2)適合的標的物：合適被害標的物之選擇隨著標的物之價值、可見性、可接近性及其慣性如物之大小、重量是否上鎖等而定。(3)足以遏止犯罪發生的抑制者不在場：非單指執法人員之不在場而言，泛指足以遏止犯罪發生控制力之喪失型態，包括機械設計，如圍籬、警報器（Cohen & Felson, 1979；許春金，2010a）。

　　從有犯罪動機與缺乏抑制者的因素來觀察，Vazsonyi et al., (2002) 認為日常活動理論的概念近似乃至包含了 Hirschi (1969) 社會控制理論中參與、附著的概念，以及 Hirschi & Gottfredson (1990) 自我控制理論中低自我控制的論點。再從適合的標的物與缺乏抑制犯罪活動者力量的因素來看，日常活動理論相信人的行動是理性加上情境性的結果，有犯罪意圖的個人仍會考量環境情境而伺機行事，這也是 Felson (1994) 所稱的情境洞察（situational insight）。

　　日常活動理論源自於對傳統犯罪學解釋犯罪現象觀點之質疑，因為，1950～1970 年代美國的「15～24 歲之人口組成」並未增加，而「失業率」、「低家庭收入」又下降，但犯罪率卻為何會急遽上升增加（Cullen & Agnew., 2003）？他們進一步發現：在當時美國的女性受高等教育之比率提高、女性就業之比率提高。晚婚、單身人的口增加了。女性外出的比率提高，接觸潛在犯罪者之機會就增加，容易成為被害標的，同時，由於人們都不在家，外出的時間增加了，對於家的監控變弱了，住宅竊盜（Burglary）也增加了。他們認為：

我們忽略了「合法活動、日常生活的改變，以及缺乏監控而產生的犯罪機會，對於犯罪現象的影響」（Cullen & Agnew., 2003；陳玉書，2004a；陳玉書，2004b）。學者研究指出：由於女性有越來越多的機會出外工作，有自己的家庭收入，自行開車的機會增加，她們飲酒與酒駕的機會也因此升高。因此，將她們自己置於更高的酒駕機會中（Cavaiola & Wuth, 2002），這樣的趨勢發現與日常活動理論的觀點是相吻合的（Cullen & Agnew., 2003）。

本書研究認為：機會因素在任何事件中均扮演重要的角色，酒駕行為亦復如此。而科技的發展創造出許多機會、並改變人們日常許多行為，像自動車輛的發展加上飲酒文化、飲酒情境，可能會增加許多酒駕行為；然而科技的發展使得大眾交通運輸便利，則也有可能降低酒駕行為；人們從事不同的娛樂型、消遣型與運動型等休閒型態時，也會發生不同的酒駕行為機會，如從事娛樂型休閒型態時，比較容易有飲酒的機會，也可能會產生較多的酒駕行為。又若聚餐飲酒有親朋好友告誡、有指定駕駛、或業者代叫計程車、代理駕駛時，形成飲酒情境監控，則亦可能會降低酒駕行為發生之機會。時間方面通常飲酒聚餐較常發生在晚上，因此酒駕者較容易感受到警方的執法（張文菘，2010b）。綜合上述分析探討，故本書研究選取「飲酒情境監控、飲酒情境、執法感受、大眾交通便利性、娛樂型、消遣型與運動型休閒型態」作為機會因素之施測變項。

陳明志（2008）於實證探討酒後駕車者之問題行為症候群時指出：將休閒型態之測量，區分為遊樂型、消遣型及運動型等 3 個分量表，比較非酒駕組與酒駕組，酒駕組在從事遊樂型休閒娛樂活動方面（例如：至 KTV、PUB、卡拉 OK、網咖、舞廳、撞球場、開騎車兜風、逛街購物及與異性約會等），是較為頻繁的，且達顯著之差異。王邦安（2008）研究指出：防止酒醉駕車最有效的措施之一，係安全性維護中之自我危險認知──「知道酒醉駕車肇事率會增加，會影響飲酒後駕車之決定」，其次為「降低酒駕風險」因素中之「喝酒前『指定駕駛』，讓駕車者不喝酒」。

其他研究尚有針對 311 位酒駕人的資料進行研究分析指出（張文菘，2010b）：(1)不同的飲酒情境監控情況在酒駕違規之次數上達顯著差異，飲酒

情境監控力愈低者，酒駕被取締次數愈高；(2) 不同的飲酒情境在酒駕違規之次數上達顯著差異，飲酒情境愈高者，酒駕被取締次數愈高；(3) 對大眾運輸工具不同的依賴程度在酒駕違規之次數上達顯著差異，對大眾運輸工具依賴程度愈高者，酒駕情形愈少。相關文獻（Cavaiola & Wuth, 2002）亦指出瑞典成功地降低酒駕計畫，這是因為包括了以下幾項因素，如非正式的社會控制、大眾運輸工具的選擇：(1) 凝聚共識全國上下反對酒駕（Country' suniversal of social disapproval of drinking and driving）。(2) 全面的大力宣導（Widespread publicity）。(3) 其他的交通工具選擇（Transportation alternatives to the car）。

表 2-5　機會因素之各變項分析

因 素 三	變　　　項	實 證 研 究	主 要 發 現
機會因素	飲酒情境監控	張文菘，2010b	飲酒情境監控變項對酒駕行為具有負向影響力。
	飲酒情境	張文菘，2010b	飲酒情境變項對酒駕行為具有正向影響力。
	大眾交通便利性	Cavaiola & Wuth, 2002	大眾交通便利性對酒駕行為具有負向影響力。
	大眾交通便利性	張文菘，2010b	大眾交通便利性對酒駕行為具有負向影響力。
	執法感受	張文菘，2010b	執法感受變項對酒駕行為具有正向影響力。
	娛樂型休閒型態	陳明志，2008	酒駕組與非酒駕組在娛樂型休閒型態上有顯著差異
	消遣型休閒型態	陳明志，2008	酒駕組與非酒駕組在消遣型休閒型態上有顯著差異
	運動型休閒型態	陳明志，2008	運動型休閒型態變項對酒駕行為具有負向影響力。

資料來源：作者自行整理。

三、小結

　　本書研究透過相關文獻探討後，問卷調查設計引用控制因素中低自我控制的 6 個構面包括：衝動性、冒險性、自我中心、低挫折容忍力、投機性與體力活動；問卷調查設計並引用 Hirschi 社會控制的家庭監控、同儕附著、與信仰鍵，並將信仰鍵修正為酒駕法律信仰與酒駕危險了解，以符合本書研究所探討之主題（Grasmick, Tittle, Bursik & Arneklev, 1993；陳明志，2008；王邦安，2009；張文菘，2010b）。

　　相關文獻亦指出機會因素影響酒駕行為之發生，因此，本書研究問卷調查引用飲酒情境監控、飲酒情境、執法感受、大眾交通便利性、娛樂型、消遣型與運動型休閒型態等變項（Cavaiola & Wuth, 2002；陳明志，2008；張文菘，2010b）。

第三章

酒駕取締之現況分析

第一節　警察取締酒駕執法難度

一、全部攔停方式之爭議

我國於 2003 年 12 月警察職權行使法施行前，警察人員取締酒駕往往採取全部攔停的方式[1]，易造成交通阻塞，並引發諸多的爭議。

觀行政程序法第 7 條規定：行政行為應依下列原則為之：

1. 採取之方法應有助於目的之達成。

2. 有多種同樣能達成目的之方法時，應選擇對人民權益損害最少者。

3. 採取之方法，所造成之損害不得與欲達成目的之利益顯失均衡。

因此，警察機關執行取締酒駕之攔停車輛方式，不無商榷之空間。

惟自 2003 年 6 月 25 日警察職權行使法公布[2]，並於同年 12 月 1 日施行，該法的正式上路代表著法治國揚棄過去組織法即作用法之傳統觀念，也表徵警察發動公權力的法制化更往前邁進一大步。

該法第 6 條第 1 項第 6 款：警察於公共場所或合法進入之場所，得對於

---

[1]　參見台北市警察局交通大隊第 3 組 ——「防制酒後駕駛之執法策略」參一六。

[2]　http://law.moj.gov.tw/。

下列各款之人查證其身分：行經指定公共場所、路段及管制站者。該法第 6 條第 2 項：前項第 6 款之指定，以防止犯罪，或處理重大公共安全或社會秩序事件而有必要者為限。其指定應由警察機關主管長官為之。

因此，對於經常酒駕路段或酒駕易肇事路段，警察機關依法可設置臨檢管制站，以達預防之目的。

二、車輛的攔停選擇

取締酒駕除上述條文情形外，對於已發生危害或依客觀合理判斷易生危害之交通工具，則依該法第 8 條第 3 款略以：警察對於已發生危害或依客觀合理判斷易生危害之交通工具，得予以攔停，並要求駕駛人接受酒精濃度測試之檢定。

然何謂依客觀合理判斷為易生危害之交通工具？謝益銘君所做的訪談資料顯示：55.8% 警察人員係採「隨機選擇攔停車輛」，顯示執勤員警對於車輛的攔停選擇，並無標準執法程序[3]。另員警認為在執行取締酒駕路檢勤務中，針對行駛中的車輛，有信心判斷該駕駛人是否涉嫌酒駕行為，只佔 37.3%，顯示執勤員警所受實務之訓練及經驗仍待努力提昇[4]。

三、拒絕接受呼氣檢測之爭議

對於拒絕接受呼氣檢測之駕駛人，警察人員於製單前，應先告知拒絕檢測之法律效果，依道路交通管理處罰條例第 35 條第 1 項第 4 款包括：處新臺幣 9 萬元罰鍰，並當場移置保管該汽車、吊銷該駕駛執照 3 年及施以道路交通安全講習[5]。

2013 年以前駕駛人倘有超過 0.55 mg/l 之虞，即可能規避了相關的刑事責任，而形成了法律的漏網之魚。有見解稱：警察行政性質上本具強制性質，

---

[3] 參見謝益銘，提昇酒後駕車執法品質之研究。中央警察大學碩士論文，1998 年，頁 87。

[4] 參見謝益銘，前揭書，頁 51-52。

[5] 參見司法院網站法學檢索資料釋字第 699 號解釋，http://www.judicial.gov.tw。

除法律有特別規定外（如一般搜索需有法官所核發搜索票），在達成其任務必要之情形，自得採用強制手段[6]。亦有見解稱：按限制人民權利之事項，依憲法第 23 條之規定，需以法律明文定之，且需符合比例原則。以宣示性之任務概括規定，作為強制性干預處分之依據，不合乎法治國家之要求。在法無明文之情形下，為保障人民權利，自不得認警察有概括之強制權[7]。

惟自 2013 年 5 月 31 日，立院修訂刑法第 185-3 條，將吐氣酒精濃度值 0.25 mg/l 直接納入條文中[8]。執勤人員對於有刑法第 185-3 條第 1 項第 1 款（吐氣所含酒精濃度達 0.25 mg/l）之情形者，其經測試事證明確，則檢具相關事證移送法辦，無需再檢附「刑法第 185-3 條第 1 項第 2 款案件測試觀察紀錄表」。

第 2 款規定，有前款以外之其他情事足認服用酒類或其他相類之物，致不能安全駕駛。或經員警攔檢駕駛人拒絕吐氣酒精濃度測試，且有「刑法第 185-3 條第 1 項 2 款案件測試觀察紀錄表」所列之客觀情事，如駕駛人有車行不穩、蛇行、語無倫次、口齒不清或有其他異常行為等，判斷足認有不能安全駕駛，此時依刑事訴訟法第 80 條規定予以逮捕。逮捕時，應先告知其犯罪嫌疑及所犯所有罪名（如涉嫌觸刑法第 185-3 條）、得保持緘默、得選任辯護人、得請求調查有利證據等事項。

並依刑事訴訟法第 205-2 條規定，命令其作吐氣檢測。完成吐氣檢測後，依規定製作調查筆錄及刑法第 185-3 條第 1 項第 2 款案件測試觀察紀錄表及吐氣酒精濃度檢測數值等資料，並隨案移送檢察官偵辦。

若犯罪嫌疑人不配合：告知如仍拒不接受吐氣檢測將依刑事訴訟法第 205-1 條規定，陳報檢察官實施強制抽血檢測。若當事人仍堅持不配合實施吐氣檢測，則檢附不能安全駕駛或可能達 0.25 mg/l 以上相關資料（時間、地點情況及犯罪嫌疑人個資等）通報偵查隊處理。由偵查隊陳報檢察官依職權

---

[6] 參見法務部公報第 181 期，1995 年 7 月，頁 116-117。

[7] 參見梁添盛，整建我國警察權限法制之研究，國立政治大學法律學系博士論文，1999 年 5 月 24 日，頁 265-267。

[8] http://law.moj.gov.tw/。

核發鑑定許可書[9]。

第二節　酒駕測試之方法

　　判斷駕駛人是否有酒駕行為，可分為數種方式如下，以提供執法者從駕駛人的駕車徵候、行為特徵與肢體協調的能力，來初步判斷駕駛人是否涉嫌酒駕[10]：

一、係藉由駕駛人的駕車外顯行為研判。

二、係依據駕駛人本身的行為特徵。

三、係由駕駛人的肢體協調能力的狀況加以判斷。

四、係利用化學測試的方法，檢測駕駛人體內酒精濃度的含量。

一、駕車外顯行為[11]

　　根據美國國家公路交通安全部（National Highway Traffic Safety Administration, NHTSA）的研究報告顯示，當駕駛人的駕車行為，有下列幾種駕車現象時，執法者即可初步斷定駕駛人涉嫌酒駕而加以攔停：

1. 轉彎半徑過大（Turning with a wide radius）：轉彎車輛其轉彎幅度極易超越中心分向（限制）線或邊線，即超過正常轉彎時所需之幅度。

2. 跨越中心分向（限制）線或車道線（Straddling center of lane marker）：直行車輛易跨越中心分向（限制）線或車道線上行駛。

3. 外表顯現酒醉狀態（Appearing to be drunk）：駕駛人駕車時眼睛凝視前方，雙手緊抓方向盤，坐姿前傾無精打采，舉止反常，臉與擋風玻璃距離太近，在車中飲酒，頭伸出車外等。

---

[9]　http://law.moj.gov.tw/，警政署取締酒駕拒測處理作業程序。

[10]　參見謝益銘，前揭書，頁 19-23。丘立誠，「酒醉駕駛行為特性分析與防治策略之研究」，中央警察大學碩士論文，1990 年 6 月，頁 63、65-67。呂青霖、丘立誠，交通警察，台灣警察專科學校，1999 年 8 月修訂版，頁 223-227。

[11]　參見謝益銘，前揭書，頁 19-21。丘立誠，前揭書，「酒醉駕駛行為特性分析與防治策略之研究」，頁 63。呂青霖、丘立誠，前揭書，交通警察，頁 223-226。

4. 幾乎碰撞其他車輛或物體（Almost striking object or vehicle）：車輛於行進中易險些撞及對向來車、同向車輛或路旁固定物。

5. 行向不定（weaving）：車輛行進時忽左忽右，彎彎曲曲，搖擺不定。

6. 不依規定車道行駛（Driving on other than designated highway）：車輛在行進間時有跨或越正常車道行駛之現象，甚或偏離車道而駛出道路邊線者。

7. 車輛偏向後急速轉回至原行駛車道（Swerving）：駕駛人可能因為躲避來車或發現自己的車子已駛離原行駛路線（車道）時，企圖立即駛返原車道之行為。

8. 低速駕車（Speed more than 10 mph below limit）：車輛的行駛速率低於最低速限 10 英哩以上。

9. 無故於車道上停車（Stopping without cause in traffic lane）：非因交通狀況、號誌、緊急狀況或其他環境因素而無故在正常行駛車道上停車。

10. 跟車距離太近（Following too closely）：與前行車輛距離太近，未保持法定安全距離。

11. 行駛緩慢且偏離原行駛車道（Drifting）：行進中逐漸偏離原行駛車道。

12. 輪胎壓在中心分向（限制）線或車道標記（Tires on center or lane marker）：車輛之左側輪胎或右側輪胎持續壓在中心分向（限制）線或車道標記上行駛。

13. 異常之煞車行為（Braking erratically）：無需煞車而煞車，或腳踩在煞車板上行駛，或猛然煞車等。

14. 駛入對向或橫向車流（Driving into opposing or crossing traffic）：如未讓幹道上的車輛先行，或逆向駛入來車車道、或駛入橫街車流中等。

15. 駕車行為與燈號顯示不一致（Signaling inconsistent with driving actions）：如轉彎或變換車道時未打方向燈，或所打燈號與實際之車行方向不符，或一直打方向燈卻未有轉向或變換車道之行動，或閃著四向警告（危險）燈號行駛。

16. 對號誌之反應遲緩（Slow response to traffic signals）：對號誌反應所需

時間超出正常所需時間之謂。

17. 停車位置不當（Stopping inappropriately）：未在規定車道內或於其他不適當之情形下停車之謂。例如於等候紅燈或閃光黃燈時，在禁止停車地區、人行穿越道上或越線、跨線停車或停離十字路口停止線過遠等。

18. 突然或違規之轉彎（Turning abruptly or illegally）：突然或違規轉彎如轉彎速度太快、角度太大，在指定轉彎車道轉彎時越出轉彎車道等。

19. 急遽加速或減速（Accelerating or decelerating rapidly）：指車輛加速或減速異於尋常，或突然停車。

20. 未打開車前燈（Headlights off）：需開車燈行駛時卻未開車燈。

二、駕駛人之行為特徵[12]

飲酒後，因受酒精影響，會發生異常行為舉動，可藉此提供判定是否酒醉之基礎，或執法時作為進一步檢驗措施之依據與法院審理時之參考。茲將各種異常行為舉止，列舉如下：

1. 言語：多話、喋喋不休、引吭高歌、言語不清等。
2. 面容：顏面色紅、顏面蒼白等。
3. 酒味：藉交談時，察覺駕駛人呼吸或身上有無酒味。
4. 眼睛：眼睛帶有血絲。
5. 行為：行為趨向誇張、反應惡劣。
6. 走路：步伐不穩、走路歪斜須他人扶持等。
7. 產生情緒異常現象：哭、生氣……等。

有關酒精濃度與酒醉程度之關係，以表 3-1[13] 與表 3-2[14] 表示。

---

[12] 參見謝益銘，前揭書，頁19。丘立誠，前揭書，「酒醉駕駛行為特性分析與防治策略之研究」，頁 65-66。呂青霖、丘立誠，前揭書，交通警察，頁 226。

[13] 參見交通部運輸研究所，「駕駛人行為反應之研究－酒醉駕車對駕駛行為之分析研究」，1993 年 4 月，頁 8。

[14] 參見交通部運輸研究所，「駕駛人行為反應之研究－酒醉駕車對駕駛行為之分析研究」，1993 年 4 月，頁 9。

表 3-1　血液中酒精濃度與酒醉程度及可能呈現之症狀關係表

BAC	相當紹興酒之飲酒量	酒醉程度	症　　　　　　　　　狀
0.05%～0.10%	300 CC	微　醉	弱度酩酊，顏面紅色，輕度血壓上升，但亦有人無症狀
0.10%～0.15%	500 CC	輕　醉	輕度酩酊，解除抑制，多辯，決斷快。
0.15%～0.25%	1,000 CC	茫　醉	興奮期，中度酩酊，與興奮狀合併出現痲痺症狀，言語略不清楚，運動失調，平衡障礙，顏面蒼白，判斷力遲鈍。
0.25%～0.35%	1,500 CC	深　醉	強度酩酊，以痲痺症狀為主，噁心，嘔吐，意識混亂，茫然自失，步行困難，言語不清，易進入睡眠狀態。
0.35%～0.45%	2,000 CC	泥　醉	昏睡期，意識完全消失，無反射作用，呼吸徐緩，時有呼吸困難，若棄置不顧時則可能導致死亡。
0.45% 以上	2,500 CC	死　亡	大多數人因呼吸痲痺或心臟機能不全而死亡。

表 3-2　血液中酒精濃度對人體心理與行為及駕車能力之影響關係表

BAC	狀　態	對心理與行為之影響	對駕車能力之影響
0.03% 以下	清　醒	無明顯影響、幾乎與未飲酒無異	無明顯影響、幾乎與未飲酒無異
0.03%～0.05%	陶醉感	1. 觀察力逐漸欠缺 2. 心情漸趨輕鬆 3. 自信心增加 4. 多話	1. 多數駕駛人心境逐漸變幻不定 2. 視覺與反應靈敏性減弱 3. 對速度及距離的判斷力差
0.05%～0.08%	興　奮	1. 情緒鬆弛 2. 感情與行為趨向誇張 3. 肌肉不協調	1. 反應遲鈍 2. 駕車能力受損 3. 遲而不決或決而不行
0.08%～0.15%	錯　亂	1. 產生情緒異常現象（如哭、生氣等） 2. 步伐不穩、言語不清、反應惡劣。 3. 記憶及判斷受損	1. 判斷力嚴重受到影響 2. 體能與精神協調受損 3. 駕車之體能困難增加
超過 0.15%	痲　痺	1. 意識不明 2. 嘔吐 3. 站、走及講話困難 4. 責任感喪失	1. 視線搖晃 2. 駕駛人已進入恍惚狀態 3. 判斷及理解遭到扭曲 4. 駕車不穩定
超過 0.5%	昏　睡	爛醉如泥、失去知覺可能致死	無法開車

三、肢體協調性測試法（Physical Coordination Tests）

肢體協調性測試法主要著眼於酒精對人體協調能力、平衡能力、注意力、操作能力與頭腦清醒度之影響，約可分為下列幾項[15]：

1. 眼震症（Nystagmus）檢測法：眼震症是眼球的一種不自主的抽搐症狀，當眼睛向兩旁或上下凝視時，引起眼球一種不自主的抽搐狀態。根據國外研究顯示，透過該法檢查時，一位訓練有素的警察能預估嫌疑犯的血液中酒精濃度，而且有 80% 的可信度。

2. 注意力檢測法（The Modified Attention Test）：執法人員要求涉嫌酒駕的駕車者，將他的兩腳併攏站立，雙手置於兩側，然後閉上眼睛，警察則觀察他身體搖晃或失去平衡的次數。

3. 單腳站立（the one-leg stand）：執法人員要求涉嫌酒駕的駕車者單腳站立，而且將另一隻腳抬起距離地面 6 英吋（20 公分）左右，並保持該姿勢，口數「1001、1002、……直數到 1030」期間最少要 30 秒。

4. 手指碰觸鼻尖的測試（the finger-to-nose test）：這項測試程序被廣泛使用，而且愈瞭解這項測試效率的警察，在實施這項測驗時之敏感度也就愈準確；在測試時，讓駕車者兩腿靠攏筆直的站立，閉上眼睛，兩手垂於兩側，當聽到警察的要求時，駕車者嚐試用左或右手伸出的食指尖去碰觸他自己的鼻尖，警察則觀察駕車者為保持平衡所調整活動的能力。

5. 同心圓測試法：受測者必須用筆在二個同心圓所構成的 0.4 cm 的環狀帶內，畫另一個圓，計算並記錄受測者花費時間與圓圈是否完整、連續及與相鄰圓圈接觸點之點數等特徵，再依據評分準則加以評分，當受測者成績超過兩點（含）時，則其 BrAC 值 >= 0.25 mg/l 之可能性大增。

---

[15] 參見謝益銘，前揭書，頁 19-23。丘立誠，前揭書，「酒醉駕駛行為特性分析與防治策略之研究」，頁 66-67。

6. 走直線測驗（the line test）：當警察要求駕車者「走在線上」時，駕車者應以腳跟對著腳趾（heel-to-toe）的方式，使兩腳站於一直線上行走；同時警察必須給與駕車者一個明確的步伐數及如何正確的轉身以及大聲數出他自己的步伐。這個測驗特別重要，因為它給警察一個機會，去觀察駕駛人是否能在同一時間內做二種事情。透過這項一連串的測驗，一位熟練的警察能察覺這位駕車者（在測驗的兩項要求之中）在分散注意力的狀況下之平衡協調與注意能力。

四、化學測試法[16]

化學測試法，主要係依據酒精各種化學反應原理，及其光譜或物質特性而加以應用，檢驗體內酒精含量，藉以判斷駕駛人的體內酒精含量是否超過法定標準。從檢體測出酒精含量的方法，可由一般水蒸氣之蒸餾法檢出，取最初蒸餾液當檢液，或用微量擴散法。活人以血液、尿液、唾液、呼氣作為檢驗對象；死人則用血、腦、肌肉、胃腸內容物為主。

(一) 傳統測試方法

傳統測試方法手續較為繁瑣、操作不易，需由專業鑑識人員操作，主要分為：

1. 定性分析法：藉酒精的特性用以檢測樣本是否含有酒精成分，
2. 定量分析法：檢測樣本酒精之含量有多少。

定性分析法之主要原理，係依據酒精的鉻酸反應（Chromic Acid Reaction）、碘仿反應（Lieben's Iodeform Reaction）、乙酸乙基反應、賓士雷反應（Benthelat Reaction）與費塔尼反應（Vitali Recation）。

另定量分析法則有西費立法（Schiffeli Method）、重鉻酸鹽法、碘化烷基法（Alkyl Iodide Method）、鹼性過錳酸鹽法（Alkaline permunganate Method）、

---

[16] 參見謝益銘，前揭書，頁 23。丘立誠，前揭書，「酒醉駕駛行為特性分析與防治策略之研究」，頁 67。呂青霖、丘立誠，前揭書，交通警察，頁 226-227。

酸性過錳酸鹽法（Acid permunganate Method）與酵素法等。

(二) 儀器分析法

依酒精之化學反應原理或物理特性，設計操作簡易、準確性高的儀器，供執法人員使用。儀器分析法可分爲以下兩種：

1. 呼氣酒精濃度：係依據酒精之化學或物理特性，而設計出操作簡易、客易學習、攜帶方便且準確性高之儀器，大部分作爲執法人員檢測駕駛人體內酒精濃度之工具，如醉度測量器（Drunkometer）、酒精測量器（Alcometer）、醉度分析儀（Intoxilyzer）、北川式測試器、RBT-IV型酒精濃度測試器。

2. 血液或尿液酒精濃度兩種儀器：係以氣體色層分析儀（簡稱 GC）爲主，由於儀器構造與操作較爲複雜，故需練習多次，始能熟悉而應用自如，並且因爲搬動不易，所以只適合在實驗室內使用。

五、國內測試方法

大法官釋字第 699 號指出：有關酒後駕車之檢定測試，其檢測方式、檢測程序等事項，宜以法律或法律明確授權之規範爲之[17]。惟目前警察機關對於酒駕測試之方式，只採用呼氣酒精濃度測試器，警察機關並未採用生理測試法與外顯行爲判定法，其理由分析如下：

1. 目前我國道路交通管理處罰條例第 35 條僅規定駕駛人酒駕之處罰效果內容[18]。

2. 現行道路交通安全規則第 114 條第 1 項第 2 款僅規定：駕駛人飲酒後其吐氣所含酒精成份達 0.15 mg/l 或血液中酒精濃度達 0.03% 以上者，不得駕車[19]。

---

[17] 參見司法院網站法學檢索資料釋字第 699 號解釋，http://www.judicial.gov.tw。
[18] https://www.mvdis.gov.tw/。
[19] https://www.mvdis.gov.tw/。

　　至於警察人員執行取締酒駕勤務時所應採行的方法，我國現行法律則未詳加規範，尚待有關單位加強以符合法治國精神。

第三節　司法實務見解

　　為遏止酒駕行為，立法院於 1999 年 4 月新增訂刑法第 185-3 條略以：服用毒品、麻醉藥品、酒類或其他相類之物，不能安全駕駛動力交通工具而駕駛者，處 1 年以下有期徒刑、拘役或 3 萬元以下罰金。條文中「不能安全駕車」的認定標準為何？十餘年來一直引發社會各界不斷的探討與關注。尤其當台北地方法院針對警方以駕駛人呼氣酒精濃度超過 0.55 mg/l 而移送的案件，做出無罪的判決後，更掀起軒然大波。媒體上批評之聲浪與街頭上民眾抗議的行動前所未見，當事者也都似乎承受了相當大的壓力。究竟台北地方法院法官做出無罪判決所持的理由為何？自是本書探究的重點之一，直至 2013 年 5 月 31 日修正刑法第 185-3 條，直接將酒測值訂於刑法條文中略以[20]：駕駛動力交通工具而有下列情形之一者，處 2 年以下有期徒刑，得併科 20 萬元以下罰金：吐氣所含酒精濃度達每公升 0.25 mg 或血液中酒精濃度達 0.05% 以上。方減少許多爭議。

一、法院判決案例一

(一) 案號

臺灣臺北地方法院刑事判決 88 年度北簡第 1617 號[21]

(二) 案例事實

　　右被告因公共危險案件（88 年度偵字第 16163 號），公訴人聲請簡易判決，本院經審理後認應依通常審判程序審理，本院判決如左：主文周○○無罪。

---

[20] http://law.moj.gov.tw/。
[21] 參見臺灣臺北地方法院刑事判決，88 年度北簡字第 1617 號。

本件公訴意旨略以：被告周○○明知喝酒駕，易致生公共危險，仍於民國 88 年 7 月 9 日晚上前往臺北市饒河街附近參加喜宴，並飲喝紹興酒約半瓶，其喝酒後至不能安全駕車之情況下，仍駕車車號 AL-000 號自用小客車，嗣行經臺北市基隆路、辛亥路口時，為警查獲並經警當場為酒精濃度測試，測得值為呼氣中酒精濃度 0.71 mg/l，因認涉有刑法第 185-3 條公共危險罪嫌云云。

(三) 裁判要旨

按第一審法院依被告在偵查中之自白或其他現存之證據，已足認定其犯罪者，得因檢察官之聲請，不經通常審判程序，逕以簡易判決處刑。但有必要時，應於處刑前訊問被告。刑事訴訟法第 449 條第 1 項固有明文，惟法院於審理後，認應為無罪判決之諭知者，依同法第 452 條之規定，應適用通常審判程序。本件公訴人固就被告涉犯公共危險罪之行為聲請以簡易判決處刑，惟經本院審理後，認應為無罪判決之諭知，爰依通常審判程序審判，先予敘明。

訊據被告周○○雖不否認其有公訴人所指之服用酒類後駕駛動力交通工具之自用小客車之行為，惟就本件被告周○○於服用酒類後是否即達不能安全駕駛動力交通工具之程度？是否均得以所謂凡經酒精濃度測試後，測得值逾 0.55 mg/l 即足認為不能安全駕駛動力交通工具而得以刑法第 185-3 條處罰，非無研究之餘地，茲一一分述如左：

1. 就罪刑法定主義原則而言

    (1) 按「行為之處罰，以行為時之法律有明文規定者為限。」刑法第 1 條定有明文。何種行為構成犯罪，對之應科以何種刑罰，須先在法律上予以規定，此項原則即所謂罪刑法定主義。易言之，犯罪之構成要件及科刑之處罰限於法律所規定者為限。某種行為是否構成犯罪而應科以責任，須由立法院三讀通過，經總統公佈之法律明文定之，始得處罰，否則縱然該行為在社會上或道德上應受非難，亦不得認定其犯罪。而行政命令，如係法律之授權行政機

關以命令補充法律所未具體規定之事項，形式上雖為行政命令，但係基於法律之授權，故仍為具有法律作用，此即所謂空白刑罰法規，與單純之行政命令有異，亦即有關刑罰之事項，不得以行政命令代替。此觀中央法規標準法第 5 條第 2 款規定：「關於人民之權利、義務者，應以法律定之。」自明。若以行政機關之會議結論即得資為補充刑法條文本身，非僅與罪刑法定主義原則有悖，更與憲法第 8 條人身自由保障之意旨不符。

(2) 刑法第 185-3 條條規定：「服用毒品、麻醉藥品、酒類或其他相類之物，不能安全駕駛動力交通工具而駕車者，處 1 年以下有期徒刑。」，揆其犯罪構成要件，係以 A.服用毒品、麻醉藥品、酒類或其他相類之物；B.不能安全駕駛動力交通工具而駕車者，二者為犯罪構成要件。而所謂「不能安全駕駛動力交通工具」須以行為人查獲駕駛動力交通工具當時之主觀意識狀態，以及客觀駕車情形具體認定之，而非以行為人本身以外之參考數據或參考資料為斷。

(3) 本件公訴意旨係以被告於為警查獲當時，自承飲喝紹興酒瓶半瓶，嗣經酒精濃度測試，得其呼氣酒精濃度值為 0.71mg/l，已超過 0.55mg/l 之不能安全駕車認定標準值，因認被告不能安全駕車，而涉有刑法第 185-3 條之公共危險罪嫌。而公訴人所以認定被告不能安全駕車係依據被告於為警查獲當時所測定之酒精濃度值超過 0.55mg/l，第查刑法第 185-3 條條文係規定「不能安全駕駛動力交通工具而駕車」而是否不能安全駕駛動力交通工具，須依為警查獲當時被告之主客觀情事認定之，而非依凡呼氣酒精濃度值超過 0.55mg/l 即當然認為不能安全駕車。

(4) 查目前檢警機關取締酒駕公共危險案件，係以凡經酒精濃度測試測得逾 0.55mg/l 時，即認有不能安全駕車。檢警機關之認定標準，係依據法務部為因應刑法修正案第 185-3 條處以刑罰之規定，認定標準並非明確，而於 88 年 5 月 10 日上午邀集司法院刑事廳、交通部、行政院衛生署、臺灣高等法院檢察署、內政部警政署及中

央警察大學等相關單位所開會研商之認定標準，亦即以呼氣後酒精濃度達 0.55mg/l，即認爲已達不能安全駕車之標準，至於標準以下之行爲，如輔以其他客觀事實得作爲不能安全駕車之判斷時，亦應依刑法第 185-3 條規定移送法辦處以刑罰（見卷附之法務部 88 年 5 月 10 日召開之研商訂定刑法第 185-3 條之認定標準會議記錄，嗣經法務部以法 88 檢字第 1669 號函發布所屬各機關）。上項認定標準係參考美國、德國資料而來，然遍查偵查全卷，並無該項美國、德國之實驗資料，而該資料所採之實驗取樣，是否確有科學根據？公訴人並未提出該項相關資料予以佐證。且以該項實驗資料係經由美國、德國何種單位所爲之測試？該項測試是否經由國際有公信力之機關嚴格認證承認？公訴人亦未詳加說明，亦未附上該項測試報告以及實驗過程說明，則如何能據爲科處人民刑罰之依據。且上項會議記錄既非刑法法律構成要件本身，不具有刑法授權之行政命令（即空白授權刑法）之性質，本院審理時自得不受其拘束，亦不得徒以該項會議記錄結論即逕爲不能安全駕車之認定依據。若謂舉凡採酒精濃度逾 0.55mg/l，而無其他主客觀情事相輔，即當然認爲不能安全駕車，顯與刑法罪刑法定主義原則有悖。

2. 次就刑事證據法則而言

(1) 按犯罪之事實應依證據認定之，無證據不得推定其犯罪事實，刑事訴訟法第 154 條定有明文。又被告之自自，不得作爲有罪判決之唯一證據，仍應調查其他必要之證據，以察其是否與事實相符。爲同法第 156 條第 2 項所明文。而所謂認定犯罪事實之證據，係指足以證明被告確有犯罪行爲之積極證據而言，該項證據必須適合於被告犯罪事實之認定，始得採爲斷罪之資料。最高法院 69 年臺上字第 4913 號判例參照。

(2) 刑事訴訟本諸實質眞實發現主義及職權發現進行主義，被告雖於偵查中自白，然審理法院仍應調查其他相關主客觀證據，以查其

是否與事實相符。即認定被告犯罪事實須有積極明確之證據，不能以推測或擬制之方法以爲裁判之基礎，倘積極證據不足證明犯罪事實時，自不得爲被告有罪之判決。刑法第 185-3 條所謂是否達不能安全駕駛動力交通工具而駕車，應依被告行爲當時之主觀精神意識狀態及客觀駕車狀態經法院嚴格調查後而爲認定，蓋以國人之體質各有差異，各人對體質對酒精作用之抵抗力亦有所不同，非得以單一參考值即一律適用於各人，公訴人所引之所謂酒精濃度超過 0.55 mg/l 即爲不能安全駕車之認定標準固係依前開會議結論所參考美國、德國之實驗認定標準，然查公訴人並未提出該項實驗報告詳加說明，何以得據爲認定不能安全駕車之認定標準，且如前所述，該項實驗結果是否已經國際間所公認？或經何種具有公信力之機關予以肯認？以足爲判定不能安全駕車之認定標準，公訴人均未提出資料予以說明，依我國刑事訴訟法係採嚴格證據主義之原則，若僅以一紙未附任何資料之會議結論即得資爲科處刑罰之依據，顯屬草率。且該項實驗係依據美國人、德國人之體質所爲之測試，而我國屬東方人之體質，二者之生理結構、體質及對酒精作用抵抗力之程度亦有不同，本院自非得僅依上項實驗結果數據爲唯一依據，仍須經由客觀調查，以察其是否與犯罪構件相合。

(3) 經查本件被告雖已於警訊及偵查中自承其於 88 年 7 月 9 日晚上係因參加友人喜宴，飲喝紹興酒約半瓶左右，而於喜宴結束後駕車車號 AL-0000 號之事實，然其經警查獲當時即凌晨零時 20 分許，警察機關本應立即就被告當時之主觀精神狀態，以及客觀駕車狀態警訊筆錄中具體詳實記載，俾作爲本院認定之參考，否則縱經檢察官起訴後，至本院審理時，其時間已經過 1 月至 2 月，本院如何再就被告查獲當時之心神狀態重爲調查，以查其是否在行爲當時有不能安全駕車之情事。惟觀諸警訊筆錄中除被告於查獲當時，經警當場爲酒精濃度測試得值爲 0.71 mg/l 外，並無其他記載

不能安全駕車之具體事實，而依前述會議記錄所採認定標準引用之美國、德國所實驗之酒精對人體生理行為與駕車能力之影響，經本院查閱該項資料所載：「凡血液中酒精濃度超過 0.1%（與呼氣中所含酒精濃度 0.55mg/l 之值相當）時，行為人本應即生視覺反應遲鈍，影像不能集中，走路或講話可能發抖，動作笨拙。」（非正式報告書，而係參閱警光雜誌第 489 期第 36 頁所載）而其將使駕駛人反應遲鈍，同時不能看清前方路況及車旁照後鏡等情狀。然查依被告為警查獲前，其非但能駕車汽車自臺北市饒河街友人喜宴會場行至臺北市基隆路 2 段、辛亥路口（約 4 公里），且查獲當時亦能遵照指示接受酒精濃度測試及製作筆錄，加以警訊筆錄亦記載被告服用酒類後駕車並無發生交通事故（見警訊筆錄第 5 頁背面）等客觀情事，則被告縱有經酒精濃度測試值逾 0.55mg/l 之事實，然並無上開資料所稱之「視覺反應遲鈍，影像不能集中，走路或講話發抖，動作笨拙」等客觀上已不能安全駕車汽車之狀態。

(4) 次查被告於本院審理時，經本院於上午 10 時 20 分當庭命其飲用紹興酒半瓶，復於半小時後即 10 時 52 分，經到庭警員以酒精濃度測試器當庭檢測其呼氣酒精濃度值為 0.75mg/l。其測得器當庭進行第二次測試，所測得值為 0.68mg/l，二次測值均已超過所謂 0.55mg/l。（此有卷附之酒精濃度測試紙二紙可稽）若依前揭法務部等各機關開會之會議結論所採之認定標準值及聯邦交安局之實驗資料，被告之酒精濃度既已逾 0.55mg/l，甚至達 0.75mg/l，則被告本應當庭發生視覺反應遲鈍、影響不能集中、走路或講話發抖及動作笨拙等情況，然查被告並未當庭產生上開不適之情狀，且仍能對本院庭訊清楚答辯，且對於本院設計之簡答當庭令其回答之 8 個問題（附之簡便問答題）尚能正確回答三分之二以上（此有當庭審理時之錄影帶可證），足證被告為警查獲當時，尚難有積極證足以證明其有不能安全駕車之情事。

(5) 參以被告其平日即有飲酒習慣，對酒精作用抵抗力較強，亦足證

酒精對人體生理及心理所產生之影響力，確係因人而異，且酒精
作用會因酒類含酒精程度不同隨時間之經過而變化，此觀被告經
當庭二次測試，時間相隔 25 分鐘後，其呼氣中所含酒精濃度即有
所降低之事實自明。

3. 綜上所述，本件公訴意旨固以被告服用酒類後駕車汽車，經警查獲當
時，經酒精濃度測試後，其呼氣中酒精濃度已逾 0.55 mg/l，因認被告
有不能安全駕駛動力交通工具之情事，而涉有刑法第 185-3 條罪嫌。
然經本院調查結果，被告於為警查獲當時，縱經警進行酒精濃度測試
值得 0.55 mg/l，然以該項取締酒駕認定標準，僅係行政命令，非屬刑
法本身所定之犯罪構成要件，刑法授權之行政命令，本院自得不受該
項行政命令之拘束，且公訴人亦未提出有關美國、德國實驗測試之報
告以資說明該項實驗究係美國、德國何種單位所進行之測試實驗？是
否已經國際間具有公信力機關認定或承認？則如何憑為認定不能安全
駕車之認定標準？在在均有疑義。況以被告經本院調查證據時，經本
院命其當庭飲喝紹興酒半瓶，進行二次酒精濃度測試後，所測得酒精
濃度值分別為 0.75 mg/l 及 0.68 mg/l，而其精神狀態並無視覺反應遲鈍、
影像不能集中、走路或講話發抖及動作笨拙等狀態發生，且於本院訊
問時仍正常答辯，則依其主觀精神狀態而言以及前述法務部等各機關
會議結論所採之凡呼氣中酒精濃度逾 0.55 mg/l 之認定標準，顯不足以
憑為「不能安全駕駛動力交通工具」之依據，因此，本件就罪刑法定
主義原則及刑事證據法則，均難認為被告有不能安全駕駛動力交通工
具之情事，自無以刑法第 185-3 條之公共危險罪相繩之理。此外，復
無其他積極證據足以證明被告於為警查獲當時確有不能安全駕駛動力
交通工具之情形，被告犯罪既不能證明，自應為無罪之諭知。至被告
是否有違反道路交通安全規則第 114 條第 1 款：「飲酒後其吐氣所含酒
精成分超過 0.25 mg/l 以上者。」之規定，是否依道路交通管理處罰條
例第 35 條規定處以行政刑罰，事屬另一問題。而如何使刑法明確規
定，以符罪刑法定主義原則，及刑法第 185-3 條之立法目的，應儘速

由主管機關修正相關法令或由立法機關修正法文，以符憲法保障人身
自由權之旨。

4. 據上論斷，依刑事訴訟法第 301 條判決如主文。

二、臺灣臺北地方法院檢察官上訴案件一

(一) 案號

臺灣臺北地方法院檢察署 88 年度上字第 1038 號[22]。

本件係檢察官不服臺北地方法院 88 年度北簡第 1617 號判決，而提出之
上訴案件。

(二) 上訴內容要旨

1. 按立法院於 88 年 3 月 30 日三讀修正通過中華民國刑法部分條文修正
案，並經總統於同年 4 月 21 日明令公布，增訂第 185-3 條規定「服用
毒品、麻醉藥品、酒類或其他相類之物，不能安全駕駛動力交通工具
而駕車者，處 1 年以下有期徒刑、拘役或 3 萬元以下罰金。」本條係
「抽象危險犯」，不以發生具體危險為必要，立法者創設獨立構成要
件型態，將可罰性擴張，係刑法保護向前推置，法律所非難的對象係
行為方式的本身，並非行為的結果，即不必以發生具體危險或實害（肇
事）結果為必要，合先敘明。

2. 復按酒精對人體生理與行為之影響、酒精濃度與肇事率之關係，我國
與各先進國家早已有實證研究，酒精濃度呼氣已達 0.5mg/l 或血液濃
度達 0.1% 以上，對於一般人體生理行為與駕車能力之影響如下：(1)
對心理行為之影響：視覺反應遲鈍、影像不能集中、走路或講話可能
發抖，動作笨拙；(2) 對駕車能力之影響：駕車反應遲鈍、同時不能看
清前方路況及車旁照後鏡。至酒精濃度呼氣已達 0.55mg/l 或血液濃度
達 0.11% 以上，雖尚能開車，但其生理狀態已呈「迷醉」之狀態，對

---

[22] 參見臺灣臺北地方法院檢察署檢察官 88 年度上字第 1038 號。

於安全駕車已有重大之影響，且肇事率為一般正常人之 10 倍，自已達「不能安全駕車」之標準。本件被告測試值高達 0.71 mg/l，其生理、心理之狀況及駕車反應，尤劣於上揭數值之行為，「迷醉」之狀態更為嚴重，精神狀態在精神醫學上已達「錯亂」之程度，判斷力嚴重受到影響、體能與精神協調受損、駕車之體能困難增加，足認已達不能安全駕車之標準。酒測數值係已經「科學驗證」之標準，原起訴所憑數值資料係參考「美國汽車協會交通安全局」研究文獻，已經學理與實務驗證統計分析所得，當屬科學證據之一種，自亦具有證據證明力。

3. 交通事故發生的原因，包括環境因素（道路因素、自然因素、人為因素等）、車輛因素（機械因素、設計因素、人為因素等）、個人因素（被害人之反應等）、社會因素（社會背景等）及各種偶發因素，不發生肇事之原困，可能在於其中任何一項因素不存在，不能謂不發生交通事故，行為人即屬仍能「安全駕車」。原判決以被告「非但能駕車汽車自台北市饒河街友人喜宴會場行至台北市基隆路 2 段、辛亥路口，且查獲當時亦能遵照指示接受呼氣中酒精濃度測試及製作筆錄，加以警訊亦記載被告服用酒類後駕車並無發生交通事故」，僅以未肇事據以推論被告並無「視覺反應遲鈍，影像不能集中，走路或講話發抖，動作笨拙」等情，既昧於刑法第 185-3 條係「抽象危險犯」之本質，亦與論理法則、經驗法則有悖，徒啟行為人僥倖心理。

4. 再按德國聯邦刑法法院於 1990 年 6 月 28 日判例表示：血液酒精濃度達 0.11%，顯示其「絕對無法安全駕車」，我國道路交通設施、安全狀況及人民守法之情形，並未高於德國，自無如原審應特就我國東方人「體質」而為訂定不同標準之可能，蓋我國國內尚有各國國籍之人士，駕駛人之年齡、性別各有差別，則有關「不能安全駕車」判斷標準，一國之內將因人種、年齡、性別等個別差異因素有異，其不合理、不公平之處至屬明顯，當非立法定位為「抽象危險犯」之原意所在。

5. 酒精濃度之測試應在查獲之際為之，始能作有效之判別與鑑定，事後之追憶、彌補與評估，在法醫學上均認為係不科學、不可靠且不足以

採信。原審當庭雖再為酒精濃度之測試，然僅憑被告於法庭上之陳述據以推論，不惟與被告被查獲時道路交通之實際狀況已有不符；且酒精濃度之測試屬鑑定之一種，鑑定人自應由審判長或受命法官就以下之人選任之：(1) 就鑑定事項有特別知識經驗者；(2) 經政府機關委任有鑑定職務者（刑事訴訟法第 198 條參照）。如從事於事實認定之法官或檢察官，亦具有與鑑定人相同之特別知識經驗時，因可不依賴鑑定人之鑑定，惟徵諸實際，多數法官或檢察官並無酒精濃度測試鑑定人所具有之特別知識經驗，遇有對於一定事項已逾越其知識經驗之範圍時，即應將其交付鑑定人，此即有鑑定之必要。原審法官自任為鑑定人，並未依循專業之酒精濃度測試標準規範為之，其鑑定之正確性及可靠性，殊屬可疑？故原審法官當庭酒測之結果，徒以被告對於法院之問題尚能正確回答三分之二以上，據以推論被告並無不能安全駕車之情事，實不足取。

6. 末按法院於審理中，認應為無罪、免訴、不受理或管轄錯誤判決之諭知者，依刑事訴訟法第 452 條之規定，固應適用通常審判程序，惟依刑事訴訟法第 271 條第 1 項之規定，審判期日應傳喚被告或其代理人，並通知檢察官、辯護人。原審既改依通常程序審理，即應踐行通常程序通知檢察官到庭陳述，本件判決並未載明「本案經檢察官到庭執行職務」，原審逕為無罪之判決，其判決是否「當然違背法令」（刑事訴訟法第 379 條第 8 款參照），亦非無疑？

7. 至法務部於 88 年 5 月 10 日邀集司法院、交通部、行政院衛生署、內政部警政署、中央警察大學等單位會商之結論，並非以該酒精濃度測試值取代刑法第 185-3 條之構成要件，復未以行政命令形式發布，而是將會議紀錄函送各與會單位及檢察機關參考，故該「酒測標準」並非法務部發布之「命令」，法院本不受其拘束。非惟與罪刑法定主義無涉，且無關乎憲法第 8 條人身自由保障之問題，原審謂之與憲法與罪刑法定主義之原則相違，亦屬未合，併予敘明。

三、法院判決案例二

(一) 案號

臺灣臺北地方法院刑事判決 88 年度北簡字第 1484 號[23]。

(二) 案例事實

右被告因公共危險案件（88 年度偵字第 14678 號）檢察官聲請以簡易判決，本院審理後認應依通常審判程序審理，並判決如左：

主文　朱○○無罪。

本件公訴意旨略以：被告朱○○明知喝酒後，至不能安全駕駛動力交通工具之程度者，不能爲駕車之行爲，竟於民國 88 年 6 月 19 日晚上在臺北市基隆路 2 段○○KTV 與友人周○○飲酒唱歌，於服用酒類後已達不能安全駕駛動力交通工具之程度後，仍騎乘車號 GPJ-000 之機車，嗣於翌日凌晨 3 時 50 分許，行經臺北市松隆路時，爲警臨檢查獲，經酒精濃度測試後，測得其呼氣中酒精濃度達 1.05 mg/l，檢察官認爲有刑法第 185-3 條的公共危險罪之嫌疑，將被告起訴。

(三) 裁判要旨

按第一審法院依被告在偵查中之自白或其他現存之證據，已足認定其犯罪者，得因檢察官之聲請，不經通常審判程序，逕以簡易判決處刑。但有必要時，應於處刑前訊問被告。刑事訴訟法第 449 條第 1 項固有明文，惟法院於審理後，認應爲無罪判決之諭知者，依同法第 452 條之規定，應適用通常審判程序。本件公訴人固就被告涉犯公共危險罪之行爲聲請以簡易判決處刑，惟經本院審理後，認應爲無罪判決之諭知，援依通常審判程序審判，先予敘明。

---

[23]　參見臺灣臺北地方法院刑事判決，88 年度北簡字第 1484 號。

訊據被告朱○○，雖不否認其有公訴人所指之服用酒類後駕駛動力交通工具之重型機車之行為，惟就本件被告之服用酒類後是否已達不能安全駕駛動力交通工具之程度？是否得以所謂凡經酒精濃度測試後，測得值逾 0.55 mg/l 即足認為不能安全駕駛動力交通工具而得以刑法第 185-3 條處罰，非無研究之餘地，茲一一分述如左：

1. 從罪刑法定原則言：

   (1) 按「行為之處罰，以行為時之法律有明文規定者為限。」刑法第 1 條定有明文。何種行為構成犯罪，對之應科以何種刑罰，須先在法律上予以規定，此項原則即所謂罪刑法定主義。易言之，犯罪之構成及科刑之處罰限於法律所規定者為限。某種行為是否構成犯罪而應科以刑事責任，須由立法院三讀通過，經總統公佈之法律明文定之，始得處罰，否則縱然該行為在社會上或道德上應受非難，亦不得認定其犯罪。

   　而行政命令，如係法律之授權行政機關以命令補充法律所未具體規定之事項，形式上雖為行政命令，但係基於法律之授權，仍為具有法律作用，此即所謂空白刑罰法規，與單純之行政命令有異，亦即有關刑罰之事項，不得以行政命令代替。此觀中央法規標準法第 5 條第 2 款規定：「關於人民之權利、義務者，應以法律定之。」自明。因此，凡對人民論罪處罰之事項，概須以法律明文定之，若僅以行政命令事項為論罪處罰之依據，顯與罪刑法定主義原則有悖。

   (2) 刑法第 185-3 條規定：「服用毒品、麻醉藥品、酒類或其他相類之物，不能安全駕駛動力交通工具而駕車者，處 1 年以下有期徒刑。」，揆其犯罪構成要件，係以 A. 服用毒品、麻醉藥品、酒類或其他相類之物；B. 不能安全駕駛動力交通工具而駕車者，二者為犯罪構成要件。而所謂「不能安全駕駛動力交通工具」，應由法院於審判時，以行為人查獲駕駛動力交通工具，當時之主觀意識狀態及客觀駕車情形具體認定之，而非以行為人本身以外之參考數據或參

考資料為斷。

(3) 本件公訴意旨係以被告朱○○於為警查獲當時，自承其因與朋友聚餐而飲喝啤酒約半打，經酒精濃度測試測得其呼氣之後酒精濃度為 1.05 mg/l，已超過 0.55 mg/l 之不能安全駕車認定標準值，因認被告不能安全駕車，而涉有刑法第 185-3 條之公共危險罪嫌。而公訴人所以認定被告不能安全駕車，係以被告於為警查獲當時所測定之呼氣酒精濃度超過 0.55 mg/l 為據。第查刑法第 185-3 條條文係規定「不能安全駕駛動力交通工具而駕車，」並非規定凡呼氣中酒精濃度達 0.55 mg/l 即當然認為不能安全駕車，本件被告於為警查獲時已達不能安全駕駛動力交通工具，自應依查獲當時被告之主客觀情事認定之，並非謂凡酒精濃度含量超過 0.55 mg/l 即當然認為不能安全駕車。

(4) 而目前檢警機關取締酒後駕駛車輛公共危險案件，其所以認定凡經酒精濃度測試測得酒精濃度逾 0.55 mg/l 時，即認有不能安全駕車。其認定標準係依據法務部為因應刑法修正案第 185-3 條處以刑罰之規定，認定標準並非明確，而於 88 年 5 月 10 日上午邀集司法院刑事廳、交通部、行政院衛生署、臺灣高等法院檢察署、內政部警政署及中央警察大學等相關單位所開會研商之認定標準，經該會決議係以呼氣後酒精濃度達 0.55 mg/l，即認為已達不能安全駕車之標準，至於標準以下之行為，如輔以其他客觀事實得作為不能安全駕車之判斷時，亦應依刑法第 185-3 條規定移送法辦處以刑罰（見卷附之法務部 88 年 5 月 10 日召開之研商訂定刑法第 185-3 條之認定標準會諱記錄，嗣經法務部以法 88 檢字第 1669 號函發布所屬各機關）。然查上項會議係參考美國、德國資料而來，然查偵查卷內並無該項美國、德國之實驗資料，而該項資料所採之取樣，是否確有科學根據，公訴人並未提出該項相關資料予以佐證，且以該項實驗資料係經由美國、德國何種單位所為之測試？該項測試是否經國際性有公信力之機關嚴格加以認證？公訴人亦未詳

加說明，亦未附上該項測試報告及實驗過程說明，則如何能僅依法務部所召開之會議記錄一紙即據為科處人民刑罰之依據。且上項會議記錄既非刑法法律構成要件本身，亦不具有刑法授權之行政命令（即空白授權刑法）之性質，本院審理時自得不受其拘束，亦不得徒以該項會議記錄結論即逕為不能安全駕車之認定依據。若謂舉凡酒精濃度逾 0.55mg/l，而無其他主客觀情事相輔，即當然認為不能安全駕車，顯係與罪刑法定主義原則有悖。

2. 從刑事證據法則言：

   (1) 按犯罪事實應依證據認定之，無證據、不得推定其犯罪事實，刑事訴訟法第 154 條定有明文。又被告之自白，不得作為有罪判決之唯一證據，仍應調查其他必要之證據，以察其是否與事實相符，為同法第 156 條第 2 項所明文。而所認定犯罪事實之證據，係指足以證明被告確有犯罪行為之積極證據而言，該項證據必須適合於被告犯罪事實之認定，始得採為斷罪之資料。最高法院 69 年台上字第 4913 號判例參照。

   (2) 刑事訴訟本諸實質真實發現主義及職權發現進行主義，被告雖於偵查中自白之事項，審理法院仍應調查其他相關主客觀證據，以查其是否與事實相符。亦即認定被告犯罪事實須有積極明確之證據，不能以推測或擬制之方法以為裁判之基礎，倘積極證據不足證明犯罪事實時，自不得為被告有罪之判決。刑法第 185-3 條所謂是否達不能安全駕駛動力交通工具而駕車，應依被告行為當時之主觀精神意識狀態及客觀駕車狀態經法院嚴格調查後而為認定，蓋因國人之體質均有所差異，各人之生理結構、內在體質及對酒精作用之抵抗力均有所不同，非得以單一不變之參考值即一律適用於各人，公訴人所引之所謂呼氣中酒精濃度逾 0.55mg/l 即為不能安全駕車之認定標準，固係依前開會議結論所參考美國、德國之實驗認定標準，然查公訴人並未提出該項實驗詳加說明，何以得據為認定不能安全駕車之認定標準，且如前述，該項實驗結果

是否已經國際間所公認？或經何種具有公信力之機關予以肯認？或經我國公信機關予以認證，以足為判定不能安全駕車之認定標準，公訴人均未提出資料予以說明，依我國刑事訴訟係採嚴格證據主義之原則，若僅以一會議結論即得資為科處刑罰之依據，顯屬草率。且該項實驗係依據美國人、德國人之體質所為之測試，而我國屬東方人之體質，二者之生理結構、體質及對酒精作用之抵抗力本與美國人有所差異，所產生之酒精作用程度亦有不同，本院審理時，自不得僅依上項實驗結果數據為唯一依據，即率而認定被告是否不能安全駕車，仍須經由客觀調查，以察其是否與犯罪構成要件相合。

(3) 經查本件被告雖已於警訊及偵查中自承其於 88 年 6 月 19 日晚上係因與友人聚餐，飲喝啤酒約半打，而於聚餐結束後騎乘車號 GPJ-000 號之機車，然其經警查獲當時即凌晨 3 時 50 分許，警察機關本應就被告當時之主觀精神狀態及客觀駕車狀態於警訊筆錄中具體詳實記載，俾作為本院認定之參考，否則縱經檢察官起訴後，至本院審理時，其時間已經過 1 月至 2 月，本院如何再就被告查獲當時之心神狀態重為請查，以查其是否在查獲當時有不能安全駕車之情事。惟觀諸警訊筆錄中除被告於查獲當時經警當場為酒精濃度測試得值為 0.77mg/l 外，並無其他記載不能安全駕車之具體事宜，而依前述會議記錄所採認定標準引用之美國、德國所實驗之酒精對人體生理行為與駕車能力之影響，經本院參以該項資料（非正式之報告書，而係參閱警光雜誌第 489 期第 36 頁）所載：「凡血液中酒精濃度超過 0.1%（與呼氣中所含酒精濃度 0.55mg/l 之值相當）時，行為人本應即生視覺反應遲鈍，影像不能集中，走路或講話可能發抖，動作笨拙。」而其將使駕駛人反應遲鈍，同時不能看清前方路況及車旁照後鏡等情狀。然查依被告為警查獲前，其非但能騎乘汽車自台北市基隆路 2 段至台北市松隆路 36 號前，且查獲當時亦能遵照指示接受酒精濃度測試及製作筆錄，加以警

訊筆錄亦記載被告服用酒類後駕車並無發生交通事故（見警訊筆錄第 5 頁背面）等客觀情實，足認被告於查獲當時，縱經酒精濃度測試值逾 0.55 mg/l 之事實，然並無前述實驗資料所稱之「視覺反應遲鈍，影像不能集中，走路或講話發抖，動作笨拙」等客觀上已不能安全駕車汽車之狀態。

(4) 次查被告於本院審理時，經本院於上午 10 時 30 分左右當庭命其飲用啤酒 2 瓶（大瓶玻璃瓶裝），復於 32 分鐘後即 11 時 2 分，經到庭警員以酒精濃度測試器當庭檢測其呼氣後所含酒精濃度值為 0.26 mg/l。其測得值顯未達被告查獲當時之酒精濃度測試值。嗣於 26 分鐘後之 11 時 28 分再經酒精濃度測試器當庭進行第二次測試，所測得值為 0.22 mg/l，二次測值均未超過所謂 0.55 mg/l。（此有卷附之酒精濃度測試紙二紙可稽），此項測試若以臺灣啤酒大瓶裝為鐵罐裝 2 倍，則被告朱○○所喝之量應相當於鐵罐裝啤酒 4 罐，然而可發現，其體質對酒精作用之抵抗力顯較其餘同時審理測試之被告為強，之若依前揭法務部等各機關開會之會議結論所採之認定標準值及聯邦交安局之實驗資料，被告之酒精濃度雖未逾 0.55 mg/l，然被告飲喝 2 大瓶啤酒後本應當庭發生陶醉感及多話之情況，然查被告並未當庭產生上開不適之情狀，且仍能對本院庭訊清楚答辯，且對於本院所設計之簡答當庭令其回答之 8 個問題（卷附之簡便問答題）尚能正確回答三分之二以上（此有當庭審理時之錄影帶可證），更足證被告為警查獲當時，顯無積極證據足以證明其有不能安全駕車之情事。

(5) 參以被告其平日有飲酒習慣，對酒精作用抵抗力較強，此足證酒精對於人體生理及心理所產生之影響力，確係因人因時而異，且酒精作用會因酒類含酒精程度不同及隨時間之經過而變化，此觀被告經當庭二次測試，時間相隔 26 分鐘後，其呼氣中所含酒精濃度即有所降低之事實自明。則有關被告為警查獲當時是否確已達不能安全駕車之狀態，確非得僅以前揭會議結論所採之「凡呼氣

中酒精濃度達 0.55mg/l 時，即認為不能安全駕車」而率而認定。

3. 綜上所述，本件公訴意旨固以被告服用酒類後駕車汽車，經警查獲當時，經酒精濃度測試後，其呼氣中含酒精濃度已逾 0.55mg/l，因認被告有不能安全駕駛動力交通工具之情事，而涉有刑法第 185-3 條罪嫌。然經本院調查結果，被告於為警查獲當時，縱經警進行酒精濃度測試值得 1.05mg/l，然以該項取締酒駕認定標準，僅係行政機關之會議結論，非屬刑法本身所定之構成要件，亦非空白授權刑法，本院自得不受該項會議結論之拘束。且公訴人亦未提出有關美國、德國實驗測試之報告以資說明該項報告何以得為認定標準之依據？而該項實驗究係美國、德國何種單位所進行之測試實驗？是否已經國際公信力機關認定具有公信力？則如何憑為認定不能安全駕車之認定標準？在在均有疑義。況以被告經本院調查證據時，經本院命其當庭飲喝啤酒 2 大瓶，進行二次酒精濃度測試後，所測得值分別為 0.26mg/l 及 0.22mg/l，而其精神狀態並無陶醉感及多話之狀態發生，且於本院訊問時仍正常答辯，從而前述法務部等機關會議所採之凡呼氣中酒精濃度逾 0.55mg/l 之認定標準，顯不足以憑為「不能安全駕駛動力交通工具」之依據，因此，本件就罪刑法定主義原則及刑事證據法則，均難認為被告有不能安全駕駛動力交通工具之情事，自無以刑法第 185-3 條之公共危險罪相繩之理。此外，復無其他積極證據足以證明被告於為警查獲當時確有不能安全駕駛動力交通工具之情形，被告犯罪既不能證明，自應為無罪之諭知。至被告是否有違反道路交通安全規則第 114 條第 1 款：「飲酒後其吐氣所含酒精成分超過 0.25mg/l 以上者。」之規定，是否依道路交通管理處罰條例第 35 條規定處以行政刑罰，事屬另一問題。而如何使刑法明確規定，以符罪刑法定主義原則，及刑法第 185-3 條之立法目的，應儘速由主管機關修正相關法令或由立法機關修正法文，以符憲法保障人身自由權之旨。

4. 據上論斷，依刑事訴訟法第 301 條判決如主文。

四、臺灣臺北地方法院檢察官上訴案件二

(一) 案號

臺灣臺北地方法院檢察署 88 年度上字第 1028 號[24]。

本件係檢察官不服臺北地方法院 88 年度北簡第 1484 號判決,而提出之上訴案件。

(二) 上訴內容要旨

1. 系爭會議結論所採之酒精濃度測試標準,係參考國外的酒精濃度測試判斷標準,且經學理及實務驗證統計分析所得,當屬科學證據的一種,且應是有力的證據,應該具有相當的證明力。酒精濃度測試標準不是犯罪構成要件的一部分,也不是經法律授權頒布的行政命令,但它是證明駕駛人是否「不能安全駕車」之重要證據。

2. 依我國警方目前所用之呼氣酒精濃度測試器,以測得之呼氣酒精濃度乘以 200 為當時血中酒精濃度,則當呼氣濃度達 50 除以 200 等於 0.25 mg/l 時,將造成輕度中毒;當呼氣濃度達 100 除以 200 等於 0.5 mg/l 時,將影響駕車;當呼氣濃度達 0.75 mg/l 時,將造成思考、個性及行為改變;當呼氣濃度達 1 mg/l 時,將造成中度中毒而有步態不穩、嘔心、嘔吐、精神混惑不清等症狀,此有行政院國軍退除役官兵輔導委員會臺北榮民總醫院 88 年 8 月 5 日 (88) 北總內字第 26868 號函暨附件可稽 (併附之,請參閱)。前述之測試,係針對國人體質而作成之數據,應具有高度之參考價值。

3. 本件被告於為警查獲並進行酒精濃度測試時,係歷經整日之活動並時已至翌日之凌晨 3 時 50 分許,其精神及體力與日後業經「蓄銳以待」而於原審審理中經命飲酒且靜待短時間經過後之人體各項反應,為可

---

[24] 參見臺灣臺北地方法院檢察署檢察官 88 年度上字第 1028 號。

「同日而語」？是原判決將二者遽為「相提並論」，似與「經驗法則」
有違，亦難昭信服。

五、法院判決案例三

(一) 案號

臺灣臺北地方法院刑事判決 88 年度北簡字第 1708 號[25]。

(二) 案例事實

右被告因公共危險案件（88 年度偵字第 15610 號），檢察官聲請以簡易
判決處刑，本院審理後認應依通常審判程序審理，並判決如左：

主文　薛○○無罪。

本件公訴意旨略以：被告薛○○明知喝酒後，至不能安全駕駛動力交通
工具之程度者，不能為駕車之行為，竟於民國 88 年 7 月 3 日晚上，在台北市
忠孝東路 4 段附近與同事餐敘，並喝飲啤酒約 3 瓶，嗣於翌日凌晨零時 55
分許，於喝酒後，顯已不能安全駕駛動力交通工具之程度後，仍駕車車號
CN-0000 自用小客車，行經台北市忠孝東路 208 號前，為警臨檢查獲，經酒
精濃度測試後，測得其呼氣酒精濃度為達 0.74mg/l，因認涉有刑法第 185-3 條
公共危險罪嫌云云。

(三) 裁判要旨

按第一審法院依被告在偵查中之自白或其他現存之證據，已足認定其犯
罪者，得因檢察官之聲請，不經通常審判程序，遽以簡易判決處刑。但有必
要時，應於處刑前訊問被告。刑事訴訟法第 449 條第 1 項固有明文，惟法院於
審理後，認應為無罪判決之諭知者，依同法第 452 條之規定，應適用通常審
判程序。本件公訴人固就被告涉犯公共危險罪之行為聲請以簡易判決處刑，惟

---

[25] 參見臺灣臺北地方法院刑事判決，88 年度北簡字第 1708 號。

經本院審理後，認應爲無罪判決之諭知，援依通常審判程序審判，先予敘明。

　　訊據被告雖不否認其有公訴人所指之服用酒類後駕駛動力交通工具之自用小客車之行爲，惟就本件被告之服用酒類後是否即達不能安全駕駛動力交通工具之程度？是否均得以所謂凡經酒精濃度測試後，測得值達酒精含量逾0.55mg/l即足認爲不能安全駕駛動力交通工具，而得以刑法第185-3條處罰，非無研究之餘地，茲一一分述如左：

1. 就罪刑法定主義原則而言：

　　(1) 按「行爲之處罰，以行爲時之法律有明文規定者爲限。」刑法第一條定有明文。何種行爲構成犯罪，對之應科以何種刑罰，須先在法律上予以規定，此項原則即所謂罪刑法定主義。易言之，犯罪之構成及科刑之處罰限於法律所規定者爲限。某種行爲是否構成犯罪科以刑事責任，須由立法院三讀通過經總統公佈之法律明文定之，始得處罰，否則縱該行爲在社會上或道德上應受非難，亦不得認定其犯罪。而行政命令，如係法律之授權行政機關以命令補充法律所未具體規定之事項，形式上雖爲行政命令，但係基於法律之授權，仍爲具有法律作用，此即所謂空白刑罰法規，與單純之行政命令有異，亦即有關刑罰之事項，不得以行政命令代替。此觀中央法規標準法第5條第2款規定：「關於人民之權利、義務者，應以法律定之。」自明。若以行政機關之會議結論即得資爲補充刑法條文本身，顯與罪刑法定主義原則有悖。

　　(2) 刑法第185-3條係規定：「服用毒品、麻醉藥品、酒類或其他相類之物，不能安全爲駛動力交通工具而駕車者，處1年以下有期徒刑。」揆其犯罪構成要件，係以A. 服用毒品、麻醉藥品、酒類或其他相類之物；B. 不能安全駕駛動力交通工具而駕車者，二者爲犯罪構成要件。而所謂「不能安全駕駛動力交通工具」，法院於審判時仍應以行爲人查獲駕駛動力交通工具，當時之主觀意識狀態及客觀駕車情形具體認定之，而非以行爲人本身以外之參考數據或參考資料爲斷。

(3) 本件公訴意旨係以被告於為警查獲當時，自承服用啤酒約 3 瓶，並經酒精濃度測試測得其呼氣之後酒精濃度為 0.74mg/l，已超過 0.55mg/l 之不能安全駕車認定標準值，因認被告不能安全駕車，而涉有刑法第 185-3 條之公共危險罪嫌。而公訴人所以認定被告不能安全駕車係以被告於為警查獲當時所測得之酒精濃度超過 0.55mg/l 為據。第查刑法第 185-3 條條文係規定「不能安全駕駛動力交通工具而駕車」，並無規定凡呼氣中酒精濃度達 0.55mg/l 即當然認為不能安全駕車，本件被告是否不能安全駕駛動力交通工具，自應依查獲當時被告之主客觀情事認定之，並非謂凡酒精濃度含量超過 0.55mg/l 即當然認為不能安全駕車。

(4) 而目前檢警機關偵辦酒後駕駛車輛公共危險案件，其所以認定凡經呼氣酒精濃度測試測得值逾 0.55mg/l 時，即認有不能安全駕車。係依據法務部為因應刑法修正案第 185-3 條處以刑罰之規定，認定標準並非明確，而於 88 年 5 月 10 日上午邀集司法院刑事廳、交通部、行政院衛生署、臺灣高等法院檢察署、內政部警政署及中央警察大學等相關單位所開會研商之認定標準，經該會決議係以呼氣後酒精濃度達 0.55mg/l，即認為已達不能安全駕車之標準，至於標準以下之行為，如輔以其他客觀事實得作為不能安全駕車之判斷時，亦應依刑法第 185-3 條規定移送法辦處以刑罰（見卷附之法務部 88 年 5 月 10 日召開之研商訂定刑法第 185-3 條之認定標準會議記錄，嗣經法務部以法(88)檢字第 1669 號函發布所屬各機關）。上項認定標準雖稱係參考美國、德國資料而來，然查偵查卷內並無該項美國、德國之實驗資料，而該項資料所採之取樣，是否確有科學根據，公訴人並未提出該項相關資料予以佐證，且以該項實驗資料係經由美國、德國何種單位所為之測試？該項測試是否經國際性有公信力之機關嚴格認證？公訴人亦未詳加說明，以未附上該項測試報告及實驗過程說明，則如何能據為科處人民刑罰之依據。且以上項會議記錄，僅屬一開會研商結論，並非刑

法法律構成要件本身，亦不具有刑法授權之行政命令（空白授權刑法）之性質，本院審理時自得不受其拘束，亦不得徒以該項會議記錄結論即逕為不能安全駕車之認定依據。若謂舉凡酒精濃度逾0.55mg/l，而無其他主客觀情事相輔，即當然認為不能安全駕車，顯係與罪刑法定主義原則有悖。

2. 次就刑事證據法則而言：

(1) 按犯罪事宜應依證據認定之，無證據不得推定其犯罪事實刑事訴訟法第 154 條定有明文。又被告之自白，不得作為有罪判決之唯一證據，仍應調查其他必要之證據，以察其是否與事實相符。為同法第 156 條第 2 項所明文。而所謂認定犯罪事實之證據，係指足以證明被告確有犯罪行為之積極證據而言，該項證據必須適合於被告犯罪事實之認定，始得採為斷罪之資料。最高法院 69 年臺上字第 4913 號判例參照。

(2) 刑事訴訟本諸實質發現主義及職權發現進行主義，被告雖於偵查中自白，然審理法院仍應調查其他相關之主客觀證據，以查其是否與事實相符。即認定被告犯罪事實須有積極明確之證據，而不能以推測或擬制之方法以為裁判之基礎，倘積極證據不足證明犯罪事實時，自不得為被告有罪之判決。刑法第 185-3 條所謂是否達不能安全駕駛動力交通工具而駕車，應依被告行為當時之主觀精神意識狀態及客觀駕車狀態經法院嚴格調查後而為認定，蓋以國人之體質每人均有所差異，各人的體質對酒精作用之抵抗力亦有所不同，非得以單一參考值即一律適用於各人，公訴人所引之所謂超過 0.55mg/l 即為不能安全駕車之認定標準，固係依前開會議結論所參考美國、德國之實驗認定標準，然查公訴人並未提出該項實驗詳加說明，何以得據為認定不能安全駕車之認定標準。且如前所述，該項實驗是否已經國際間所公認？或經由何種具有公信力之機關予以肯認？或經由我國具有公信力之機關予以認證，以足為判定不能安全駕車之認定標準，公訴人均未提出資料予以

說明，依我國刑事訴訟係採嚴格證據主義之原則，若僅以一會議結論即得資為科處刑罰之依據，顯屬草率。且以該項實驗係依據美國人、德國人之體質所為之測試，而我國屬東方人之體質，與美國人其對酒精作用之抵抗力係因人因時而異，所產生之酒精作用程度亦有不同，本院審理時，自非得僅依上項實驗結果數據為唯一依據，仍須經由客觀調查，以察其是否與犯罪構成要件相合。

(3) 經查本件被告雖已於警訊及偵查中自承其於 88 年 7 月 4 日晚上係因參加友人餐敘，飲喝啤酒約 3 瓶，而於餐敘結束後駕車車號 CN-0000 號之汽車，然其經警署查獲當時即凌晨零時 55 分許，警察機關本應就被告當時之主觀精神狀態及客觀駕車狀態於警訊筆錄中具體詳實記載，俾作為本院認定之參考，否則縱經檢察官起訴後，至本院審理時，其時間已經過 1 月至 2 月，本院如何再就被告查獲當時之心神狀態重為調查，以查其是否在查獲當時有不能安全駕車之情事。惟觀諸警訊筆錄中除被告於查獲當時經警當場為呼氣酒精濃度測試得值為 0.74 mg/l 外，並無其他記載不能安全駕車之具體事實，而依前述會議記錄所採認定標準引用之美國、德國所實驗之資料，經本院參以該項資料（非正式之報告書，而係參閱警光雜誌第 489 期第 36 頁）所載：「凡血液中酒精濃度超過 0.1%（與呼氣中所含酒精濃度 0.55 mg/l 之值相當）時，行為人本應即生視覺反應遲鈍，影像不能集中，走路或講話可能發抖，動作笨拙。」而其將使駕駛人反應遲鈍，同時不能看清前方路況及車旁照後鏡等情狀。然查依被告為警查獲前，其非但能駕車汽車（約 2 公里），且於查獲當時亦能遵照指示接受酒精濃度測試及製作筆錄，加以警訊筆錄亦記載被告服用酒類後駕車並無發生交通事故（見警訊筆錄第 6 頁背面）等客觀情事，則被告縱有經酒精濃度測試值逾 0.55 mg/l 之事實，然並無如前述實驗資料所稱之「視覺反應遲鈍，影像不能集中，走路或講話發抖，動作笨拙」等客觀上已不能安全駕車汽車之狀態。

(4) 次查被告於本院審理時，經本院於上午 10 時 30 分當庭命其飲用臺灣啤酒罐裝 3 瓶，復於半小時後即 11 時許，經到庭警員以酒精濃度測試器當庭檢測，其呼氣後酒精濃度值為 0.32 mg/l。其測得值顯未逾被告為警查獲當時之酒測值。嗣於 25 分鐘後之 11 時 26 分再經酒精濃度測試器當庭進行第二次測試，所測得值為 0.32 mg/l，二次測值均未超過所謂 0.55 mg/l。（此有卷附之酒精濃度測試紙二紙可稽）若依前揭法務部等各機關開會之會議結論，所採之認定標準值以及聯邦交安局之實驗資料，被告之酒精濃度既若逾 0.55 mg/l，甚至達 0.75 mg/l，則被告本應當庭發生視覺反應遲鈍、影像不能集申、走路或講話發抖及動作笨拙等情況，然查被告並未當庭產生上開不適之情狀，且仍能對本院庭訊清楚答辯，且對於本院所設計之簡答當庭令其回答之 8 個問題（卷附之簡便問答題）尚能正確回答三分之二以上（此有當庭審理時之錄影帶可證），更足證被告為警查獲當時，顯無積極證據足以證明其有不能安全駕車之情事。

(5) 參以被告其平日並無飲酒習慣，對酒精作用抵抗力本應較弱，益足證酒精對於人體生理及心理所產生之影響力，此觀當日庭訊受測之其他被告所受測之值確係因人而異，且酒精作用會因酒類含酒精程度不同及隨時間之經過而變化，此觀被告經當庭二次測試，時間相隔 25 分鐘後，其呼氣中所含酒精濃度即無上升之跡象，則有關被告為警查獲當時是否已達不能駕車之程度即有疑義。

3. 綜上所述，本件公訴人固以被告服用酒類後駕車汽車，經警查獲當時，經酒精濃度測試後，其呼氣中酒精濃度已逾 0.55 mg/l，因認被告有不能安全駕駛動力交通工具之情事，而涉有刑法第 185-3 條罪嫌。然經本院調查結果，被告於為警查獲當時，縱經警進行酒精濃度測試值得 0.55 mg/l，然以該項取締酒駕認定標準，僅係行政命令之性質，非屬刑法授權之行政命令，更非刑法本身之犯罪構成要件，本院自得不受該項會議結論之拘束。且公訴人亦未提出有關美國、德國實驗測

試之報告以資說明該項報告何以得爲認定標準之依據？而該項實驗
究係美國、德國何種單位所進行之測試實驗？是否已經國際公信力機
關認定具有公信力？則如何憑爲認定不能安全駕車之認定標準？在
在均有疑義。況以被告經本院調查證據時，經本院命其當庭飲喝臺灣
啤酒罐裝 3 罐後，進行二次酒精濃度測試後，所測得值分別爲 0.32 mg/l，
而其精神狀態並無視覺反應遲鈍、影像不能集中、走路或講話發抖及
動作笨拙等狀態發生，且於本院訊問時仍正常答辯，從而前述會議結
論所採之凡呼氣中酒精濃度逾 0.55 mg/l 之認定標準，顯不足以憑爲「不
能安全駕駛動力交通工具」之依據。因此，本件就罪刑法定主義原則
及刑事證據法則，均難認爲被告有不能安全駕駛動力交通工具之情事，
自無以刑法第 185-3 條之公共危險罪相繩之理。此外，復無其他積極
證據足以證明被告於爲警查獲當時確有不能安全駕駛動力交通工具之
情形，被告犯罪既不能證明，自應爲無罪之諭知。至被告是否有違反
道路交通安全規則第 114 條第 1 款：「飲酒後其吐氣所含酒精成分超過
0.25 mg/l 以上者。」之規定，是否依道路交通管理處罰條例第 35 條規
定處以行政刑罰，事屬另一問題。而如何使刑法明確規定，以符罪刑
法定主義原則，及刑法第 185-3 條之立法目的，應儘速由主管機關修
正相關法令或由立法機關修正法文，以符憲法保障人身自由權之旨。

4. 據上論斷，依刑事訴訟法第 301 條判決如主文。

六、臺灣臺北地方法院檢察官上訴案件三

(一) 案號

臺灣臺北地方法院檢察署 88 年度上字第 1016 號[26]。

本件係檢察官不服臺北地方法院 88 年度北簡第 1708 號判決，而提出之
上訴案件。

---

[26] 參見臺灣臺北地方法院檢察署檢察官 88 年度上字第 1016 號。

(二) 上訴內容要旨

1. 刑法第 185-3 條之服用酒類不能安全駕車而為駕車罪係屬公共危險罪，所謂公共危險罪乃指足以造成特定或不特定多數人死亡或身體健康受到傷害，以及財物受損等嚴重後果之具有公共危險性之犯罪行為。又本條規定並未在構成要件中設有「致生公共危險」之構成要件要素，故為抽象公共危險罪，而所謂抽象公共危險罪，即立法者在構架此種犯罪之構成要件時，即以構成要件要素之彼此關聯，而預先認定該行為具有一般之抽象危險，而不以事實上業已發生危險，方具有應刑罰性。是本條既屬抽象公共危險罪，揆諸前揭說明，其即非實害犯，亦非結果犯，而立法者在訂立此條文時，即認酒醉駕駛動力交通工具，具有一般之危險性，該條之立法目的乃在預防酒後駕車，對於其餘用路人所造成之危害，因此，並不以行為人的確因酒駕而肇事造成危險或損害作為構成要件，合先敘明。

2. 法務部於 88 年 5 月 10 日上午邀集司法院刑事廳、交通部、行政院衛生署、臺灣高等法院檢察署、內政部警政署、及中央警察大學等相關單位開會研商，經該會決議係以呼氣中酒精濃度達 0.55mg/l，即認為已達不能安全駕車之標準。而檢警機關偵辦酒駕案件，之所以依據上開決議，以呼氣中酒精濃度達 0.55mg/l 時，即認為已達不能安全駕車之情事，並非以「呼氣中酒精濃度達 0.55mg/l」作為刑法第 185-3 條之構成要件，而係以之作為認定被告是否「不能安全駕車」事實之證據，是該會議決議誠如原審判決所述，並非刑法構成要件本身，亦非空白授權刑法之行政命令。又刑法第 185-3 條規定之「不能安全駕車」之要件，本即屬抽象構成要件，必須加以具體化，否則無法使法律所預定之目的實現，而呼氣中酒精濃度即為判斷行為人是否不能安全駕車之具體化證據之一，且為科學證據，當為可採。因此，本件公訴人乃係依據被告為警查獲當時呼氣中酒精濃度已超過 0.55mg/l 之證據，而推定被告當時之生理狀況已受酒精相當程度之影響，注意力及反應

能力已降低，不足以應付駕車交通工具之各種狀況，遂認爲其當時已不能安全駕車，而該當刑法第 185-3 條之罪，並據以聲請簡易判決處刑，自未違反罪刑法定主義。故原審判決自罪刑法定主義之觀點判決被告無罪，要有不當。

3、就醫學文獻所知，酒精對人體的影響程度乃依血液中酒精濃度而定。而台北市交通大隊所用之呼氣中酒精濃度測試器，乃由志伸公司所提供，依據該公司所提供之數據，該測試器所測得之呼氣中酒精濃度（單位 mg/l）乘以 200～230 即爲當時血液中酒精濃度（單位 mg/dl）（美國以呼氣濃度乘以 210 所得之值爲血液中濃度，本國目前則乘以 200）。若以志伸公司之測試器爲例，以測得之呼氣酒精濃度乘以 200 爲當時血液中酒經精濃度，則呼氣濃度達 50÷200＝0.25mg/l 時將造成輕度中毒，當呼氣濃度達 100÷200＝0.50mg/l 時，將影響駕車，當呼氣濃度達 0.75mg/l 時，將造成思考、個性及行爲改變，當呼氣濃度達 1.00mg/l 時，將造成中度中毒，而有步態不穩、嘔心、嘔吐、嘔吐、精神混惑不清等症狀，業據行政院國軍退除役官兵輔導委員會臺北榮民總醫院鑑定函復臺灣士林地方法院在案。因此，由上開專業鑑定之函文益證當行爲人經測試之呼氣酒精濃度已達 0.55mg/l 時，即可認定其駕車能力已受影響，行爲人之駕車行爲將對其餘用路人造成一般之危險性，而該當不能安全駕車之構成要件，故呼氣中酒精濃度之測試值實爲有依據之科學證據，當可採信，公訴人據以認定被告不能安全駕車之事實，與證據法則並無違背。

4. 原審判決以本件被告爲警查獲前，非但能爲駛汽車（約 2 公里），且於查獲當時亦能遵照指示接受酒精濃度測試及製作筆錄，且無發生交通事故等客觀情事，認定被告縱有經酒精濃度測試值逾 0.55mg/l 之事實，亦無如前述實驗資料所稱之「視覺反應遲鈍，影像不能集中，走路或講話可能發抖，動作笨拙」等客觀上已不能安全駕車汽車之狀態。然查，被告駕車汽車約 2 公里，雖無發生交通事故，然並不能據以認定其得安全駕車，否則，顯與刑法第 185-3 條規定爲抽象危險罪之立法

目的不符，是酒駕是否發生交通事故僅係判斷被告是否不能安全駕車之客觀情事之一，並非唯一的標準。又被告能遵照指示接受酒精濃度測試及製作筆錄，並不表示被告無「視覺反應遲鈍，影像不能集中，走路或講話可能發抖，動作笨拙」之狀態，況現行之酒精濃度測試方式，僅須行為人吐入定量之呼氣即可，簡便易行。因此，縱使行為人有上揭實驗資料所稱之狀態，亦能吹氣作酒精濃度測試，縱使行為人講話可能發抖，然其精神狀態既非極度不清醒，即非不能製作筆錄。原審判決徒以被告前開客觀情事，遽為被告無不能安全駕車汽車狀態之判所，顯有不當。

5. 再原審判決以被告於為警查獲時自承飲用啤酒 3 瓶，而於原審審理時，當庭命被告飲用臺灣啤酒罐裝 3 瓶，於半小時後，當庭檢測其呼氣酒精濃度為 0.32 mg/l，再於 25 分鐘後，當庭進行第二次測試，測得值亦為 0.32 mg/l，均未超過 0.55 mg/l，且被告未當庭產生「視覺反應遲鈍，影像不能集中，走路或講話可能發抖，動作笨拙」等情狀，並仍能對庭訊清楚答辯，對於原審設計之簡答題，尚能正確回答三分之二以上，而認定被告為警查獲當時，無積極證據足以證明其有不能安全駕車之情事，固非無據。然原審判決所為前揭認定，實有違誤可議之處。蓋原審實行前述當庭檢測之調查方法，首須確定者即為被告為警查獲前係飲用何種酒類，共飲用多少，然原審僅憑被告於警訊時之陳述，即認定被告被查獲前係飲用 3 瓶啤酒，即有認定事實不當之嫌。又被告當庭飲下 3 瓶罐裝臺灣啤酒，半小時後之呼氣中酒精濃度經測試為 0.32 mg/l，而被告為警查獲當時之呼氣中酒精濃度則為 0.74 mg/l，二者之間，實有相當大之差距，造成如此差距之原因，可能係被告為警查獲時所飲用者並非臺灣啤酒，亦可能被告所飲用之數量不只 3 瓶，甚且係被告身體狀況前後時點不同導致酒精在體內之代謝速度不同，而造成不同的酒精測定值，原審疏未審究及此，仍僅憑當庭測試之結果為判斷，實有疏漏。再酒精對人體之影響，乃與血液中之酒精濃度息息相關，而被告當庭測試之呼氣中酒精濃度比起查獲當時明顯偏低，則

血液中之酒精濃度自亦較低，對體內生理作用之影響當然有所不同，原審以被告呼氣中酒精濃度為 0.32mg/l 時，作庭訊及命回答簡答題之測試結果作為判斷其為警查獲當時是否不能安全駕車之依據，即有違誤，因其時被告受酒精作用之程度既有差異，兩者之基礎即有不同，狀況即不能相比擬，自不能以之認定查獲當時之狀態，否則，即不符合科學方法，而與論理法則有所違背。是原審前揭調查證據之方法，實缺乏起訴事實之關聯性，而不得以之作為認定事實之依據。

七、高等法院判決案例

(一) 案號

臺灣高等法院刑事判決 88 年度上易字第 4856 號[27]。

(二) 案例事實

右上訴人因公共危險案件，不服台灣台北地方法院 88 年度北簡字第 1484 號中華民國 88 年 9 月 9 日第一審判決（起訴案號台灣台北地方法院檢察署 88 年度偵字第 14678 號）提起上訴，本院判決如左：

主文　原判決撤銷。

朱○○服用酒類，不能安全駕駛動力交通工具而駕車，處拘役貳拾日如易科罰金以參佰元折算壹日。

1. 朱○○於民國 88 年 6 月 19 日晚上在台北市基隆路 2 段○○KTV 與友人周○○飲酒唱歌，於服用含酒精類之啤酒至其人體內酒精含量，呼氣中酒精濃度達 1.05mg/l，足以影響其駕車安全能力而達不能安全駕車程度，竟仍於明知服用酒精類後，駕車車號 GPJ-000 機車，搭載周○○，行經台北市松隆路口時，竟因受酒精影響而無視於停放路旁閃爍警示燈之警車，復未發現其行進路口之燈號為紅燈，仍闖越紅燈右

27　參見臺灣高等法院刑事判決，88 年度上易字第 4856 號。

轉，為警車巡邏員警發現後予以盤查，朱○○外觀上因顯現其飲用過量酒精類，經朱○○同意後，以由台北市政府警察局向業經美國運輸部公路交通安全署核可作為執法採證用之呼氣中酒精濃度測試儀器，為呼氣中酒精含量測試結果，發現朱○○酒精含量高達 1.05 mg/l，而查獲不能安全駕車其動力交通工具仍為駕車之事實。

2. 案經台北市政府警察局信義分局移請台灣台北地方法院檢察署檢察官聲請簡易判決。

(三) 裁判要旨

1. 訊據被告朱○○坦承於前開時地酒後仍駕駛動力交通工具等情不諱，但否認有構成酒駕刑責，辯稱其服用酒精類啤酒後，當時心智尚清醒，並未達不能安全駕車程度等語。

2. 但查訊據證人即當時在場執行勤務之台北市政府警察局信義分局員警林○○到庭結證稱，被告當時搭載其友人，行經路口時，警車停放路旁閃爍警示燈，而與被告車輛同方向，但被告當時竟未發現警車，到路口仍然紅燈右轉，警車才上前攔檢，一下車即發現被告酒味甚重，而其行動略顯蹣跚，員警好意請其將車輛停放路旁，搭載計程車回家，被告卻說未經測試，怎知是否酒醉，因此要求為酒精含量之儀器測試，結果高達 1.05 mg/l 等語。再訊之被告亦供承當時並未發現有警車，亦未發現紅燈已亮等語。

3. 按新增刑法第 185-3 條服用酒類不能安全駕車而駕車者，其立法目的本在藉抽象危險犯之構成要件，以嚇阻酒駕危害道路交通安全，而為外國立法例有所採行，德國、日本皆然。而飲酒駕車者是否構成本罪，應由法院依各個具體案例認定，且核本條構成要件係完備刑法，無待乎行政機關以行政命令訂定酒精含量值，以為補充，而行政機關所訂定之呼氣中酒精含量之數值達 0.55 mg/l 以上，即構成本罪，該命令僅係供法院參考之資料，而無拘束法院認定事實之效力。

4. 再者，本件被告為警發覺其有酒後不能安全駕車而仍騎乘動力交通工

具即機車之犯行，係因被告闖越紅燈爲警攔檢盤查時發覺其飲用酒精類，外觀上明顯露出其犯罪嫌疑，被告復不拒絕爲儀器測試，因而以警用酒精呼氣測試儀器予以檢查，關此事實，爲被告所自承，並經證人即警員林宏孟到庭結證屬實。

5. 又是否構成本條之罪，應以是否達不能安全駕車程度爲斷。查本件被告其飲酒後酒精含量呼氣已達 1.05mg/l，且核當時情形，被告於閃爍警示燈之警車在其同向前方竟未發覺，且無視紅燈已亮，仍然違規右轉，復爲被告於本院訊問時答以當時並未感覺有警車在場以及發現有紅燈已亮之事實，而於警員詢問時，聲音忽而大聲，亦經員警到庭證述明確，足徵被告當時情況，已因酒精而使其正常駕車能力受到影響，被告所辯當時尚清醒，並非不能安全駕車云云，並無足採。此外，並有酒精含量測試値記錄表一紙在卷可稽，被告犯行明確，右開犯行至堪認定。

6. 核被告所爲係犯刑法第 185-3 條之罪，而原審未經詳察，以被告犯行不能證明，而爲無罪判決之諭知，即有未洽，上訴人即檢察官據以提起上訴，請求本院將原判決撤銷，另爲有罪判決之諭知，即屬有據。爰審酌被告酒駕對道路交通安全危害程度，被告飲酒後其人體內酒精含量値，被告前尚無其他犯行，犯罪後之態度，以及審酌道路交通秩序之維護如以行政手段已足以完成目的者，即無另創設刑事處罰之必要，學者即有建議廢除刑罰改以行政罰之建議，及其他一切情事，量處拘役 20 日，並諭知以每日 300 元易科罰金之折算標準。

7. 據上論結應依刑事訴訟法第 369 條第 1 項前段、第 364 條、第 299 條第 1 項前段，刑法第 185-3 條、第 41 條、罰金罰鍰提高標準條例第 2 條判決如主文。

第四節　司法實務見解之分析

一、無罪說之分析

(一) 本節將就法院判決案例一、二、三共同歸納分析，而該三個案例均為地方法院無罪之判例，具有許多共同之點[28]。惟由於法院判決文內容甚多繁複，故著者希望藉由圖的方式表達，以求能化繁為簡的呈現出法官論點之精華。茲以圖 3-1 [29] 表示地方法院判決案例一、二、三法官所提出之諸多疑問。再以圖 3-2 [30] 表示地方法院判決案例一、二、三法官所依據之觀點與進一步作出的判決結論內容。

(二) 地方法院判決之分析

　　由於蒐集的法院判決案例一、二、三均為同一位法官，所持的觀點大致相同，因此本段所作分析歸納，實已涵蓋前三個案例，但若有不同的論點陳述，則將分別註明案例一、案例二、案例三為何。

1. 法官首先提出質疑：是否得以所謂凡經酒精濃度測試後，測得值逾 0.55mg/l，即足以認為不能安全駕駛動力交通工具而得以刑法第 185-3 條處罰？

2. 法官提出罪刑法定主義的觀點，並認為：若僅以行政命令事項為論罪處罰之依據，顯與罪刑法定主義原則有悖。

3. 法官以刑法第 185-3 條條文係規定「不能安全駕駛動力交通工具而駕車」，並非規定「凡呼氣中酒精濃度達 0.55mg/l，即當然認為不能安全駕車」。因此，法官認為被告於為警查獲時是否已達不能安全駕駛動力交通工具的法律爭議？自應依查獲當時被告之主客觀情事認定之，而

---

[28] 參見臺灣臺北地方法院刑事判決，88 年度北簡字第 1617、1484、1708 號之判決文內容。

[29] 筆者依據臺灣臺北地方法院刑事判決，88 年度北簡字第 1617、1484、1708 號等判決文內容，法官所提出之質疑觀點部分分析彙整後，以圖形表示之。

[30] 筆者依據臺灣臺北地方法院刑事判決，88 年度北簡字第 1617、1484、1708 號等判決文內容，法官所做出之結論觀點分析彙整後，以圖形表示之。

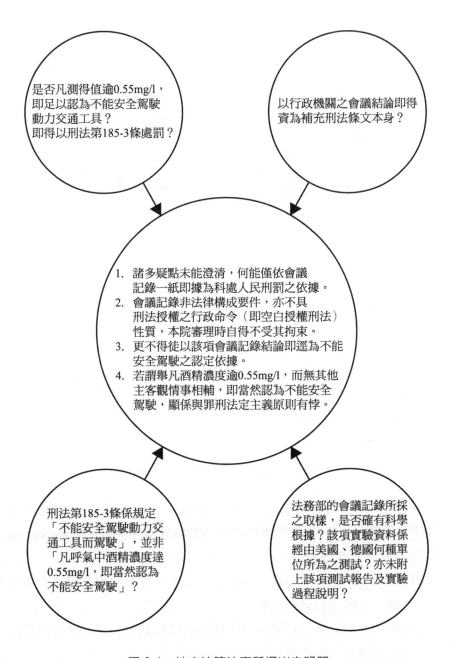

圖 3-1　地方法院法官所提出之疑問

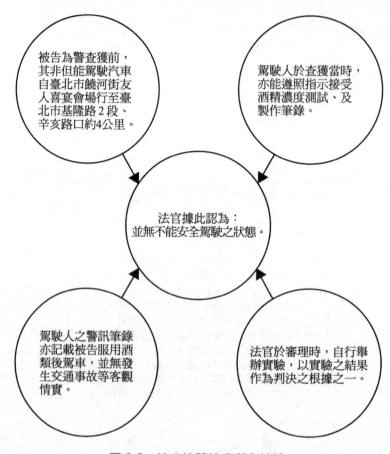

被告為警查獲前，其非但能駕駛汽車自臺北市饒河街友人喜宴會場行至臺北市基隆路2段、辛亥路口約4公里。

駕駛人於查獲當時，亦能遵照指示接受酒精濃度測試、及製作筆錄。

法官據此認為：並無不能安全駕駛之狀態。

駕駛人之警訊筆錄亦記載被告服用酒類後駕車，並無發生交通事故等客觀情實。

法官於審理時，自行舉辦實驗，以實驗之結果作為判決之根據之一。

圖 3-2　地方法院法官所作結論

並非謂凡酒精濃度含量超過 0.55mg/l 者，即當然認為不能安全駕車。

4. 對於法務部以法 88 檢字第 1669 號函發布所屬各機關的會議記錄內容，法官質疑要項如下：

(1) 上項會議係參考美國、德國資料而來，然查偵查卷內並無該項美國、德國之實驗資料？

(2) 該項資料所採之取樣，是否確有科學根據？公訴人並未提出該項相關資料予以佐證？

(3) 公訴人亦未詳加說明該項實驗資料係經由美國、德國何種單位所

爲之測試？

(4) 公訴人亦未詳加說明該項測試，是否經國際性有公信力之機關嚴格認證？

(5) 公訴人亦未附上該項測試報告及實驗過程說明？

5. 據此，法官認爲：

(1) 以上諸多疑點均未能澄清，基礎薄弱，則如何能僅依法務部所召開之會講記錄一紙即據爲科處當事人刑罰之依據？

(2) 且上項會議記錄既非刑法法律構成要件本身，亦不具有刑法授權之行政命令（即空白授權刑法）之性質，本院審理時自得不受其拘束。

(3) 更不得徒以該項會議記錄結論，即逕爲不能安全駕車之認定依據。

(4) 若謂舉凡酒精濃度逾 0.55mg/l，而無其他主客觀情事相輔，即當然認爲不能安全駕車，顯係與罪刑法定主義原則有悖。

(5) 該項實驗係依據美國人、德國人之體質所爲之測試，而我國屬東方人之體質，二者之生理結構、體質及對酒精作用之抵抗力本與美國人有所差異，所產生之酒精作用程度亦有不同，本院審理時，自不得僅依上項實驗結果數據爲唯一依據，即率而認定被告是否不能安全駕車，仍須經由客觀謂查，以察其是否與犯罪構成要件相合。

6. 法官舉出最高法院 69 年臺上字第 4913 號判例之精神：所謂認定犯罪事實之證據，係指足以證明被告確有犯罪行爲之積極證據而言，該項證據必須適合於被告犯罪事實之認定，始得採爲斷罪之資料。

7. 法官並認爲：刑事訴訟本諸實質眞實發現主義及職權發現進行主義，被告雖於偵查中自白之事項，審理法院仍應調查其他相關主客觀證據，以查其是否與事實相符。亦即認定被告犯罪事實須有積極明確之證據，不能以推測或擬制之方法以爲裁判之基礎，倘積極證據不足證明犯罪事實時，自不得爲被告有罪之判決。

8. 據此，法官認爲：刑法第 185-3 條所謂是否達不能安全駕駛動力交通工具而駕車，應依被告行爲當時之主觀精神意識狀態及客觀駕車狀態

經法院嚴格調查後而爲認定。蓋因國人之體質均有所差異,各人之生理結構、內在體質及對酒精作用之抵抗力均有所不同,非得以單一不變之參考值即一律適用於各人。

9. 法官認爲:自案件發生當時到法院審理時,其時間往往已經過 1 月至 2 月,法院根本無法再就被告查獲當時之心神狀態重爲調查,以查其是否在查獲當時有不能安全駕車之情事。所以,警察機關本應就被告當時之主觀精神狀態及客觀駕車狀態於警訊筆錄中具體詳實記載,俾作爲日後法院認定之參考。惟觀諸警訊筆錄中除被告於查獲當時經警當場爲酒精濃度測試得值爲酒精濃度 0.77mg/l 外,並無其他記載不能安全駕車之具體事宜。

10. 法官根據以下的情節,認爲被告於查獲當時,縱經酒精濃度測試值逾 0.55mg/l 之事實,然並無前述實驗資料所稱之「視覺反應遲鈍,影像不能集中,走路或講話發抖,動作笨拙」等客觀上已不能安全駕車汽車之狀態。

(1) 案例一:被告爲警查獲前,其非但能駕車汽車自臺北市饒河街友人喜宴會場行至臺北市基隆路 2 段、辛亥路口(約 4 公里)。

案例二:被告爲警查獲前,其非但能騎乘汽車自台北市基隆路 2 段至台北市松隆路 36 號前。

案例三:被告爲警查獲前,在台北市忠孝東路 4 段附近與同事餐敘,並喝飲啤酒約 3 瓶,嗣於翌日凌晨零時 55 分許,於喝酒後,顯已不能安全駕駛動力交通工具之程度後,仍駕車車號 CN-0000 自用小客車,行經台北市忠孝東路 208 號前(約 2 公里)。

(2) 案例一、二、三之駕駛人於查獲當時亦能遵照指示接受酒精濃度測試及製作筆錄。

(3) 案例一、二、三之駕駛人之警訊筆錄亦記載被告服用酒類後駕車並無發生交通事故(見警訊筆錄第 5 頁背面)等客觀情實。

11. 法官於審理時,自行舉辦實驗,以實驗之結果作爲判決之根據:

(1) 案例一:被告於法院審理時,經法院於上午 10 時 20 分當庭命其

飲用紹興酒半瓶，復於半小時後即 10 時 52 分，經到庭警員以酒精濃度測試器當庭檢測，其呼氣後所含酒精濃度值為 0.75 mg/l。其測得值顯已逾被告查獲當時之酒測值。嗣於 25 分鐘後之 11 時 17 分再經酒精濃度測試器當庭進行第二次測試，所測得值為 0.68 mg/l，二次測值均已超過所謂 0.55 mg/l。（此有卷附之酒精濃度測試紙二紙可稽）若依前揭法務部等各機關開會之會議結論所採之認定標準值及聯邦交安局之實驗資料，被告之酒精濃度既已逾 0.55 mg/l，甚至達 0.75 mg/l，則被告本應當庭發生視覺反應遲鈍、影響不能集中、走路或講話發抖及動作笨拙等情況，然查被告並未當庭產生上開不適之情狀，且仍能對本院庭訊清楚答辯，且對於本院設計之簡答當庭令其回答之 8 個問題（卷附之簡便問答題）尚能正確回答三分之二以上（此有當庭審理時之錄影帶可證），更足證被告為警查獲當時，尚難有積極證據足以證明其有不能安全駕車之情事。

(2) 案例二：被告於法院審理時，經法院於上午 10 時 30 分左右當庭命其飲用啤酒二瓶（大瓶玻璃瓶裝），復於 32 分鐘後即 11 時 2 分，經到庭警員以酒精濃度測試器當庭檢測其呼氣中所含酒精濃度值為 0.26 mg/l。其測得值顯未達被告查獲當時之酒精濃度測試值。嗣於 26 分鐘後之 11 時 28 分再經酒精濃度測試器當庭進行第二次測試，所測得值為 0.22 mg/l，二次測值均未超過所謂 0.55 mg/l。（此有卷附之酒精濃度測試紙二紙可稽），此項測試若以臺灣啤酒大瓶裝為鐵罐裝 2 倍，則被告朱○○所喝之量應相當於鐵罐裝啤酒 4 罐，然而可發現，其體質對酒精作用之抵抗力顯較其餘同時審理測試之被告為強，之若依前揭法務部等各機關開會之會議結論所採之認定標準值及聯邦交安局之實驗資料，被告之酒精濃度雖未逾 0.55 mg/l，然被告飲喝 2 大瓶啤酒後本應當庭發生陶醉感及多話之情況，然查被告並未當庭產生上開不適之情狀，且仍能對本院庭訊清楚答辯，且對於本院所設計之簡答當庭令其回答之 8 個問題（卷附之簡便問答題）尚能正確回答三分之二以上（此有當庭審理時之錄影帶

可證），更足證被告為警查獲當時，顯無積極證據足以證明其有不能安全駕車之情事。

(3) 案例三：駕駛人被告於本院審理時，經本院於上午 10 時 30 分左右當庭命其飲用啤酒 2 瓶（大瓶玻璃瓶裝），復於 32 分鐘後即 11 時 2 分，經到庭警員以酒精濃度測試器當庭檢測其呼氣中所含酒精濃度值為 0.32mg/l。其測得值顯未達被告查獲當時之酒精濃度測試值。嗣於 25 分鐘後之 11 時 26 分再經酒精濃度測試器當庭進行第二次測試，所測得值為 0.32mg/l，二次測值均未超過所謂 0.55mg/l。被告飲喝 2 大瓶啤酒後本應當庭發生陶醉感及多話之情況，然查被告並未當庭產生上開不適之情狀，且仍能對本院庭訊清楚答辯，且對於本院所設計之簡答當庭令其回答之 8 個問題（卷附之簡便問答題）尚能正確回答三分之二以上（此有當庭審理時之錄影帶可證），更足證被告為警查獲當時，顯無積極證據足以證明其有不能安全駕車之情事。

二、有罪說之分析

(一) 臺灣臺北地方法院檢察署 88 年度上字第 1038 號

1. 論點分析：茲以圖 3-3 [31] 表示檢察官上訴論點之核心。

2. 檢察官上訴之分析

(1) 檢察官首先就抽象危險犯之法理基礎作探討，認為：

- 刑法第 185-3 條係「抽象危險犯」，不以發生具體危險為必要。

- 立法者創設獨立構成要件型態，將可罰性擴張，係刑法保護向前推置。

- 法律所非難的對象係行為方式的本身，並非行為的結果，即不必以發生具體危險或實害（肇事）結果為必要。

---

[31] 筆者依據臺灣臺北地方法院檢察署檢察官 88 年度上字第 1038 號之上訴內容經分析彙整後以圖形表示之。

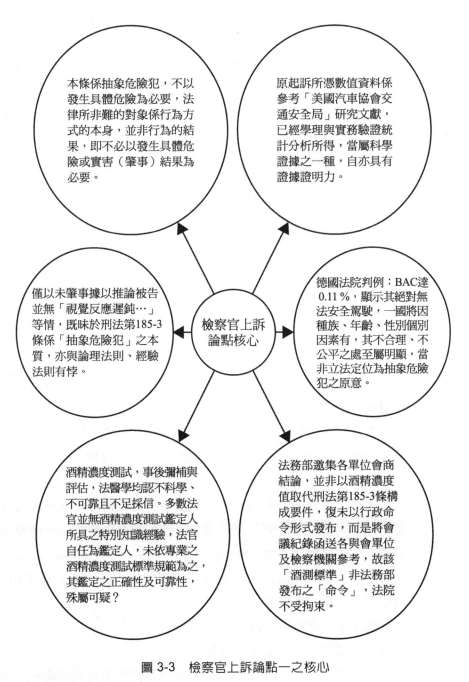

圖 3-3　檢察官上訴論點一之核心

　　著者認為若捨立法目的不論，恐有失偏頗，因此極贊成檢察官所提出之先決論點。

(2) 檢察官據抽象危險罪之本質係不以發生具體危險為必要，因此，認為原審僅就以下情事，推論被告並無不能安全駕車汽車之狀態，係既昧於刑法第 185-3 條係「抽象危險犯」之本質，亦與論理法則、經驗法則有悖。

- 被告能駕車汽車，自台北市饒河街友人喜宴會場行至台北市基隆路 2 段、辛亥路口。
- 且並無發生交通事故。
- 被告被警查獲當時，能遵照指示接受酒精濃度測試及製作筆錄。
- 據此，原審認定被告並無「視覺反應遲鈍，影像不能集中，走路或講話可能發抖，動作笨拙」等客觀上已不能安全駕車汽車之狀態。

　　著者認為基於抽象危險犯其刑罰的對象不以確已發生危險結果為依據，亦不以發生實害為要件，因此對於檢察官之論點甚表贊成。否則即失去了抽象危險犯立法之目的，硬將抽象危險犯變成具體危險犯或是實害犯。

(3) 檢察官認為：「酒精濃度之測試應在查獲之際為之，始能作有效之判別與鑑定，事後之追憶、彌補與評估，在法醫學上均認為係不科學、不可靠且不足以採信。」

　　著者認為原審於案發事後審判之時，自行舉行測試酒精濃度值，確有可議之處，以科學基礎論，若各項基礎條件均不能妥當控制，則得出之答案豈能相提並論。

(4) 刑事訴訟法第 198 條規定：鑑定人由審判長、受命推事或檢察官就左列之人選一人或數人充之：

- 就鑑定事項有特別知識經驗者。
- 經政府機關委任有鑑定職務者。

　　檢察官認為：「多數法官或檢察官並無酒精濃度測試鑑定人所

具有之特別知識經驗，遇有對於一定事項已逾越其知識經驗之範圍時，即應將其交付鑑定人，此即有鑑定之必要。原審法官自任為鑑定人，並未依循專業之酒精濃度測試標準規範為之，其鑑定之正確性及可靠性，殊屬可疑？」

　　基於前第三點之理由及刑事訴訟法第 198 條規定所欲保護真理事實之精神，著者至表贊成。

(5) 刑事訴訟法第 379 條第 8 款規定：有左列情形之一者，其判決當然違背法令：

● 除有特別規定外，未經檢察官或自訴人到庭陳述而為審判者。

　　據此，檢察官認為：「原審既改依通常程序審理，即應踐行通常程序通知檢察官到庭陳述，本件判決並未載明「本案經檢察官到庭執行職務」，原審逕為無罪之判決，其判決是否「當然違背法令」……，亦非無疑？」

(6) 檢察官指出：「至法務部於 88 年 5 月 10 日邀集各相關單位會商之結論，並非以該酒測數值取代刑法第 185-3 條之構成要件，復未以行政命令形式發布，而是將會議紀錄函送各與會單位及檢察機關參考，故該『酒測標準』並非法務部發布之『命令』，法院本不受其拘束。」

　　參見中央法規標準法第 1、2、3 條。

● 央法規標準法第 1 條：中央法規之制定、施行、適用、修正及廢止，除憲法規定外，依本法之規定。

● 央法規標準法第 2 條：法律得定名為法、律、條例或通則。

● 央法規標準法第 3 條：各機關發布之命令，得依其性質，稱規程、規則、細則、辦法、綱要、標準或準則。

　　著者認為檢察官對於法務部公文函之法律性質之見解分析，該論點確有見地，否則法務部對於其會議紀錄之內容即應依據中央法規標準法第 3 條所規範之名稱用語行文各相關單位。

(二) 臺灣臺北地方法院檢察署 88 年上字第 1028 號

    1. 論點分析：茲以圖 3-4 [32] 表示檢察官上訴論點核心。

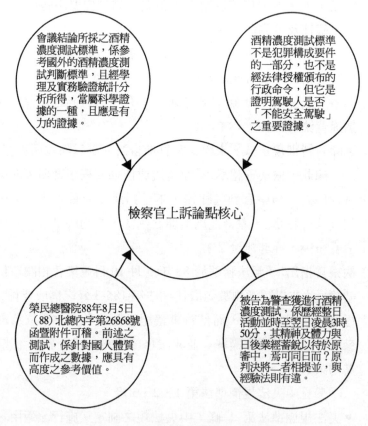

會議結論所採之酒精濃度測試標準，係參考國外的酒精濃度測試判斷標準，且經學理及實務驗證統計分析所得，當屬科學證據的一種，且應是有力的證據。

酒精濃度測試標準不是犯罪構成要件的一部分，也不是經法律授權頒布的行政命令，但它是證明駕駛人是否「不能安全駕駛」之重要證據。

檢察官上訴論點核心

榮民總醫院88年8月5日（88）北總內字第26868號函暨附件可稽。前述之測試，係針對國人體質而作成之數據，應具有高度之參考價值。

被告為警查獲進行酒精濃度測試，係歷經整日活動並時至翌日凌晨3時50分，其精神及體力與日後業經蓄銳以待於原審中，焉可同日而？原判決將二者相提並，與經驗法則有違。

圖 3-4　檢察官上訴論點二之核心

    2. 檢察官上訴之分析

      (1) 檢察官認為：「會議結論所採之酒精濃度測試標準，係參考國外的酒精濃度測試判斷標準，且經學理及實務驗證統計分析所得，當屬科學證據的一種，且應是有力的證據。」

---

[32] 筆者依據臺灣臺北地方法院檢察署檢察官 88 年度上字第 1028 號之上訴內容經分析彙整後以圖形表示之。

著者認為該數據應確係有其科學證據，惟其依據係源自對於該國人民所研訂出來的，所以，對該國人民適用應絕無爭議問題，但就本國人民一體適用，即有待商榷。

(2) 檢察官認為：「應該具有相當的證明力酒精濃度測試標準不是犯罪構成要件的一部分，也不是經法律授權頒布的行政命令，但它是證明駕駛人是否『不能安全駕車』之重要證據。」

著者贊成該論點，因為從法律保留原則論，該法務部召開會議紀錄研商有關刑法第 185-3 條之認定標準，而發公文函予各相關單位，應絕不是刑法法律本身，亦非空白刑法法律性質。此可參照臺灣臺北地方法院檢察署 88 年度上字第 1038 號，檢察官稱：「至法務部於 88 年 5 月 10 日邀集司法院、交通部、行政院衛生署、內政部警政署、中央警察大學等單位會商之結論，並非以該酒測數值取代刑法第 185-3 條之構成要件，復未以行政命令形式發布，而是將會議紀錄函送各與會單位及檢察機關參考，故該「酒測標準」並非法務部發布之「命令」，法院本不受其拘束。」

(3) 檢察官並提出醫學資料：「當呼氣濃度達 0.25mg/l 時，將造成輕度中毒；當呼氣濃度達每公升 0.5mg 時，將影響駕車；當呼氣濃度達每公升 0.75mg 時，將造成思考、個性及行為改變；當呼氣濃度達每公升 1mg 時，將造成中度中毒而有步態不穩、嘔心、嘔吐、精神混惑不清等症狀，係行政院國軍退除役官兵輔導委員會臺北榮民總醫院針對國人體質而作成之數據，應具有高度之參考價值。(88 年 8 月 5 日 (88) 北總內字第 26868 號函暨附件可稽)」

(4) 檢察官認為：「被告於為警查獲並進行酒精濃度測試時，係凌晨 3 時 50 分許，體力已歷經整日消耗與熬夜至翌日，其精神及體力與日後業經『蓄銳以待』而於原審審理中經命飲酒且靜待短時間經過後之人體各項反應，豈能『同日而語』？」

著者完全贊成檢察官所提之疑點，身體體能之狀況自與承受酒精影響有所不同，豈能忽略之。

(三) 臺灣臺北地方法院檢察署 88 年上字第 1016 號

1. 論點分析：茲以圖 3-5 [33] 表示有關檢察官上訴論點之核心：

2. 檢察官上訴之分析

(1) 檢察官首先就抽象公共危險罪之法理基礎作探討，認為：

- 刑法第 185-3 條內容並未在構成要件中設有「致生公共危險」之構成要件要素，故為抽象公共危險罪。

- 所謂抽象公共危險罪，即立法者在構架此種犯罪之構成要件時，預先認定該行為具有一般之抽象危險，而不以事實上業已發生危險，方具有應刑罰性。

- 易言之，立法者在訂立此條文時，即認酒醉駕駛動力交通工具，具有一般之危險性，該條之立法目的乃在預防酒後駕車，對於其餘用路人所造成之危害，因此，並不以行為人酒駕而肇事造成危險或損害作為構成要件。

　　著者於前節中，已就該法律基礎探討說明，若捨立法目的不論，恐有失偏頗，因此贊成檢察官所提出之先決論點。

(2) 檢察官認為：「刑法第 185-3 條規定之「不能安全駕車」之要件，本即屬抽象構成要件，必須加以具體化，否則無法使法律所預定之目的實現。而呼氣中酒精濃度即為判斷行為人是否不能安全駕車之具體化證據之一，且為科學證據，當為可採。」

　　著者贊成檢察官之看法，因就德國實務運作為例，凡血液中酒精含量超過 0.11% 即認定為絕對無安全駕車能力，係經法醫學界與法學界等之努力而得，惟我國目前所採用之 0.55mg/l，其產生係以會議方式有待商榷。

---

[33] 筆者依據臺灣臺北地方法院檢察署檢察官 88 年度上字第 1038 號之上訴內容經分析彙整後以圖形表示之。

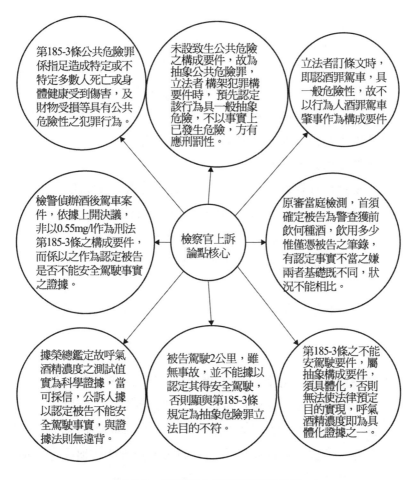

圖 3-5　檢察官上訴論點三之核心

(3) 檢察官並舉出醫學資料：「就醫學文獻所知，酒精對人體的影響程
度乃依血中酒精濃度而定。（美國以呼氣濃度乘以 210 所得之值為
血中濃度，本國目前則乘以 200）。據行政院國軍退除役官兵輔導
委員會臺北榮民總醫院鑑定函復臺灣士林地方法院之說明，並以
志伸公司之測試器為例，可知當行為人經測試之呼氣中酒精濃度
已達 0.55mg/l 時，即可認定其駕車能力已受影響，行為人之駕車
行為將對其餘用路人造成一般之危險性，而該當不能安全駕車之

構成要件。」

(4) 檢察官據抽象危險罪之立法目的認為原審以下列情事，推論被告並無不能安全駕車汽車之狀態，係屬有誤。刑法第185-3條之立法目的係「抽象危險罪」，而「抽象危險罪」並不以已惹起危險狀態或發生實害為構成要件。

- 被告為警查獲前能駕車汽車約2公里。
- 且並無發生交通事故。
- 被告被警查獲當時，能遵照指示接受酒精濃度測試及製作筆錄。
- 據此，原審認定被告縱有經酒精濃度測試值逾0.55 mg/l之事實，亦無如前述實驗資料所稱之「視覺反應遲鈍，影像不能集中，走路或講話可能發抖，動作笨拙」等客觀上已不能安全駕車汽車之狀態。

　　有關第三點，檢察官認為：「現行之酒精濃度測試方式，僅須行為人吐入定量之呼氣即可，簡便易行，因此，縱使行為人有上揭實驗資料所稱之狀態，亦能吹氣作酒精濃度測試。」

(5) 檢察官認為：「縱使行為人講話可能發抖，然其精神狀態既非極度不清醒，即非不能製作筆錄。」其言意當指：駕駛人即使講話未發抖，亦不代表能安全駕車。能否安全駕車似不應以此為論斷。

(6) 原審法院當庭實行酒精濃度檢測之調查方法。須確定各項基礎條件者應有：

- 被告為警查獲前係飲用何種酒類？
- 被告為警查獲前飲酒量多少？
- 被告為警查獲前其精神與體力狀況為何？

　　惟原審僅憑被告於警訊時之陳述，即認定被告被查獲前係飲用3瓶啤酒，遂以此酒量進行測試，即有認定事實不當之嫌。

(7) 經被告當庭飲下3瓶罐裝臺灣啤酒，半小時後之呼氣中酒精濃度經測試為0.32 mg/l，而被告為警查獲當時之呼氣中酒精濃度則為0.74 mg/l，二者之間，實有相當大之差距，造成如此差距之原因：

- 可能係被告為警查獲時所飲用者並非臺灣啤酒。
- 可能被告所飲用之數量不只 3 瓶。
- 甚且係被告身體狀況前後時點不同導致酒精在體內之代謝速度不同，而造成不同的酒精濃度測試值。

　　據此，檢察官認為：「原法院審判疏忽未審究以上應注意情節，仍僅憑當庭測試之結果為判斷，實有疏漏。」

(8) 原審據以下測試結果，作為判斷被告為警查獲當時是否不能安全駕車之依據，應屬違誤。

- 被告經相同酒量測出呼氣酒精濃度為 0.32 mg/l。
- 對庭訊清楚答辯
- 對於原審設計之簡答題，尚能正確回答三分之二以上。

　　著者認為：被告受酒精作用之程度前後並不相當，兩者之基礎既有不同，身心狀況即不能相比擬，而要以受酒精作用程度影響較輕微之狀態，以進行所謂庭訊答辯與應答法官所設計之簡答題，其結果自不能與受酒精作用程度影響較大之身心狀態相比，顯然不符合科學方法之基礎理論。

(四) 臺灣高等法院刑事判決 88 年度上易字第 4856 號

　　本書所整理的案例是高等法院法官依檢察官不服地方法院法官所為之判決，所作之二審判例。由於判決內容繁複，故著者希望藉由圖的方式表達，以求能簡而易懂。茲以圖 3-6 [34] 表示高等法院法官所提出之論點。

---

[34] 筆者依據臺灣高等法院刑事判決 88 年度上易字第 4856 號之判決內容經分析彙整後以圖形表示之。

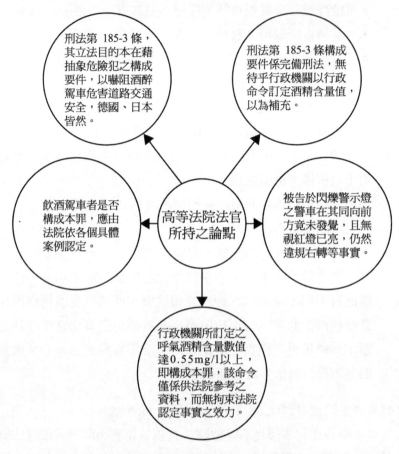

圖 3-6　高等法院法官所持之論點

(五) 高等法院判決之分析

　　1. 刑法第 185-3 條服用酒類不能安全駕車而駕車者，其立法目的本在藉
　　　　抽象危險犯之構成要件，以嚇阻酒駕危害道路交通安全，而為外國立
　　　　法例有所採行，德國、日本皆然。

　　2. 飲酒駕車者是否構成本罪，應由法院依各個具體案例認定。

　　3. 核本條構成要件係完備刑法，無待乎行政機關以行政命令訂定酒精含
　　　　量值，以為補充。

4. 行政機關所訂定之呼氣中酒精含量之數值達 0.55mg/l 以上，即構成本罪，該命令僅係供法院參考之資料，而無拘束法院認定事實之效力。

5. 訊據證人即當時在場執行勤務之台北市政府警察局信義分局員警林○○到庭結證稱，被告當時搭載其友人，行經路口時，警車停放路旁閃爍警示燈，而與被告車輛同方向，但被告當時竟未發現警車，到路口仍然紅燈右轉，警車才上前攔檢，一下車即發現被告酒味甚重，而其行動略顯蹣跚，經過酒精含量之儀器測試，結果高達 1.05mg/l 等語。再訊之被告亦供承當時並未發現有警車，亦未發現紅燈已亮等語。

6. 本件被告為警發覺其有酒醉不能安全駕車而仍騎乘動力交通工具即機車之犯行，係因被告闖越紅燈為警攔檢盤查時發覺其飲用酒精類，外觀上明顯漏出其犯罪嫌疑，被告復不拒絕為儀器測試，因而以警用酒精呼氣測試儀器予以檢查，關此事實，為被告所自承，並經證人即警員林○○到庭結證屬實。

7. 又是否構成本條之罪，應以是否達不能安全駕車程度為斷。查本件被告其飲酒後呼氣酒精含量已達 1.05mg/l，且核當時情形，被告於閃爍警示燈之警車在其同向前方竟未發覺，且無視紅燈已亮，仍然違規右轉，復為被告於本院訊問時答以當時並未感覺有警車在場以及發現有紅燈已亮之事實，而於警員詢問時，聲音忽而大聲，亦經員警到庭證述明確，足徵被告當時情況，已因酒精而使其正常駕車能力受到影響，被告所辯當時尚清醒，並非不能安全駕車云云，並無足採。此外並有酒精含量測試值記錄表一紙在卷可稽，被告犯行明確，右開犯行至堪認定。

第五節　小結

警察機關為保護人民行的安全，對於酒駕取締工作一直不遺餘力，然而執法卻往往遭受民眾質疑、紛爭不斷，吃力不討好，結果這份取締工作卻演變成最被一般執勤員警所不願接受的一項勤務。一直到了 1999 年 4 月 21 日

正式將酒駕納入刑法第 185-3 條後，終於引起了一場無可避免的「酒駕爭端」，包括了：

1. 不能安全駕車的認定標準爲何？

2. 法務部的會議紀錄設定呼氣中酒精濃度値 0.55mg/l 以上視爲不能安全駕車，這份會議紀錄的法律位階爲何？

3. 這份會議紀錄的規定又能否約束法院法官？

4. 這份會議紀錄的規定能否約束檢察官？

5. 最後，警察機關執法時，據此份法務部函送相關單位的會議紀錄，對於凡呼氣酒精濃度値超過 0.55mg/l 的駕駛人，一律依刑法第 185-3 條訊問筆錄，並移送法辦的作法，是否正確？易言之，這份會議紀錄是否應是警察人員執法時所完全必須遵守的法律依據？

6. 酒精濃度測試器的準確性如何？

7. 酒精濃度測試器的準確性有法律依據作爲保障？

據上述各個問題的提出，我們了解目前社會各界爭議的焦點核心正是：「不能安全駕車的法律認定標準爲何？」與「法務部的會議紀錄規定酒精濃度値 0.55mg/l 以上視爲不能安全駕車，這份會議紀錄規定的法律位階爲何？」由該焦點問題爲中心，進而引發如前所述其他一連串等諸多爭議問題。

欲平息這場因法院判決所引發各界紛爭的重大議題，欲正本清源的解決問題，實應由刑法第 185-3 條的基礎理論—抽象危險犯出發並以正當法律程序應具備之內涵來探究，本書將於第 4 章第 1、2 節作法律基礎理論與法院實務判決之深入探討。

茲以圖 3-7 表示「酒駕爭端」所引發的爭議問題之相互關聯性：

然而在此處要特別加以說明的是，由於社會各界爭議的問題焦點並未牽涉到警察人員執法的程序部分，亦無民眾針對警察人員執法的程序部分提出告訴，因此並無法院的判決可加分析評論警察機關執法的程序。惟至於警察人員執法的程序部分探討將於第 4 章第 3 節詳加探究。

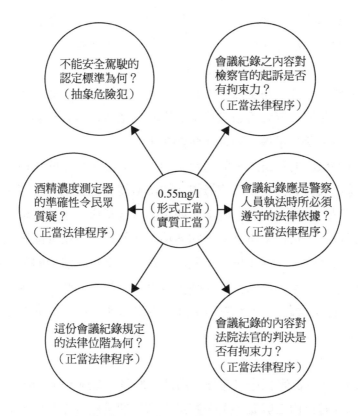

圖 3-7　「酒駕爭端」所引發的爭議問題之相互關聯性

在此，著者願意提出兩個思考模式供大家深思：

1. 警察取締件數多、取締速度快，且舉凡經警察測得酒精濃度值超過 0.55 mg/l 以上之駕駛人移送地檢署後，卻遭檢察官退件、不起訴、甚至法官擱置不判決、判決無罪等，以致於廣大之駕駛人產生觀望的心態，亦引來駕駛人揶揄的言語，這對於警察的士氣，同時對於警察的執法工作立場也產生莫大的衝擊。

2. 倘若警察取締件數少，但是移送後，檢察官件件均起訴、法官都能依法判決，以致於能對其他駕駛人產生確實的遏阻作用，更不會產生令駕駛人心存觀望的困境。

目前警察機關執行的情形正如同第一種模式，雖然警察人員很努力執行、取締件數多、取締速度快，但是卻容易被民眾質疑、攻訐，同時對於依據法務部的會議紀錄，將酒精濃度值超過 0.55mg/l 以上之駕駛人移送地檢署後，卻遭檢察官退件，甚至法官不判決、判決無罪等狀況發生。試想：這是警察人員的問題嗎？警察應該只是依據現有的法令規章執行勤務。然而實際上，警察卻似乎承受了最大的責任與非難！

如果警察機關的作為並未逾越現有的法令規範，那麼問題何在呢？追究成因就是警察人員執行勤務所依據現行的法令規範是否已符合憲法所欲保障人民基本權利的精神、規範與內涵？如果法令規章尚有不甚周延之處，自應適時修法以符合法治國家所應具備的各項法律原則。警察機關應該不是法律有疑義下的戴罪羔羊。惟如果前提是法令規章完全符合法治國所應具有法律原則，那麼就是警察人員執行勤務時，有無依法行政的問題。審視大法官釋字第 384 號會議解釋內涵，首先即是針對憲法第 8 條第 1 項予以闡述：「第 8 條第 1 項規定：『人民身體之自由應予保障，除現行犯之逮捕由法律另定外，非經司法或警察機關依法定程序，不得逮捕拘禁。非由法院依法定程序，不得審問處罰。非依法定程序之逮捕、拘禁、審問、處罰，得拒絕之。』，係指凡限制人民身體自由之處置，不問其是否屬於刑事被告之身份，均受上開規定之保障。且立法機關於制定法律時，其內容更須合於實質正當，並符合憲法第 23 條所定相關之條件，此乃屬人身自由之制度性保障。舉凡憲法施行以來，已存在之保障人身自由之各種建制，及現代法治國家對於人身自由所普遍賦予之權利與保護，均包括在內，否則人身自由之保障，勢將徒託空言。」

倘若警察執勤所依據之法律，皆能依此大法官會議解釋憲法所闡述之原理及精神，一方面就警察人員而言，其執法勤務能取得法律上的保障，自然理直氣和，站的住腳，同時可以避免人民的質疑，吃力不討好、士氣遭受打擊；相對地，對民眾而言，亦能符合憲法上所欲保障人民的基本權利之精神，而不致受到不當的侵害，這正是法治國家機關作為所應具備法制化的意義。這也正是保護雙方的最佳法律途徑。

雖然上述社會各界之爭議僅侷限對於法院判決的探討外，如前所詳列之

問題所在以及圖 3-7 所表示者，甚少涉及爭議警察執行取締酒駕的程序。惟本書將於第 4 章中，擬從警察人員執行取締酒駕的程序，以「正當法律程序」一一詳加探討，包括就「形式正當」與「實質正當」兩個面向探究，並以圖 3-8[35] 以及圖 3-9[36] 詳加論述表示。

　　圖 3-8 與圖 3-9 係指 2003 年 12 月 1 日警察職權行使法施行前及 2013 年 5 月 31 日立院修訂刑法第 185-3 條前（酒精濃度值 0.25mg/l 尚未納入條文）。而第二種模式所代表的內涵正是由此「正當法律程序」之法律原則出發，一方面期望能使得警察人員執行酒駕之取締程序獲得法律保障，另一方面期望可以使得人民的基本權利受到的憲法應有的保障。

　　因此，倘若能使得警察執法的程序皆有法律依據，亦即凡關乎人民權利義務者若皆能以法律定之，便可符合法律保留之原則。更進一步對於法律的內容要求須達到公平合理正當，亦即符合實質正當。如此一來，表示警察與人民均能獲得法律應有的保障，那麼原本因為法制層面的欠缺而產生的各界爭議，勢必因為健全的法制而大幅減少。當然，這原本就應該是一個法治國家所應追求的目標與應具備的內涵。所以，下一章節即將論及以「正當法律程序」來檢視現行警察機關執行酒駕取締之程序。

---

[35] 筆者藉圖形表示以條件—「形式正當」進行檢驗現行實務執法程序可能之缺失，應能更清楚問題之關鍵。

[36] 筆者藉圖形表示以條件—「實質正當」進行檢驗現行實務執法程序可能之缺失，應能更清楚問題之關鍵。

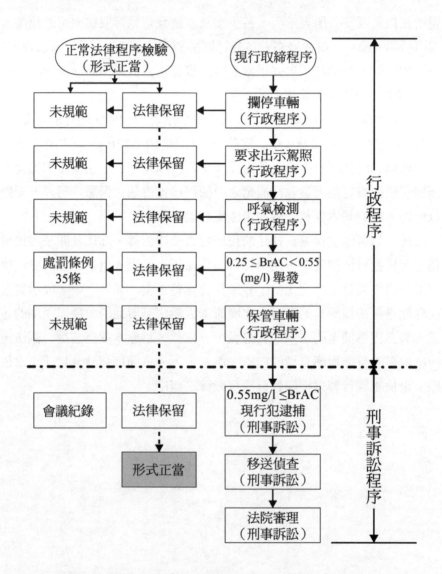

圖 3-8　2003 年警職法施行前及 2013 年刑法第 185-3 條
修訂前形式正當檢驗實務執法程序

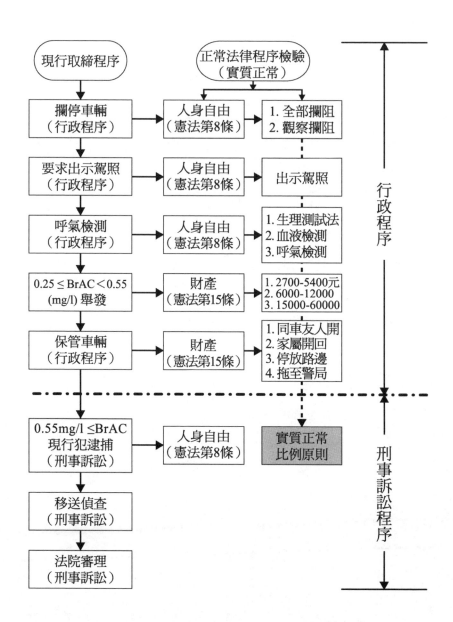

圖 3-9　2003 年警職法施行前及 2013 年刑法第 185-3 條
　　　修訂前實質正當檢驗實務執法程序

第四章

正當法律程序檢驗取締程序

第一節　取締酒駕之法律面探討

　　本節係針對有關酒駕處罰歷次修正道路交通管理處罰條例、道路交通安全規則及刑法的內涵加以探討說明。

一、道路交通管理處罰條例第 35 條之探討

　　而有關酒駕的主要處罰法令—道路交通管理處罰條例，從 1987 年到 1997 年之間，一直懸而未修，立法工作嚴重落後，以致於警察取締工作無法獲得突破，執法工作未能臻至完備。

　　直至 1996、1997 年間發生了數起震撼社會各界的重大肇事案件後，因酒駕所造成的危害，方才再度引發各界的高度重視，要求重罰的呼聲則日益迫切：

1. 1996 年 10 月 17 日凌晨，台北市警察局南港分局副分局長劉繼倫與刑事組組長黃國勝駕駛偵防車在台北市忠孝東路 6 段與東興街口被酒駕人謝富貴攔腰撞上，兩人幾乎於當場即喪命，兩位警界的精英就此隕歿，實是國家社會人民的一大損失；駕駛人謝富貴經由警察處理人員執行酒精濃度檢測後，發現竟高達 0.72 mg/l [1]。

---

[1]　參見中國時報，1996 年 10 月 18 日，5 版。

2. 1997 年 10 月 21 日凌晨，名歌手張雨生駕駛肇事，經送醫後昏迷指數高居不下，不久即離開人世，車輛案發當場經處理的警察人員發現身上疑有酒味[2]。

3. 1996 年 11 月 13 日凌晨，台大農經系 4 年級學生李孺愃與文化大學畢業的友人夏佩詩，於台北市和平東路 2 段共乘機車，遭男子張更新追撞成重傷，駕駛人張更新經由警察處理人員執行酒精濃度檢測後，亦發現超過 0.25mg/l 甚多[3]。

人間慘劇不斷上演，多少的家庭成為破碎的人生，令生者情何以堪。經歷這麼多的悲劇，社會各界熱烈討論酒駕的危害性，而重罰的輿論不斷。

茲將歷年「道路交通管理處罰條例」的修正重點，敘述於後[4]：

(一) 1986 年（輕罰階段期）

此一時期，不論酒駕人酒精濃度值為何，一律處新台幣 2,700～5,400 元，若在 15 日期限內繳納者，一律罰新台幣 2,700 元；至於吊扣駕駛執照部分則付之闕如；車輛處罰部分，法律僅規定酒駕人「禁止駕駛」，警方並無法強制移置保管車輛。因而肇事時，僅僅處以「罰鍰」單一項目。

(二) 1997 年（罰鍰、吊扣、吊銷駕駛執照加重時期）

自 1997 年起，酒駕者之罰鍰由原本的新台幣 2,700～5,400 元，提升到新台幣 6,000～12,000 元。另外，法律新增訂：「無肇事單純酒駕違規行為」，應執行吊扣駕駛執照 6 個月、倘若「酒駕肇事致人受傷者」時，應吊扣駕駛執照 1 年、酒駕因而肇事致人重傷或死亡時，此次新修正為：終身吊銷駕駛執照。

---

[2]　參見聯合報，1997 年 10 月 21 日，5 版。
[3]　參見聯合報，1996 年 11 月 16 日，7 版。
[4]　http://law.moj.gov.tw/。

(三) 2001 年（罰鍰、吊扣駕駛執照、拒絕測試加重時期）

　　酒駕者之罰鍰由新台幣 6,000 元，提升到新台幣 15,000～60,000 元，不再是齊頭式的假平等，而首度改為「隨酒精濃度增加而加重罰鍰之金額」。酒駕行為執行吊扣駕駛執照 2001 年起加倍到 1 年。酒駕肇事致人受傷者，吊扣駕駛執照 2001 年起加倍提高到 2 年。並且增訂汽車駕駛人「拒絕」酒精濃度測試處罰，逕行處新臺幣 60,000 元之最高罰鍰。

(四) 2002 年（當場移置保管車輛處罰時期）

　　過去面對酒駕行為人時，警察一律採取強制移置車輛之作為，卻引發許多爭點，隨著人權之高漲，警察之作為應符合正當法律程序（Due Process of Law）（孟維德，2005）。因此，立法院於 2002 年修正道路交通管理處罰條例第 35 條規定，從嚴明定應「當場移置保管車輛」。

(五) 2005 年（營業大客車吊銷駕駛執照加重時期）

　　有鑑於營業大客車係屬大眾運輸系統之一，一旦因職業駕駛人酒駕而發生事故，其產生之危害更甚於其他車輛，故立法從重處罰，以預防酒駕事故之發生：職業汽車駕駛人駕駛營業大客車有酒駕行為從重「吊銷」駕駛執照 4 年。

(六) 2012 年（道路交通安全規則 3 類駕駛人加重）

　　交通部於 2012 年 10 月 12 日修正道路交通安全規則第 114 條第 2 款，自 2013 年 1 月 1 日起，未領有駕駛執照、初次領有駕駛執照未滿 2 年之駕駛人或職業駕駛人駕駛車輛時，飲用酒類或其他類似物後其吐氣所含酒精濃度超過每公升 0.15mg 或血液中酒精濃度超過 0.03%。

(七) 2013 年（道路交通管理處罰條例加重）

　　立法院於 2013 年 1 月 30 日三讀通過修正道路交通管理處罰條例第 35 條，提高酒駕之處罰效果，並於同年 3 月 1 日正式實施，修正重點如下：

1. 提高罰鍰上限，原為 1 萬 5 千元至 6 萬元，新修正為 1 萬 5 千元至 9 萬元。
2. 汽車駕駛人於 5 年內違反 2 次以上者，處新臺幣 9 萬元罰鍰，並當場移置保管該汽車及吊銷其駕駛執照 3 年。
3. 汽車駕駛人，駕駛汽車行經警察機關設有告示執行酒駕測試檢定之處所，不依指示停車接受稽查，處新臺幣 9 萬元罰鍰，並當場移置保管該汽車及吊銷其駕駛執照 3 年。
4. 汽車駕駛人拒絕接受測試者，處新臺幣 9 萬元罰鍰，並當場移置保管該汽車及吊銷其駕駛執照 3 年。

(八) 2013 年（道路交通安全規則第 114 條第 2 款）

交通部於 102.6.11 修正道路交通安全規則第 114 條第 2 款，汽車駕駛人飲用酒類或其他類似物後其吐氣所含酒精濃度達每公升 0.15mg 或血液中酒精濃度達 0.03% 以上，不得駕車。

警察機關為保護人民行的安全，長久以來對於酒駕取締工作一直不遺餘力，但執法卻往往遭民眾質疑、紛爭不斷、吃力不討好，結果演變成執勤員警深感困擾與無奈的勤務，以致成效有限，探究原因包括：警察執法發動的法律依據欠缺，使執行勤務的警察缺乏安全感、酒精測定器的準確性令民眾質疑等。因此，首先應探究法令之規範，1987 年 7 月 1 日施行之道路交通管理處罰條例，對於駕駛人呼氣檢測，若酒精濃度超過 0.25mg/l 以上者，第 35 條規定酒駕之處罰僅及於 2,700～5,400 元，並當場禁止駕駛，但無相關吊扣駕照之處分。雖然有部分警察人員認為罰鍰過低，但比較同時期之其他違規處罰，其實已算是較高的項目，例如駕駛人闖紅燈者處 1,800～3,600 元。另駕駛人拒絕接受測試者，係以同條例第 60 條第 1 項第 1 款處罰，罰鍰額度僅是 300 元，一般警察同仁普遍認為絕對無法對治違規拒絕接受測試者。

1997 年 1 月 22 日道路交通管理處罰條例修正公布，同年 3 月 1 日起正式施行，距前次修正案有 10 年之久，這次修正案將第 35 條規定罰鍰額度提高為 6,000～12,000 元，同時當場禁止駕駛外，並吊扣駕照 6 個月。另駕駛

人若拒絕接受測試者，視同酒駕規定處罰。除此之外，第 86 條第 1 項增訂[5]：因酒駕而致人受傷或死亡，依法應負刑事責任者，加重其刑至二分之一。此次修法幅度之大已令社會各界再度重視此一問題。然而卻仍未跳脫先前所提有關法制面的諸多問題。

二、刑法第 185-3 條之探討

　　除道路交通管理處罰條例經立院多次修正外，1999 年 4 月 21 日首度將酒駕行為納入刑法處罰的範疇，惟引發了諸多爭議。例如，刑法第 185-3 條立法後，如何執行？由於檢警機關在適用上，有所疑義，因此，法務部特於 1999 年 5 月 18 日通知相關單位開會研討，並僅以一紙會議記錄規定呼氣中酒精濃度超過 0.55mg/l 或血液中酒精濃度 0.11% 以上，認為不能安全駕駛[6]，是否恰當？在此標準以下行為，如輔以其他客觀事實得作為「不能安全駕駛」之判斷時，亦應依刑法第 185-3 條之規定移送法辦處以刑罰[7]，然而何謂「其他客觀事實」？卻未詳加說明。由此時間上的關聯，正凸顯出我國立法工作似嫌粗糙，此可參見由台灣本土法學雜誌社主辦的「酒後駕駛相關問題座談會」，會中學者林山田教授所發表論見[8]。而行政部門為因應刑法第 185-3 條的相關問題，似較匆促的召開會議，並就會議記錄結論以函行文各單位查照，而檢警單位在偵辦酒駕案件以及法院審理案件時，這份會議記錄的規定能否約束檢察官？能否約束法官？檢視此等作為，恐均有違正當法律程序應具備的形式與實質正當要件，值得深入探究。

　　茲將歷年刑法第 185-3 條的修正重點，詳述於後[9]：

---

[5]　參見洪文玲，警察實用法令，中央警察大學，1999 年，頁 178。

[6]　參見法務部 88 簡字第 001669 號函。

[7]　http://law.moj.gov.tw/。

[8]　參見酒後駕車相關問題座談會，台灣本土法學雜誌社主辦，台灣本土法學雜誌第 8 期，2000 年 3 月，頁 104。

[9]　http://law.moj.gov.tw/。

(一) 1999 年（犯罪化時期）

就實質觀點言反社會行爲或有社會侵害性行爲，未必爲刑法所規範之，因此，當反社會行爲爲大眾帶來一定的侵害，而有必要使其成爲犯罪處罰對象時，即須要透過立法明文規範，方能科處刑罰，吾人稱爲犯罪化（Criminalization），此屬於立法上之犯罪化（許福生，2008）。1999 年政府將酒駕行爲犯罪化，處罰對象包括：(1)酒精濃度值達 0.55mg/l。(2)酒精濃度值超過 0.25mg/l，雖未達 0.55mg/l 時，但卻因而導致肇事發生（張文菘，2008a）。

(二) 2008 年（刑罰加重）

對於觸犯刑法第 185-3 條酒駕公共危險罪之駕駛人，1999 年立法時，僅處罰金 3 萬元以下，2008 年修法則提升 5 倍到 15 萬元以下罰金。2008 年立法院修訂加重刑法第 185-3 條處罰規定是屬於「處罰上之重刑化」，易言之，對於原本已是法律上所規範之犯罪行爲，藉由法律之修正從而加重此犯罪行爲之法律效果稱之（許福生，2008）。

(三) 2013 年（刑罰再加重）

法務部於 2012 年參酌國外立法，檢討我國刑法構成要件及刑度，將刑法第 185-3 條修正草案陳報行政院，刑法第 185-3 條修正條文業於 102 年 5 月 31 日經立法院三讀通過，並於同年 6 月 11 日公布施行，修正重點如下：

1. 直接將酒精濃度值訂於條文之中，並降低呼氣酒測值達每公升 0.25mg 或血液中酒精濃度達 0.05% 以上之處罰。
2. 刪除原條文中拘役與單科罰金之處罰。
3. 提高酒駕因而致人於死者之刑度，原刑度爲 1 年以上 7 年以下有期徒刑，新修正爲 3 年以上 10 年以下有期徒刑。
4. 提高酒駕因而致人於重傷者之刑度，原刑度爲 6 月以上 5 年以下有期徒刑，新修正爲 1 年以上 7 年以下有期徒刑。

茲將刑法第 185-3 條的諸多爭點包括「抽象危險犯」、「繼續犯」、「不能安全駕駛故意與過失」論述於後：

(一) 抽象危險犯

1999 年 4 月 21 日，立法院首次將酒駕行為之處罰，納入刑法公共危險罪章中第 185-3 條正式實施，條文內容稱：「服用毒品、麻醉藥品、酒類或其他相類之物，不能安全駕駛動力交通工具而駕駛者，處 1 年以下有期徒刑、拘役或 3 萬元以下罰金。」[10]，該條文立法是以德國刑法第 316 條為範例[11]，係屬於「抽象危險犯」之立法精神[12]。

抽象危險犯是危險犯的類型之一。學者林山田教授於所著「刑法通論」一書中明確指出：「依法益或行為客體受侵害之程度，犯罪類型可區分為實害犯與危險犯。何謂『實害犯』？係指行為必須造成客觀可見之實害結果，始能既遂之犯罪，例如刑法第 278 條第 1 款之重傷害罪，須重傷害行為有使人發生重傷之實害結果，方能構成該重傷害罪。又何謂『危險犯』？係指行為只須對於法益或行為客體造成危險結果，即可成立之犯罪。易言之，行為只要對於法益或行為客體構成危險，而無待實害之發生，即能成立之犯罪，例如刑法第 293 條第 1 款之遺棄罪，行為人只要遺棄無自救力人而使其生命陷於危險狀態者，即能構成該遺棄罪。」[13]，文中更進一步指出：「就結果對於法益或行為客體之影響程度而論，行為結果可分為『實害結果』與『危險結果』。實害結果係指行為所造成之外界變動對於刑法所保護之法益已生客觀可見之損害。危險結果則指行為所造成之外界變動僅對於刑法所保護之法益構成危險，但尚未造成客觀可見之實害而言。換言之，即行為僅造成危險狀態，

---

[10] 參見洪文玲，前揭書，頁 372，http://law.moj.gov.tw/。
[11] 參見林山田，刑法各論（下），台大法律系，1999，9 月 2 版，頁 281。德國刑法 316 條：「由於飲用酒精飲料或服用其他麻醉品，在無法安全駕駛交通工具之情況下，駕駛交通工具（德刑 315～315d），而參與交通，若其行為未依第 315 條 a 或第 315 條 c 處罰者，處 1 年以下自由刑或罰金。」
[12] 參見魏大喨，臺灣高等法院 88 年度上易字第 4856 號判決補充理由，台灣本土法學雜誌第 8 期，2000 年，3 月，頁 70。張麗卿，酗酒駕車在交通往來中的抽象危險－評台北地方法院 88 年度北簡字第 1484 號等判決，月旦法學雜誌第 54 期，1999 年，11 月，頁 174-175。
[13] 參見林山田，刑法通論（上），台大法律系，1999 年 9 月 6 版，頁 124-126。

而對構成要件所保護之法益有發生實害之虞。」[14]

　　學者林東茂教授於所著「危險犯與經濟刑法」一書中則指出：「危險犯，是相對於實害犯的犯罪類型。『實害犯』是已經在現實上造成侵害的犯罪；『危險犯』則只有對刑法的保護客體惹起危險狀態而已。關於『實害犯』，如果有既遂的行為出現，必然對於行為客體造成實際上的侵害，例如，殺人、傷害、毀損。相對的，『危險犯』則並未造成任何現實上的侵害，只是或多或少地對於行為客體形成威脅或惹起危險狀態。刑罰是最嚴厲的國家制裁手段，因此，基本上只有在現實上，對於已經造成侵害的不法行為，才會被刑罰制裁，這也是刑法向來以處罰實害犯為主的原因。但是數十年來的刑事立法趨勢，危險犯的處罰則有增加的現象，尤其是在我國與德國的附屬刑法中，被安排了許多危險構成要件。」[15]

　　危險犯就其危險狀態之不同，可以區分為兩類，第一類是「具體危險犯」，第二類是「抽象危險犯」[16]。

　　學者林山田教授認為：「具體危險犯是指將危險狀態做為構成要件要素而規定於刑法條款之中，法官必須就具體之案情，逐一審酌判斷，而認定構成要件所保護之法益果真存有具體危險時，始能成立犯罪之危險犯。」[17]

　　另外學者林東茂教授則指出：「具體危險犯是在個案上已經對行為客體帶來危險，而危險狀態的出現，是一個構成要件要素，法官必須就個案判斷，認定危險狀態是否已經出現。具體危險犯是結果犯。」[18]

　　在刑法的公共危險罪章中第 174 條第 2 項：放火燒毀現非供人使用之自己住宅車輛等物，「致生公共危險者」，處 6 月以上 5 年以下有期徒刑。即是具體危險犯的例證之一[19]。

---

[14]　參見林山田，前揭書，頁 124-126。
[15]　參見林東茂，危險犯與經濟刑法，五南圖書出版有限公司，1999 年 9 月初版，頁 3-14。
[16]　參見林東茂，前揭書，頁 14。
[17]　參見林山田，前揭書，頁 125。
[18]　參見林東茂，前揭書，頁 14。
[19]　參見林東茂，前揭書，頁 14。

　　另如刑法第 305 條的單純恐嚇罪：以加害生命、身體、自由、名譽、財產之事，恐嚇他人，「致生危害於安全者」，處 2 年以下有期徒刑、拘役或 300 元以下罰金。則亦是具體危險犯的例證之一。以上兩個例證均須要有致生公共危險者、致生危害於安全者之情形發生，方能構成犯罪之要件要素[20]。

　　再觀學者林東茂教授指出：「具體危險犯當中的危險行爲，在法律條文上通常有比較進一步的描述。以我國刑法爲例，常見的敘述是：某某行爲，『致生公共危險』。比起抽象危險犯，具體危險犯關於特定行爲是否引起危險，立法者委由法官判斷，應該更能符合個案正義。」[21]

　　學者林山田教授並進一步指出：「具體公共危險罪乃指於構成要件要素中設有『致生公共危險』之構成要件要素之公共危險罪。在刑法實務上，司法者對於此類之公共危險罪必須就案件之實際情狀，逐一判斷是否眞有具體之公共危險存在，若能斷定確實存在具體之公共危險者，行爲方能構成公共危險罪；否則，若未生公共危險者，即不致成罪，但設有未遂犯之處罰規定者，則論以未遂犯。」[22]

　　而有關危險概念的界說，德國學者 Roxin 提出「規範的危險結果說」理論。此理論的要旨是認爲：「假若實害結果由於偶發因素而不發生，仍應認爲有具體危險。換言之，實害之所以不發生，如果只是因爲遭遇危險的人特別機警，或是其他不可預見的僥倖情況，那麼，具體危險的責任仍然不能夠被排除。本文從之。」[23]

　　以德國刑法第 315 條 c 的具體危險犯爲例：一位駕駛人違規超車，卻未與來車對撞，即未發生實害，是因爲對向的駕駛者是特別敏捷的賽車手，或是駕駛者雖然是一般的民衆，卻突然出現強風因素將車輛移位，此時，仍然應該認爲違規超車者已引起具體危險[24]。

---

[20]　參見林東茂，前揭書，頁 23-24。
[21]　參見林東茂，前揭書，頁 24-25。
[22]　參見林山田，前揭書，頁 123-126。
[23]　參見林東茂，前揭書，頁 26。
[24]　參見林東茂，前揭書，頁 26-27。

學者林山田教授認為:「抽象危險犯係指符合構成要件中所預定之抽象危險之危險犯。此等抽象危險可謂具體危險之先前階段,係由立法者依其生活之經驗大量觀察,認為某一類型行為對於特定法益帶有一般危險性,例如放火對於公共安全法益。因此,預定該類型之行為具有高度危險性;行為只要符合構成要件所描述之事實,即可認定具有此等抽象危險,無須待法官就具體案情而作認定,例如:行為人故意放火燒毀現供人使用之住宅,即可構成刑法第 173 條第 1 項之放火罪。因為,行為人所縱火之對象是現供人使用之住宅,即已經存有發生焚斃人命之抽象危險,至於行為人故意放火燒毀時,住宅是否果真有人在內,則非所問,法官無須就具體案情而做有無危險存在之認定,只須行為人故意放火時,該住宅確係供人使用者,即足以成罪。」[25]換言之,法官不須就各個案情加以判斷。

學者林東茂教授則指出:「抽象危險犯是一個行為的獨特的危險性,被當作刑罰制裁的原因;而其行為的可罰性卻與實際上是否出現危險狀態並無關聯。換言之,即使行為在實際上並未惹起危險狀態,但卻是一個被立法者認為有危險的行為,則依然是可罰的。」[26]

德國學者 Roxin 認為:「抽象危險犯是指,對於有典型危險的行為本身,即以刑罰對付,不需要具體個案上,有危險結果的出現。預防具體危險與實害,只是立法上的動機,即使沒有具體危險與實害,也無礙構成要件的實現。」[27]

學者林東茂教授指出:「對於具體危險犯,我們可以從正面的觀點去描述,認為在個案上,已經對行為客體惹起危險狀態的犯罪。但是,對於『抽象危險犯』,卻只能以反面的觀點加以描述,亦即:行為既未引起實害,亦未引起法益的具體危險。或者這樣描述:法益的實害與具體危險,均非抽象危險犯的構成要件要素。」[28]

在刑法的公共危險罪章中第 173 條:放火燒毀現供人使用之住宅或現有

25　參見林山田,前揭書,頁 126。
26　參見林東茂,前揭書,頁 28。
27　參見林東茂,前揭書,頁 33。
28　參見林東茂,前揭書,頁 27-28。

人所在之建築物、礦坑、火車、電車或其他供水、陸、空公眾運輸之舟、車、航空機者。即是抽象危險犯的典型例子。因為對於「現供人使用之住宅、車輛等」放火的行為，被認為對多數人的生命身體的安全，想當然的會有一般的危險，故而其犯罪構成要件不必有「致生公共危險者」，即可被施加以刑罰處罰之[29]。

學者韓忠謨教授亦於其所著「刑法各論」中指陳：「一有放火行為，當然可認為發生公共危險，犯罪即因之成立，至其具體危險情形如何，無再探究之必要。」[30]

學者林東茂教授指出：「處罰抽象危險犯的理由之一是：抽象危險犯對於被保護的法益，有一般的危險性。其所置重者，不是個別行為的（對於被保護法益）危險結果，而是各個行為種類的一般危險性。所以『某種行為方式帶有典型危險性，因而被犯罪化的說法』，是德國的通說。」[31]

綜觀以上各學者對於抽象危險犯的學說見解後，茲將酒駕行為規範於刑法之抽象危險犯的內涵要義，歸納詳述如下：

1. 為有效防止酒駕在交通行為中，所可能衍生的危險，我國早已有行政罰的處罰規定。我國現行法律規範不論是行政法或刑法上的構成要件，均屬於學說上的「抽象危險犯」[32]。

2. 抽象危險犯構成要件的刑事立法目的是：對於法益做前置性的保護[33]。

3. 抽象危險犯的立法目的在於利用刑罰嚇阻可能發生的危險。使危險不致發生，藉以達到預防犯罪的功能[34]。

---

[29] 參見林東茂，前揭書，頁 28。林山田，前揭書，頁 126。

[30] 參見韓忠謨，刑法各論，頁 169。

[31] 參見林東茂，前揭書，頁 32。

[32] 參見張麗卿，論刑法公共危險罪章的新增訂，月旦法學雜誌第 55 期，1999 年 8 月，頁 57。張麗卿，行政罰與刑罰對抗酗酒與嗑藥駕車之法理分析，收錄於憲法體制與法治行政－城仲模教授六秩華誕祝壽論文集，1998 年 8 月初版，頁 328。

[33] 參見張麗卿，酗酒駕車在交通往來中的抽象危險－評台北地方法院 88 年度北簡字第 1484 號等判決，月旦法學雜誌第 54 期，1999 年 11 月，頁 175。

[34] 參見張麗卿，前揭書，論刑法公共危險罪章的新增訂，頁 57。張麗卿，前揭書，行政罰與

4. 交通刑法所干涉的違法行為，是一個沒有具體攻擊對象的行為。交通刑法所要保護的是，超越個人的集體利益[35]。

5. 即使未違規的駕駛人也可能因為其他駕駛人的重大違規行為而導致發生交通事故。因此，運用抽象危險犯構成要件，對於還沒有造成實際侵害的交通違規行為，在立法上規定為犯罪，正是為了保護超越個人的生活利益[36]。

6. 抽象危險犯其刑罰的對象不以確已發生危險結果為依據。

7. 運用抽象危險構成要件的主要理由之一，係可以避免類同實害犯有舉證上的困難，藉以減輕追訴機關的負擔[37]。

8. 抽象危險構成要件在相當程度內有排除舉證困難的優點，不過，如果單單是為了舉證便利而創用抽象危險犯，還不夠正當。運用抽象危險構成要件，還必須是因為整體的社會利益可能遭到違規者的傷害，而不必等到違規行為已惹起具體危險狀態，即可運用刑法手段介入，以達到預防犯罪的功能[38]。

9. 從另一方面來思考：若從「具體結果犯」法理看問題，被告如於酒醉被測出高酒精含量值，並且已經語無倫次、走路歪斜不穩，顯然已達不能安全駕駛之狀態，但是被告仍然可以其被警察攔檢之前，聲稱自己尚未有發生肇事之事實，來證明自己是可以安全駕駛的。因此，刑法創設「抽象危險犯」，對於某些行為本身帶有典型危險者，藉抽象危險犯之立法精神，用以維護社會大眾整體之利益，實具有非常實用之價值。

刑罰對抗酗酒與嗑藥駕車之法理分析，頁 328-329。

[35] 參見張麗卿，前揭書，頁 175。

[36] 參見張麗卿，前揭書，頁 175。

[37] 參見張麗卿，前揭書，論刑法公共危險罪章的新增訂，頁 57。張麗卿，前揭書，頁 174-175。

[38] 參見張麗卿，前揭書，頁 175。

(二) 繼續犯

　　學者張麗卿教授所發表「酗酒駕車在交通往來中的抽象危險－評台北地方法院 88 年度北簡字第 1484 號等判決」一文中提出:「本條所處罰的行為是繼續犯,也就是,行為人還沒有改變意思放棄開車的行為,違法的狀態就會在繼續當中。違法狀態始於開車上路,結束於停車,或放棄開車,或開車途中逐漸酒醒而能夠比較安全的開車。依德國司法實務的意見,這個繼續犯不能在解釋上割裂為兩個,例如,酗酒駕車者逃避交通警察的攔檢而繼續開車,或駕駛人曾經中途休息而繼續在酗酒的狀態下開車。」[39]

　　臺灣高等法院魏大喨法官於「臺灣高等法院 88 年度上易字第 4856 號判決補充理由」一文中稱:「德國刑法第 316 條所保護之法益為確保交通往來之安全,本質上為抽象危險犯,而被設計做為不符合第 315 條 C 第 1 款之具體構成要件該當時之補充,本質上為繼續犯。」[40]

(三) 「不能安全駕駛」的故意與過失

　　學者張麗卿教授稱:「本條所謂的『故意』,應該如此解釋:『駕駛人知道飲酒或使用麻醉物品後會發生不適任駕駛的情形,或放任自己在這種情形下開車』。本條只要有間接故意即可成立。也就是,行為人認為可能將無法安全行車,卻又放任這個危險,那就是有故意。抽象危險犯之特性,乃對所保護之法益構成抽象危險或一般危險,即為構成要件該當。至行為人主觀上是否認識其危險存在,即非必要。因此飲酒駕車,行為人知其飲酒對其駕駛能力產生影響,竟仍任由自己駕車,行為人即有故意。至行為人主觀意識是否認識其已達不能安全駕駛程度,或行為人已認識可能無法安全駕駛,雖審酌自己個人特殊性(如自認千杯不醉),而認其酒醉仍能安全駕駛,亦不能因此免其責任。是以本條不以直接故意為必要,間接故意,亦可成立。德國實務界認為,『酒精值』無關故意過失,是因為過分嚴格要求本條的故意要素,不但

---

[39] 參見張麗卿,前揭書,頁 176。
[40] 參見魏大喨,前揭書,頁 67。

在法律理論上錯誤，在實際對抗酗酒駕車上，也將束手無策。同時已將『單純酗酒駕車犯罪化』近三十年歷史的德國經驗指出，如果過分嚴格要求本條的故意要素，不但是法律理論上的錯誤，在實際對抗酗酒駕車上也將無所適從，有關此點非常值得借鑑。」[41]

再觀臺灣高等法院魏大喨法官於「臺灣高等法院 88 年度上易字第 4856 號判決補充理由」一文中稱：「行爲人對於服用酒類而不能安全駕駛，於行爲人主觀上只須對於自己飲酒之事實及駕駛之事實認識爲已足，至於自己酒精含量之多少，以及是否確已處於不能安全駕駛，無認識必要。因此行爲人如知其飲酒可能造成不能安全駕駛結果，竟仍放任自己駕駛，即應認有故意，而不以直接故意爲必要。」[42]

(四) 罪刑法定主義

歐洲在帝王專制時代，刑法乃帝王統治人民之利器，何種行爲係應科處刑罰之罪犯，法律並無明文規定，而任由統治者依其個人之喜好，生殺予奪，而成爲罪行擅斷。隨著時代的進步，民智日開，民眾對於罪行擅斷心生反感，於是萌生罪刑法定之思想。文獻上最早可見於英王約翰在 1215 年簽署的大憲章，其中第 39 條規定：任何自由人非依國家法律及適法裁判，不得逮捕、監禁、剝奪領土與法律之保護。惟罪刑法定主義思想之成熟，則約至 17、18 世紀之啓蒙時代。此等啓蒙思潮發展至 18 世紀已成爲歐洲之思想重心，各國學者在法政方面之論著，均對歐陸之法律發生重大影響[43]。而我國法律內涵係屬大陸法系，亦即傳承罪刑法定主義法理之國度。

罪刑法定主義條文化而規定於刑法法典之後，多年來復經刑法學者深入之探討，逐漸形成特定之涵義，茲依據通說，罪刑法定主義應包含下列涵義略以[44]：

---

[41] 參見張麗卿，前揭書，頁 176-177。
[42] 參見魏大喨，前揭書，頁 74。
[43] 參見林山田，前揭書，頁 27-28。
[44] 參見林山田，前揭書，頁 30-36。

1. 刑罰權的範圍必須經由法律明定

刑罰權源自國家主權，須經由立法權之運作，方能制定刑事法律，以明確界定刑罰權之範圍，故在此刑事法律界限之外，國家即無刑罰權可言。刑事司法惟在此刑事法律明文界定之範圍內，始得行使刑罰權。換言之，刑罰權之依據及其界限，只能透過法律明定，而不能規定在行政命令或行政規章之中。因此，罪刑法定主義實含法律性原則而具防止政治權力之濫用的功能。

刑事法律之中有極為少數之空白刑法，此等條款僅定有罪名與法律效果。而將構成要件中之禁止內容委之於其他法律或行政規章或命令。此空白刑法條款中之行政規章或行政命令，雖非立法權之直接運作而制定之刑事法律，但係經立法部門授權行政機關之委任立法，其規定內涵仍應受到立法權之監督，而非漫無標準，致違背法律位階性原則。故空白刑法在實質上仍屬受制於立法權之規定。

2. 習慣法不得做為刑事判決之依據

罪刑法定之刑法必須是成文法，而習慣法不得做為刑事判決之依據。刑法因干預人民之自由與權利至深且鉅，而習慣法因未經立法程序而加以條文化，故有未盡明確之處，因此在罪刑法定原則下，刑法規範一律排除習慣法之適用，一切罪與刑之宣判，均應以成文法為依據。

3. 刑法對於罪與刑之規定應力求明確

罪刑法定原則之刑法所規定之犯罪與刑罰，應儘量求明確，包括構成要件之明確及法律效果之明確。「構成要件之明確」係指刑法對於犯罪行為之法律要件的規定應力求明確，避免使用可以彈性擴張或模稜兩可而不明確之概念或用詞，做為構成要件要素。「法律效果之明確」則指刑法對於犯罪行為之法律效果的規定必須力求明確，科處刑罰或保安處分之種類必須確定，法定刑之高度與低度間之差距不可過大。

惟有符合明確原則而規定之犯罪構成要件及其法律效果，始能使立法意

旨以及刑罰權之界限，明確的顯現出來，而使刑法具備保障功能；否則，刑法之規定若不明確，則司法者適用該條款時，即可輕易以其主觀之好惡而擅斷。通常對於罪刑法定原則真正構成危險者，並非類推適用法律，而是不明確之刑法。因此，罪刑明確原則尚較類推禁止原則重要。

4. 禁止類推適用刑法

罪刑法定原則之刑法禁止以類推做為新創或擴張可罰行為或加重科處刑罰或保安處分之方法，此即所謂類推禁止。換言之，禁止援引相類似之法條，來科處法條所未明確規定之行為。

5. 禁止溯及既往

罪刑法定之刑法以刑罰或保安處分等法律手段，干預或剝奪行為人之權益，必須在行為人能於事先可預見或可預計之情況下，始得為之。因此罪刑法定原則應包括所謂追朔禁止，使刑法之效力只能及於法律生效後發生之行為，而不得追朔處罰法律生效前業已發生之行為。易言之，追朔禁止原則乃禁止刑法在行為後惡化行為人之法律地位，使行為人不致蒙受不利之罪與刑。

(五) 酗酒犯罪之禁戒處分

依刑法第 89 條規定，因酗酒而有犯罪行為的實施，被法院判決有罪，並科以徒刑，法院得同時宣告禁戒處分，此禁戒處分是一種專就酗酒犯罪人而實施的剝奪自由之保安處分，期間為 3 個月以下，而且於刑之執行完畢或赦免後實施。依保安處分執行法第 2 條第 2 項規定：「實施禁戒處分的處所，係由法務部或由法務部委託地方行政最高機關設置。」另依保安處分執行法第 49 條規定：「執行禁戒處分處所，應設置醫師及適當之治療設備。」惟實務運作上，不論硬體與軟體部分，我國均尚未實施，且目前禁戒處分均係以吸食毒品者為對象。學者蔡墩銘教授指出：「地方行政最高機關設置酒癮禁戒處所時，得就公立醫院內附設之，但因其所執行者為國家強制權，與醫院所執行之純粹醫療事務有異，故不能因其附設於醫院之內即視為醫院附屬單位，

毋寧應認為刑事司法機構之一種較為正確。」[45]

關於刑法第 89 條規定的爭議，學者張麗卿教授則指出：「第一：依據德國的經驗，在治療一段期間之後，治癒者的人數非常少，依我國刑法規定，禁戒期間最多 3 個月，能否收效，實在令人懷疑。第二：酒癮犯罪人必須先執行徒刑之後，才能執行禁戒。在執行徒刑之時，酒癮者如何能有效的接受『再社會化』的教育？為了比較有效達到預防之目的，實應先執行禁戒，之後再執行徒刑。第三：禁戒的宣告，只適用於受科刑判決的酒癮者，可是受無罪判決的酒癮者未必危險性較低……。因此，立法者應否授權法官，對於無罪判決的酒癮者，也得宣告禁戒處分，值得考慮。」[46]

著者要特別提出的是，刑法第 185-3 條係規定：「服用酒類後，不能安全駕駛……。」因此，並非所有依該法被判決有罪者，均可全然適用刑法第 89 條之規定：「因酗酒而犯罪者，得於刑之執行完畢或赦免後，令入相當處所，施以禁戒。」因為「服用酒類」與「酗酒」之間的關係應非等號，「服用酒類」的範圍較廣，可能是喝少量亦可能是偶爾喝酒，當然也可能包括喝酒的量呈相當不規則之酗酒狀況，而所謂酗酒的意涵係比較接近酒癮者。因此，應非一般服用酒類後不能安全駕車者，皆得宣告禁戒處分。此觀學者林山田教授對於禁戒處分之見解當可印證：「禁戒乃為戒除吸用毒品者之毒癮，或酗酒者之酒癮之保安處分。」[47] 又保安處分之意義乃基於社會保安之必要性，在刑罰制裁之外，復使用如禁戒等手段，施予特定受判決人之具有司法處分性質之保安措施[48]。林山田教授復於前揭文中指出刑罰與保安處分在本質上係有差異性存在[49]：

1. 刑罰乃基於行為人之罪責，而對行為人之刑事制裁。保安處分則基於行為人或行為之社會危險性，而對行為人為之司法處分。

---

[45] 參見蔡墩銘，論保安處分處所之處遇，軍法專刊，第 26 卷第 6 期，1980 年 6 月，頁 21-26。

[46] 參見張麗卿，前揭書，行政罰與刑罰對抗酗酒與嗑藥駕車之法理分析，頁 309-312。

[47] 參見林山田，刑法通論（下），台大法律系，1999 年 12 月 6 版，頁 790-791。

[48] 參見林山田，前揭書，頁 786。

[49] 參見林山田，前揭書，頁 788。

2. 刑罰具有痛苦之本質，而以此痛苦衡平犯罪之惡害。保安處分雖在實
   質上亦會產生痛苦，然此痛苦並非其本質上所欲施加者，只是執行處
   分時，無可避免之副作用。

3. 刑罰乃法律制裁手段，具有懲罰性與社會倫理之非難性。保安處分則
   純出於預防社會危險性之目的構想，而對行為人之社會危險性所提出
   之防衛措施，其本質並非對於行為人之懲罰與非難。

(六) 一事不二罰之探討

美國聯邦憲法增修條文第 5 條：「……任何人不得為同一罪行而接受到兩
次生命或身體上的危害……」即是對一事不二罰之明文規定，通稱為「禁止
雙重危險」條款[50]。

學者法治斌教授於所著「試讀一事不二罰」一文中舉出美國之案例稱：
「本案 Hudson v. United States 三位當事人因違反銀行法之規定，先經金融監
理局（Office of the Comptroller of the Currency, OCC）評估分別處以 \$12,500
～\$16,500 不等之罰鍰及禁止未來從事銀行業務後，同一行為又被追究刑事
責任。……原告因此無從主張一事不二罰之憲法法理，前後兩次制裁即非法
所不許。由上述美國最高法院之司法實務可知，一事不二罰原則基本上僅於
刑法之領域內有其適用。刑罰以外之各種制裁，即非所限。……於美國之例，
刑罰及行政罰因二者性質有別，立法上又有所區隔，合併處罰並非當然違憲。
尤其是科處所謂裁罰性之行政處分，不論係吊扣或吊銷駕駛執照或職業證
照，均非屬憲法所禁止之另一次懲罰，從而得與刑事制裁合併處罰。又刑罰
與行政罰二者之處理或審理程序亦得同時並進。且彼此分享相關資訊，惟法
院得依職權停止訴訟之程序。」[51]

我國憲法雖無類似美國聯邦憲法增修條文第 5 條規定之「禁止雙重危險」
條款，亦欠缺正當法律程序之明文規定。惟學者法治斌教授於前揭文中分別

---

[50] 參見廖天美譯，柯威恩、帕特森著，美國憲法釋義，1992 年 3 月初版，頁 257-261。
[51] 參見法教授上課講義－「試讀一事不二罰」一文。

以釋字第 384 號、第 488 號、第 491 號之解釋內涵，認為：「正當法律程序將構成我國 21 世紀公法法制之重頭戲，應非誇大之論」，並稱：「直至 1995 年 7 月 28 日作成之釋字第 384 號解釋，始首度正式、直接使用正當法律程序一詞。其後並另闢蹊徑，先後基於人民有服公職之權利及訴訟權之憲法明文，具體推論出正當法律程序之要求，亦將其適用之範圍由司法程序推進延伸至行政程序。大法官甚至於本年 7 月 30 日作成釋字第 488 號解釋中，進一步要求『基於保障人民權利之考量，法律規定之內容固不得違背憲法，其為實施實體內容之程序及提供適時之司法救濟途徑，亦應有合理之規定，方符憲法維護人民權利之意旨；法律授權行政機關訂定之命令……尤須對採取影響人民權利之行政措施時，其應遵行之程序作必要之規範。』言下之意，似乎已明確將程序之要件視為人權內容中當然不可分割之一部；對於任何人權之限制，似均須待合正當法律程序之基本要求。因此正當法律程序之概念似已溶入我國憲法之內，成為憲法人權譜系中之重要構成部分。雖然當初若干大法官頗有意見，直接質疑其引進之必要性，但已逐漸形成高度之共識。目前大法官作成之釋字第 491 號解釋中，已未見任何大法官就此表示異議。」

學者法治斌教授並於前揭文進一步指出：「司法院大法官於釋字第 384 號解釋中，直接明確點出所謂實質正當之法律程序；認定立法機關於制定有關限制人身自由之法律時，其內容更須合於實質正當。而實質正當之內涵，於本號解釋理由書中即闡明包括同一行為不得重覆處罰，故似乎一事不二罰之原則已因此成為我國憲法所承認之基本原則。惟依其行文語意及脈絡體系：上述被告之自白須出於自由意志……，此處所稱之『處罰』，似僅以『刑罰』為限，亦即不得針對同一行為科處多次刑事制裁。至於行政處罰之部分，則恐非規範效力之所及。……我國之立法實務除少數例外，多採刑罰與行政秩序罰併罰之設計。……縱使僅有少數立法明定合併處罰，一般均主張無待法律之明文，而得合併處罰。且一再為行政法院所肯認。可謂立法與司法實務於此早已形成高度之共識，從而拒斥一事不二罰原則適用之可能。」

學者法治斌教授並於前揭文最後指出：「奧地利行政罰法第 22 條第 2 項即採併罰主義、荷蘭亦承認行政罰與刑罰得併罰之、我國東鄰日本之判例同

採罰鍰與行政刑罰得併科之見解。美國則一貫嚴格解釋憲法所定「禁止雙重危險」條款之適用對象,而僅限於刑事之制裁。」

學者陳高村教授於「評刑法第 185-3 條修正案爭議與交通執法之因應」一文指出:「……酒後駕駛行為係對交通安全公法益侵害與違反行政法規定之義務,分別為兩項不同事實,應無一事不二罰之爭議。」、「……且行政罰中有具交通管理意義之吊扣、吊銷駕照、禁止駕駛等措施,實無法由刑法中之處罰所取代,故亦無重罰法吸收輕罰之理。」[52]

以上學者之論點,本文從之;由於過去處罰酒駕的規範只有道路交通管理處罰條例第 35 條,未有一事不二罰的疑案,惟目前亦有刑法第 185-3 條的刑罰適用,駕駛人是否會因酒駕的行為而受到兩者法律之制裁,進而造成一事兩罰的爭議至明,應不存在。

第二節　司法實務見解之探討

我國刑法第 185-3 條於 2013 年 5 月 31 日經立法院三讀修正通過,並於同年 6 月 11 日公布施行,此次修正重點是將酒精濃度值直接訂於條文之中,並降低呼氣酒測值達每公升 0.25mg 或血液中酒精濃度達 0.05% 以上[53]。惟過去十多年的執法依據皆以呼氣中酒精濃度 0.55mg/l 為標準而衍生許多爭議,值得探究。

立法院最初於 1999 年 4 月新增訂刑法第 185-3 條,規範酒駕的處罰規定,引起社會極大迴響。更在部分案件被法院判決為無罪之後,酒駕爭議的話題,再次造成社會各界的熱烈探討。

本文已於前第 3 章第 4 節對於部分法院實務判例的見解,做過分析歸納,以了解法官在面對新增刑法第185-3 條的適用情形時,所引用的法理基礎為何。

本節擬再就第 3 章第 4 節所收集的法院實務的判例,做更進一步的探討,

---

[52] 參見陳高村,評刑法第 185 條之 3 修正案爭議與交通執法之因應,中央警察大學交通學刊第 22 期,1999 年 6 月,頁 27-30。

[53] http://law.moj.gov.tw/。

以期眞理愈辯愈明。

臺灣臺北地方法院法官所作的刑事判決案件的內容所關聯到的核心問題，在於刑法第 185-3 條應如何適用？立法院於 88 年 4 月將酒駕的刑罰制裁規定增列於新修正的刑法第 185-3 條，希望藉由這個規定來抑制因酒駕所產生的交通問題，使酒駕的規範功能得具有一般預防的作用。由於本條是新增的規定，在適用上難免出現一些問題。

因此，本節將從檢察官、各學者的論點以及條文的法律性質出發探討本件判決。

一、抽象危險犯與具體危險犯

縱觀台北地方法院所作之 88 年度北簡第 1617 號、第 1484 號以及第 1708 號等三件法院判決，著者認爲該三件判決之全文並未就刑法第 185-3 條的立法精神——抽象危險犯，加以探討說明，因此，著者認爲爾後發展出來的論點，可能會出現南轅北轍的不同方向[54]。

就刑法第 185-3 條的立法精神是否爲抽象危險犯，茲陳各學者之見解如下：

1. 學者林山田教授於台灣本土法學雜誌社主辦之「酒後駕車相關問題座談會」所發表見解：「爲什麼構成要件所作的犯罪類型區分，也有其刑事司法上的功能？具體危險犯與抽象危險犯的犯罪類型區分就是有這樣輔助的作用存在，如果否定這種的區分的作用，把構成要件的類型丟掉，一切都用證據規則，就證據法的思考，固然是沒有爭論的，可是刑事司法實務卻有其困難，引進 Dogmatik 上犯罪類型區分的作用，不就是刑事司法上兩全其美的作法嗎？」[55]

---

[54] 參見臺灣臺北地方法院刑事判決，88 年度北簡字第 1617 號、88 年度北簡字第 1484 號、88 年度北簡字第 1708 號等三件判決全文；文中對於刑法第 185 條之 3 的立法精神——抽象危險犯，均未提及。

[55] 參見酒後駕車相關問題座談會，台灣本土法學雜誌社主辦，台灣本土法學雜誌第 8 期，2000 年 3 月，頁 108。

2. 學者林山田教授續於台灣本土法學雜誌社主辦之「酒後駕車相關問題座談會」所發表見解：「每個案件都要個案認定，但是到達 0.11% 的，則是通案累積而形成的證據規則，只要達到此標準，就不必就他個人對於酒精的承受能力而送請鑑定 0.11% 是否不能安全駕駛。至於未達 0.11% 的，才要就個案認定，結合其他一些佐證，例如像螃蟹一樣橫走、不尋常的駕駛錯誤、飆車、以及超車有如神風特攻隊等等，結合這些佐證，雖然尚未達 0.11%，但也可能認定不能安全駕駛而構成本罪。個人不同意抽象具體危險的概念，因為這全把抽象危險犯與具體危險犯的區分含混掉，個人認為本罪確是『抽象危險犯』，因為我們是參照德國的立法，那德國刑法理論上的處理我們不能不考慮。」[56]

3. 學者張麗卿教授於所著「酗酒駕車在交通往來中的抽象危險」一文中提出：「為有效防止酒駕在交通往來中所可能衍生的危險，我國早已經有行政罰的處罰規定，參見道路交通管理處罰條例第 35 條。而對於酒駕的處罰規定，不論是原先已有的行政法或是新增刑法上的構成要件，都屬於學說上所稱的『抽象危險犯』。」[57]

4. 學者張麗卿教授另於所發表「酗酒駕車在交通往來中的抽象危險—評台北地方法院 88 年度北簡字第 1484 號等判決」一文中明確指出：「刑法第 185-3 條是以德國刑法第 316 條為範例，這個新規定是『抽象危險構成要件』的立法，如果能被妥當執行，應該可以大幅減少道路交通上的實害發生。」[58]

5. 學者張麗卿教授更於「酒駕應屬有罪」一文中指陳：「我國立法者於 1999 年 4 月新修正公布實施的刑法第 185-3 條，增列了酗酒駕車的刑罰制裁規定，希望藉由這個規定來嚇阻貪杯的人，當然也是基於一般預防的思想，對於酗酒或嗑藥駕車的處罰規定，不論是行政法或刑法

---

[56] 參見酒後駕車相關問題座談會，台灣本土法學雜誌社主辦，台灣本土法學雜誌第 8 期，2000 年 3 月，頁 101。

[57] 參見張麗卿，前揭書，頁 174。

[58] 參見張麗卿，前揭書，頁 174-175。

上的構成要件，都屬於學說上所稱的『抽象危險犯』」[59]

6. 臺灣臺北地方法院檢察署 88 年上字第 1038 號，檢察官稱：「刑法第 185-3 條係『抽象危險犯』，不以發生具體危險爲必要，立法者創設獨立構成要件型態，將可罰性擴張，係刑法保護向前推置，法律所非難的對象係行爲方式的本身，並非行爲的結果，即不必以發生具體危險或實害（肇事）結果爲必要。」[60]

7. 臺灣臺北地方法院檢察署 88 年上字第 1016 號，檢察官稱：「刑法第 185-3 條之服用酒類不能安全駕駛而爲駕駛罪係屬公共危險罪，所謂公共危險罪乃指足以造成特定或不特定多數人死亡或身體健康受到傷害，以及財物受損等嚴重後果之具有公共危險性之犯罪行爲。又本條規定並未在構成要件中設有「致生公共危險」之構成要件要素，故爲抽象公共危險罪，而所謂抽象公共危險罪，即立法者在構架此種犯罪之構成要件時，即以構成要件要素之彼此關聯，而預先認定該行爲具有一般之抽象危險，而不以事實上業已發生危險，方具有應刑罰性。是本條既屬抽象公共危險罪，揆諸前揭說明，其即非實害犯，亦非結果犯，而立法者在訂立此條文時，即認酒後駕駛動力交通工具，具有一般之危險性，該條之立法目的乃在預防酒駕，對於其餘用路人所造成之危害，因此，並不以行爲人的確因酒駕而肇事造成危險或損害作爲構成要件。」[61]

8. 另觀臺灣高等法院魏大喨法官於臺灣高等法院刑事判決中（88 年度上易字第 4856 號）所稱：「將交通刑法設計爲抽象危險構成要件類型，而於實害發生前，甚或在無具體危險發生情況下，對行爲人科以惡害，常爲各國交通刑法立法例所採。德國、日本等皆然。」[62]

---

[59] 參見張麗卿，酒醉駕車應屬有罪，收錄於台灣本土法學雜誌第 8 期，2000 年 3 月，頁 81。
[60] 參見臺灣臺北地方法院檢察署檢察官 88 年度上字第 1038 號，頁 1。
[61] 參見臺灣臺北地方法院檢察署檢察官 88 年度上字第 1016 號，頁 3。
[62] 參見魏大喨，前揭書，頁 66。

9. 參見立法院公報第 88 卷第 13 期院會紀錄[63]。

上述各學說所持之論點探究，本書從之，著者認為自當確信「抽象危險犯」正是刑法第 185-3 條的立法精神與目的。而若捨「抽象危險犯」的根本立法精神不做深入探討，而欲對此一爭議焦點尋找出答案，猶恐失之偏頗。

由於我國刑法第 185-3 條的立法係仿德國之刑法立法例。因此，著者認為有必要再舉德國之立法例加以說明，自當對我國刑法第 185-3 條的立法來龍去脈與內涵能更加了解。

1. 德國刑法 315 條 a：「由於飲用酒精飲料或服用其他麻醉品，或由於精神上或肉體上之缺陷，在無法安全駕駛火車、纜車、船舶或航空器之情況下，駕駛此類交通工具，致危及他人身體、生命或貴重物者，處 5 年以下自由刑或罰金。」學者林山田教授稱此為鐵路船運與空運危險罪[64]。

2. 德國刑法 315 條 c：「由於飲用酒精飲料或服用其他麻醉品，或由於精神上成肉體上之缺陷，在無法安全駕駛交通工具之情況下，而駕駛交通工具參與道路交通，致危及他人身體、生命或貴重物者，處 5 年以下自由刑或罰金。」學者林山田教授稱此為道路交通危險罪[65]。

3. 酒醉參與交通罪：德國刑法 316 條：「由於飲用酒精飲料或服用其他麻醉品，在無法安全駕駛交通工具之情況下，駕駛交通工具（德刑 315～315d），而參與交通，若其行為未依第 315 條 a 或第 315 條 c 處罰者，處 1 年以下自由刑或罰金。」學者林山田教授稱此為酒醉參與交通罪[66]。

---

[63] 參見立法院公報，第 88 卷，第 13 期，院會紀錄，1999 年 4 月 7 日，頁 80-97、197-199、374-379。

[64] 參見林山田，刑法各論（下），台大法律系，1999 年 9 月 2 版，頁 280-281。

[65] 參見林山田，前揭書，頁 281。「道路交通法」立法之研究，中華民國運輸學會，蔡中志主持，1997 年 6 月 30 日，德國刑法之頁 3-4。

[66] 參見林山田，前揭書，頁 281。「道路交通法」立法之研究，中華民國運輸學會，蔡中志主持，1997 年 6 月 30 日，德國刑法之頁 4。

4. 學者林山田教授稱：「『前兩罪』為具體危險犯，法官必須就個案判斷，若行為人之交通行為對於他人身體、生命或貴重物果真存有具體危險者，始足以成罪；若行為對於他人身體、生命或貴重物並不存有具體危險，而不能適用前兩罪處斷者，始有『後罪』的適用，故後罪係屬『抽象危險犯』，與前兩罪係居於輔助性之關係。」[67]

據此，德國交通刑法整體之立法例內涵已甚明，著者認為自應可確定我國刑法第 185-3 條係仿德國刑法第 316 條之規定，僅規定具有輔助性之抽象危險犯，至於規範於德國刑法第 315 條 a 與第 315 條 c 之具體危險犯法例，於我國則完全缺漏，應無庸爭議，這部分充分顯示我國立法工作上的不嚴謹，亦是我國立法上美中不足之處。

著者認為我國刑法第 185-3 條的立法精神既然是抽象危險犯，那麼我們勢必應該對於運用抽象危險構成要件的主要理由做更深入的探討，若有此堅強的法律理論作為基礎後，必然對刑法第 185-3 條的適用情形，會產生積極正面的幫助，不致於焦點模糊，甚至出現南轅北轍的觀點。茲將運用抽象危險構成要件的主要理由，列舉如下：

1. 抽象危險犯構成要件的刑事立法目的是：對於法益做前置性的保護[68]。
2. 抽象危險犯的立法目的在於利用刑罰嚇阻可能發生的危險。使危險不致發生，藉以達到預防犯罪的功能[69]。
3. 交通刑法所干涉的違法行為，是一個沒有具體攻擊對象的行為。交通刑法所要保護的是，超越個人的集體利益[70]。
4. 即使未違規的駕駛人也可能因為其他駕駛人的重大違規行為而導致發生交通事故。因此，運用抽象危險犯構成要件，對於還沒有造成實

---

[67] 參見林山田，前揭書，頁 281。
[68] 參見張麗卿，前揭書，頁 175。張麗卿，前揭書，頁 82。參見魏大喨，前揭書，頁 66。
[69] 參見張麗卿，前揭書，論刑法公共危險罪章的新增訂，頁 57。張麗卿，前揭書，行政罰與刑罰對抗酗酒與嗑藥駕車之法理分析，頁 328-329。
[70] 參見張麗卿，前揭書，頁 175。張麗卿，前揭書，頁 82-83。

際侵害的交通違規行為,在立法上規定為犯罪,正是為了保護超越個人的生活利益[71]。

5. 抽象危險犯其刑罰的對象不以確已發生危險結果為依據[72]。

6. 刑法第 185-3 條的立法目的是:並不以對於道路交通往來人車發生具體實害為要件。因此本法規範的目的,即著重於一般預防功能,而含有危險犯特質,殆無疑義[73]。

7. 某一種類型行為被認為係帶有典型的危險性時,不須待具體危險結果產生或實害發生,即可以刑法處罰[74]。

8. 運用抽象危險構成要件的主要理由之一,係可以避免類同實害犯有舉證上的困難,藉以減輕追訴機關的負擔,是非常有實用性的構成要件[75]。

9. 抽象危險構成要件在相當程度內有排除舉證困難的優點,不過,如果單單是為了舉證便利而創用抽象危險犯,還不夠正當。運用抽象危險構成要件,必須是因為整體的社會利益可能遭到違規者的傷害,而不必等到違規行為已惹起具體危險狀態,即可運用刑法手段介入,以達到預防犯罪的功能[76]。

10. 從另一方面來思考:若從「具體結果犯」法理看問題,被告如於酒後被測出高酒精含量值,並且已經語無倫次、走路歪斜不穩,顯然已達不能安全駕駛之狀態,但是被告仍然可以其被警察攔檢之前,尚未有發生肇事之事實,來證明自己是可以安全駕駛的。因此,刑法創設「抽

---

[71] 參見張麗卿,前揭書,頁 175。張麗卿,前揭書,頁 83。

[72] 參見臺灣臺北地方法院檢察署檢察官 88 年度上字第 1016 號,頁 3。臺灣臺北地方法院檢察署檢察官 88 年度上字第 1038 號,頁 1。

[73] 參見魏大喨,前揭書,頁 65。

[74] 參見林東茂,前揭書,頁 28。張麗卿,酒醉駕車應屬有罪,台灣本土法學雜誌第 8 期,2000 年 3 月,頁 82-83。

[75] 參見張麗卿,前揭書,論刑法公共危險罪章的新增訂,頁 57。張麗卿,前揭書,頁 174-175。張麗卿,前揭書,頁 81。魏大喨,前揭書,頁 66。

[76] 參見張麗卿,前揭書,頁 175。張麗卿,前揭書,頁 81。

象危險犯」，對於某些行為本身帶有典型危險者，藉抽象危險犯的立法精神，以刑法處罰之[77]，用以維護社會大眾整體之利益，實具有非常實用之價值。

11. 另外，抽象危險構成要件也符合刑法所要求的一般預防功能，由於任何人都可能是交通犯罪的潛在犯罪人，任何人也都可能是交通犯罪的被害者，在社會大眾利益還沒有遭到現實的侵害，或危險狀態還沒有出現之前，用刑法的規定介入，是為了更周密的保護大眾利益、為了保護超越個人的生活利益。所以，「抽象危險構成要件」被認為是對抗交通犯罪的重要手段[78]。

　　地方法院所作之判決文中第 2 段第 3 點認為：「然查依被告為警查獲前，其非但能駕駛汽車自臺北市饒河街友人喜宴會場行至臺北市基隆路 2 段、辛亥路口（約 4 公里），且查獲當時亦能遵照指示接受酒精測試及製作筆錄，加以警訊筆錄亦記載被告服用酒類後駕車並無發生交通事故（見警訊筆錄第 5 頁背面）等客觀情事，則被告縱有經酒精濃度測試值逾 0.55mg/l 之事實，然並無上開資料所稱之『視覺反應遲鈍，影像不能集中，走路或講話發抖，動作笨拙』等客觀上已不能安全駕駛汽車之狀態。」[79]

　　著者認為以上地方法院所持之論點，顯然與抽象危險犯的立法目的——「對於法益做前置性的保護」、「整體的社會利益可能遭到違規者的傷害，而不必等到違規行為已惹起具體危險狀態，即可運用刑法手段介入，以達到預防犯罪的功能」以及「其刑罰的對象不以確已發生危險結果為依據」等等相背離。因為駕駛人未發生肇事情節，並不與能安全駕駛劃上等號，易言之，能安全駕駛的前提應不是取決於發生交通事故與否。又駕駛人能接受警方當場所作酒精濃度測試亦未必代表即能安全駕駛，蓋不能安全駕駛之抽象危險犯處罰不以已惹起具體危險狀態或不以確已發生危險結果甚或不以發生實害

---

[77] 參見林東茂，前揭書，頁 28、32-33。
[78] 參見張麗卿，前揭書，頁 81。張麗卿，前揭書，頁 174。
[79] 參見臺灣臺北地方法院刑事判決，88 年度北簡字第 1617 號，第 2 段第 3 點。

結果為依據等等的基礎理論已於前敘述至為明確。

此可觀台北地方法院檢察署88年度上字第1038號以為證，檢察官稱：「刑法第185-3條係『抽象危險犯』，不以發生具體危險為必要，立法者創設獨立構成要件型態，將可罰性擴張，係刑法保護向前推置，法律所非難的對象係行為方式的本身，並非行為的結果，即不必以發生具體危險或實害（肇事）結果為必要。」以及「……原判決以被告『非但能駕駛汽車……至台北市基隆路2段，……能遵照指示接受酒精濃度測試及製作筆錄，……並無發生交通事故』，僅以未肇事據以推論被告並無『視覺反應遲鈍，影像不能集中，走路或講話發抖，動作笨拙』 等情，既昧於刑法第185-3條係『抽象危險犯』之本質，亦與論理法則、經驗法則有悖，徒啓行為人僥倖心理。」[80]

再查臺灣臺北地方法院檢察署88年上字第1016號以為證，檢察官稱：「原審判決以本件被告為警查獲前，非但能為駛汽車（約2公里），……且無發生交通事故……，認定被告縱有經酒精濃度測試值逾0.55mg/l之事實，亦無如前述實驗資料所稱之『視覺反應遲鈍，影像不能集中，走路或講話可能發抖，動作笨拙』等客觀上已不能安全駕駛汽車之狀態。然查，被告駕駛汽車約2公里，雖無發生交通事故，然並不能據以認定其得安全駕駛，否則，顯與刑法第185-3條規定為抽象危險罪之立法目的不符。」[81]

另著者認為我國雖已有刑法第185-3條的條文，然而部分地方法院之判決文顯係欠缺對「抽象危險犯」立法目的之探討與認定。亦是地方法院判決美中不足之處[82]。

學者張麗卿教授於「酒駕應屬有罪」一文中指出：「特定的危險行為如果對法律所保護的利益形成典型的危險性，立法者以『刑法』對付，並不過當。尤其是，有一些很難令人忽視的可能引發危險的個人行為，例如，持有槍械、販賣毒品、重大交通犯罪行為。酗酒駕車，假如只是針對引發具體危險的行

---

[80] 參見臺灣臺北地方法院檢察署檢察官88年度上字第1038號，頁1-3。
[81] 參見臺灣臺北地方法院檢察署檢察官88年度上字第1016號，頁5。
[82] 參見臺灣臺北地方法院刑事判決，88年度北簡字第1617、1484及1708號，判決文中均未提及。

爲而做處罰，那麼這個法律的眞正目的一定無法實現。因爲這會面臨舉證上的重大困難。在交通管理處罰法規上創設抽象危險構成要件，確實有迫不得已的需要。」[83]

學者張麗卿教授續於「酒駕應屬有罪」一文中指出：「血液中或呼氣中的酒精含量達一定的數值，就認爲是『不能安全駕駛』，固然有羅織的意味，但這是若干法律規範不能免的事。例如，無正當理由攜帶刀械，在立法上被認定有危險性，對不特定人的生命身體有危險。立法上認定，這刀械終將流入仇門的場所，攜帶刀械的人不論有無前科、從事什麼行業、學歷多高，都不能否定犯罪的成立。無照駕駛同樣被認定有危險性，即使無駕照者可以證明自己的開車技術高於有駕照者，他還是無照駕駛，被視爲有危險。這些『抽象危險犯』，是不管具體個案的特殊性的。如果認爲個案正義可能被扭曲，檢察官只能職權不起訴，法院只能從輕量刑（或罰金、易科罰金、緩刑）。」[84]

著者認爲以上學者的論點相當值得肯定，但關鍵點在於呼氣中的酒精含量數值究應爲何？方能被認定爲絕對不能安全駕駛，這正是社會大眾所探討與期待的核心問題之一，這攸關是否符合正當法律程序的實質正當問題。有關血液中或呼氣中酒精含量數值的研訂問題，可參照以下第二點有關德國的經驗，應可做爲我國實作研究的方向，此一課題實有待我國相關單位繼續努力完成，並且刻不容緩。

二、絕對不能安全駕駛與相對不能安全駕駛

德國交通刑罰法，其用以制裁酗酒駕車行爲（不含已生實害行爲）之相關法條有二，一爲刑法（StGB）第 316 條所定，任何人因飲酒，不能安全駕駛交通工具，而駕駛者，如未按第 315 條 a 或第 315 條 c 處罰者，處 1 年以下有期徒刑或罰金[85]。其二爲同法第 315 條 c 第 1 項第 1 款規定，任何人因

---

[83] 參見張麗卿，前揭書，頁 83。
[84] 參見張麗卿，前揭書，頁 84。張麗卿，前揭書，頁 177-178。林東茂，前揭書，作者舉出「槍砲彈藥刀械管制條例」，當中所規定者，大多爲抽象危險犯，頁 30。
[85] 參見參見林山田，前揭書，頁 281。「道路交通法」立法之研究，中華民國運輸學會，蔡中

飲用酒精不能安全駕駛交通工具，造成對他人身體、生命或財產危險者，處
5 年以下有期徒刑或罰金。而兩者之主要不同點，依德國通說及實務見解，
第316條為抽象危險犯之構成要件，而第315條c為具體危險犯之構成要件[86]。

1. 臺灣高等法院魏大喨法官於「臺灣高等法院 88 年度上易字第 4856 號
   判決補充理由」一文中稱：「德國刑法第 316 條所保護之法益為確保
   交通往來之安全，本質為抽象危險犯構成要件類型，而被設計做為不
   符合第 315 條 c 第 1 款之具體構成要件該當時之補充，本質上為繼續
   犯，並以不能安全駕駛為構成要件。而所謂不能安全駕駛，取決於酒
   精對普通一般駕駛人所產生的效能改變或干擾，以及對其他參與道路
   交通者所生的危險程度而定。但人體內究含多少數值之酒精，即可對
   交通工具喪失其安全駕駛能力，在立法上難以明確指示規範，須靠司
   法評價。在德國是由司法實務藉法醫學之支持，作出『絕對不能安全
   駕駛』之酒精含量數值，解釋該構成要件要素中所謂『不能安全駕駛
   者』概念。」[87]

2. 臺灣高等法院魏大喨法官於「臺灣高等法院 88 年度上易字第 4856 號
   判決補充理由」一文中稱：「『絕對無安全駕駛能力』在德國實務上以
   人體內酒精含量之絕對數值達一定數值者，予以認定。而該數值歷經
   多次向下修正，由 1966 年聯邦最高法院（BGH）對汽車駕駛人，以血
   液中酒精濃度（簡稱 BAK）達 0.15% 時，即認為絕對無安全駕駛能力；
   其後為 0.13%；而自 1990 年後對所有動力交通駕駛人修正為 0.11%。此
   數值是經由主管衛生官署依據若干研究機構較準確的分析成果而做成。
   而符合此數值者，即應依刑法第 316 條予以處罰，無待乎其他證據之
   補充，亦不得以反對證據證明其尚有安全駕駛能力而免責。」[88]

志主持，1997 年 6 月 30 日，德國刑法之頁 4。

[86] 參見參見林山田，前揭書，頁 281。「道路交通法」立法之研究，中華民國運輸學會，蔡中
志主持，1997 年 6 月 30 日，德國刑法之頁 3-4。參見魏大喨，前揭書，頁 67。

[87] 參見魏大喨，前揭書，頁 67。

[88] 參見魏大喨，前揭書，頁 67。

3. 臺灣高等法院魏大喨法官於「臺灣高等法院 88 年度上易字第 4856 號判決補充理由」一文中稱：「有別於絕對不能安全駕駛者，尚有『相對不能安全駕駛』，兩者之不同在於證據方法之不同。而血液中酒精濃度在 0.03% 以上至 0.11% 之間者，BGH 認係屬『相對不能安全駕駛』，並非不罰行為，但須依個案之其他情況證據，佐證動力交通駕駛人不能安全駕駛事實。人體酒精濃度 0.03% 以上者，對動力交通工具之駕駛人心理物理上效能即會受到相當干擾，而其他得以佐證之情況證據者，如不尋常的駕駛錯誤、駕駛疏忽、過度超速駕駛、蛇行駕駛、不遵守安全間隔駕駛或超車等，均得為佐證資料。」[89]

4. 在一場由台灣本土法學雜誌社主辦的「酒後駕車相關問題座談會」中，學者林山田教授亦指出：「今天這個問題，其所涉及到的只是證據規則問題，而不會是構成要件不明確或有待補充之構成要件問題，由於這個判斷的關鍵點是從國外進口的，不是本土法醫學上就一系列的案件檢驗酒精在血液中的含量對駕駛行為的影響而得出的一個客觀標準，然後結合刑法論理學上的抽象危險犯的概念，本條的規定就可以運作了。當年德國刑法增訂交通危險罪之後，也一直在報紙、法學專業或法醫學專業雜誌都有很多的討論，就是在決定到底血液中的酒精含量，不管張三、李四的酒量，只要酒精含量到多少，絕大部分的人都沒有辦法在動力快速交通下，做出適當而安全的駕駛行為，因為交通工具本身就是一個危險的器械，操作一個危險的器械假如操著者本身能力不足的話，本身就是一個公共危險行為，德國的認定標準係從 1966 的 0.15%，慢慢再調整到 0.13%，1990 年再調整到 0.11%。由於德國人的體質與他們的飲酒習慣，使他們對於酒精的承受能力，應該不會比我們低，所以要拿德國的標準來作為我們的認定標準，則需要在法醫學上作大規模的研究。」[90]

---

[89] 參見魏大喨，前揭書，頁 67。
[90] 參見酒後駕車相關問題座談會，台灣本土法學雜誌社主辦，台灣本土法學雜誌第 8 期，2000

5. 針對刑法上有關絕對與相對的概念觀點，學者林山田教授亦指出：「實際上，我們學刑法的人都很清楚絕對與相對的概念，為什麼 14 歲以下就絕對無責任能力，有人雖然 13 歲就很成熟，但是我們不管他是 13 歲或 13 歲半，反正就未滿 14 歲，形式上就確認無責任能力；否則每個未滿 14 歲的被告都來鑑定，那不但費時，而且對司法資源亦是浪費，至於已超過 14 歲以上未滿 18 歲或已滿 80 歲的限制行為能力人，則是相對的，所以要個案認定。」[91]

6. 關於「絕對不能安全駕駛與相對不能安全駕駛」這個問題，德國的實務上究係如何運作？學者林山田教授指出：「以德國為例，到達 0.11% 的，則是通案累積而形成的證據規則，只要達到此標準就不必就他個人對酒精的承受能力而送請鑑定 0.11% 是否不能安全駕駛。至於未達 0.11% 的，才要就個案認定，結合其他一些佐證，例如像螃蟹一樣橫走、不尋常的駕駛錯誤、飆車、以及超車有如神風特攻隊等等，結合這些佐證，雖然尚未達 0.11%，但也可能認定不能安全駕駛而構成本罪。個人認為本罪確是抽象危險犯，因為我們是參照德國的立法，那德國刑法理論上的處理我們不能不考慮，所以個人認為具體危險犯與抽象危險犯的區分實際上是有刑事立法的理論依據，以及刑事司法的操作方便性。」[92]

據以上學者所提出之論見，著者做出以下的分析探討：

1. 對於酒駕的認定問題上，德國在實務上的運作分為「絕對不能安全駕駛」與「相對不能安全駕駛」兩種類型。

2. 當年德國刑法增訂交通危險罪之後，對於酒駕的認定問題上，係就法

年 3 月，頁 101-102。

[91] 參見酒後駕車相關問題座談會，台灣本土法學雜誌社主辦，台灣本土法學雜誌第 8 期，2000 年 3 月，頁 101-102。

[92] 參見酒後駕車相關問題座談會，台灣本土法學雜誌社主辦，台灣本土法學雜誌第 8 期，2000 年 3 月，頁 101-102。

學專業與法醫學專業做過很多的討論與努力。

惟我國最初於刑法制定後之實務做法卻付之闕如，僅法務部召集相關單位開會作成決定，並以函通知各相關單位。其研訂之過程嚴謹性顯似欠缺實質正當？另法律的規範形式亦似欠缺形式正當？

3. 德國對於相對不能安全駕駛的行為，並非屬不罰行為，但須依個案之其他情況證據，佐證動力交通駕駛人不能安全駕駛事實。而其他得以佐證之情況證據者，如不尋常的駕駛錯誤、駕駛疏忽、過度超速駕駛、蛇行駕駛、不遵守安全間隔駕駛或超車等，均得為佐證資料。

4. 我國雖已有刑法第 185-3 條的條文，然地方法院之判決文中指出對「抽象危險犯」之立法目的之探討與認定仍不充足。

5. 2013 年以前[93]，我國雖然有規定呼氣中酒精濃度超過 0.55mg/l 時，或介於 0.25mg/l～0.55mg/l 間並輔以其他客觀事實亦得作為「不能安全駕駛」之判斷時，亦應依刑法第 185-3 條規定移送法辦處以刑罰。在外觀上似乎均與德國絕對不能安全駕駛與相對不能安全駕駛的規範一致，但以正當法律程序檢驗卻似有下列問題：

   (1) 這些規定的內容（指數據），其研定過程的方式為何？嚴謹性如何？似欠缺實質正當。

   (2) 法務部開會作成決定，這個規定的法律形式規範為何？似欠缺形式正當。

   (3) 2013 年以前，呼氣中酒精濃度介於 0.25mg/l～0.55mg/l 間[94]，同時若能輔以其他客觀事實，亦得作為「不能安全駕駛」之判斷時，亦應依刑法第 185-3 條規定移送法辦處以刑罰。但得作為「不能安全

---

[93] 102 年 5 月 31 日立法院三讀修正通過刑法第 185-3 條，並於同年 6 月 11 日公布施行，內容略以：駕駛動力交通工具吐氣所含酒精濃度達每公升 0.25mg 或血液中酒精濃度達 0.05% 以上，處 2 年以下有期徒刑，得併科 20 萬元以下罰金，http://law.moj.gov.tw。

[94] 2013 年 6 月 11 日修正道路交通安全規則第 114 條第 1 項第 2 款，內容略以：飲用酒類或其他類似物後其吐氣所含酒精濃度達每公升 0.15mg 或血液中酒精濃度達 0.03%，不得駕車。並自同年 6 月 13 日施行，http://law.moj.gov.tw。

駕駛」之判斷之內容爲何，法律根本並未規範？警察人員執行取締酒駕時，自無法可依據執行，顯然形成另一項缺漏，不無遺憾。

著者已就核心問題「抽象危險犯與具體危險犯」以及「絕對不能安全駕駛與相對不能安全駕駛」兩大部分進行詳細探討；著者認爲我國刑法第185-3條既仿德國之立法例，更當應從此兩個重要法律概念爲首探究，惟有了解德國實務運作上的法律內涵，相信當更能有助於釐清爭議不斷的焦點問題。

三、實務界對「不能安全駕駛」見解之分析

法官根據以下的情節[95]，認爲被告於查獲當時，縱經酒精濃度測試值逾0.55mg/l 之事實，然並無前述實驗資料所稱之「視覺反應遲鈍，影像不能集中，走路或講話發抖，動作笨拙」等客觀上已不能安全駕駛汽車之狀態。因此，難認爲被告有不能安全駕駛動力交通工具之情事。

1. 被告爲警查獲前，其非但能騎乘汽車自台北市基隆路 2 段至台北市松隆路 36 號前。
2. 且查獲當時亦能遵照指示接受酒精濃度測試及製作筆錄。
3. 警訊筆錄亦記載被告服用酒類後駕車並無發生交通事故（見警訊筆錄第 5 頁背面）等客觀情實。

法官會以此等等觀點而稱：「難認爲被告有不能安全駕駛動力交通工具之情事。」正如著者先前之論點：若不以抽象危險犯的立法精神來探討，將產生南轅北轍的看法。

爲有助此一問題釐清，著者茲將抽象危險犯的法律內涵，以圖 4-1 表示之，當更能一目了然。

因此，法官聲稱：「被告爲警查獲前，其非但能騎乘汽車自台北市基隆路 2 段至台北市松隆路 36 號前，且警訊筆錄亦記載被告服用酒類後駕車並無發

---

[95] 參見臺灣臺北地方法院刑事判決，88 年度北簡字第 1617、1484、1708 號等三件判決文，僅第一點所列之地點三件有所不同外，餘均相同。

生交通事故等」，因而認為被告未有不能安全駕駛動力交通工具之情事之論點。

　　著者則認為若要以駕駛人有根本不能駕駛之情形甚至須於路上發生肇事的情節，方能認定為刑法第 185-3 條所規定之不能安全駕駛的適用，豈不是硬要將抽象危險犯改變為實害犯或具體危險犯嗎？顯與抽象危險犯的立法目的有悖。

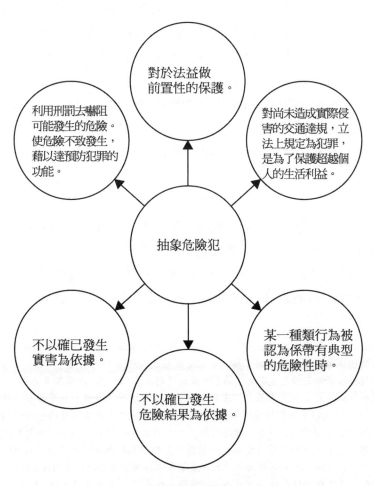

圖 4-1　抽象危險犯之法律內涵

四、小結

　　著者已針對各級司法單位就刑法第 185-3 條的適用問題，各自所闡述表達的論見，在前各節之中，進行過詳細的說明與探討，由於所陳述探討的內容複雜且豐富，著者為能更掌握各項爭點核心並釐清比較各相關司法單位之見解，茲自行將本書所引用各司法單位之判決文及上訴書之見的，彙整如表 4-1 與表 4-2，此均係本書中所引用之司法案例，包括地方法院、地檢署以及高等法院。相信對各項爭議性問題當有助於更深入一層的剖析。

　　又刑法第 185-3 條是新的立法條文，由於有別於過去行政罰的範疇。因此，一直是國內各界眾所注目的焦點，包括警方如何據法執行？檢察官是否起訴？法官又將如何判決？都是大眾非常關切的問題，也一直引起各方熱烈的討論。直到部分台北地方法院的無罪判決公諸於世後，終於再次引起部分民眾走上街頭抗議，實務與學術各界之探討。

　　經過本書之前就各方見解所作的探討，著者認為我國面臨最大的問題在於立法過於粗糙，既是仿德國之立法例，自當應徹底了解德國之立法內涵，否則只是仿其中一部分，移植到我國，然後發生了適用上的問題，才又急於尋找答案，都是未能於事前妥善因應立法之問題。

　　著者認為根本之道應該要能夠非常清楚的了解與比較德國與我國在這個部分的相異之處。所以，著者再嘗試以圖 4-2[96]、圖 4-3[97]、圖 4-4[98] 及圖 4-5[99]

---

[96] 由於我國刑法第 185 條之 3 的立法精神是源自德國，因此筆者深以為應對德國有關酒醉駕駛相關整體的立法架構作透徹的了解，方能有助於我國所面臨的問題，由圖 4-2 可知德國對於酒醉駕駛的處罰架構是先有刑法第 315 條 a 及刑法第 315 條 c 之具體危險犯，且對於交通工具規範詳細，而當行為未依前二者處罰時，方以刑法第 316 條抽象危險犯及道路交通法處罰之。所以，我國立法僅仿德國刑法第 316 條而欲規範所有酒醉駕駛的行為，似極不週延。

[97] 我國立法既然係以仿德國為主，德國刑法第 316 條實務運作的內涵勢必可作為我國實務運作的重要參考依據。德國確係採絕對與相對不能安全駕駛認定酒醉駕駛的行為，德國刑法法院對於前者的認定標準是借助醫學界與法學界的共同努力而做出的判決，過程確係嚴謹。

[98] 圖 4-4 是我國實務運作的內涵，與圖 4-3 對照顯然我國規定的 0.55 mg/l（BrAC）標準是採用德國刑法法院於 1990 年的判例 0.11% 值（BAC），這項過程似不如德國嚴謹，再以我國對於相對不能安全駕駛的認定佐證亦欠缺，均有遺憾之處。

進行分析比較兩個國家實務運作與法律上的內涵，相信當更能有助於釐清爭議不斷的焦點問題。

表 4.1　司法實務見解探討表一

爭　點 司法 單位	抽象危險犯	絕對不能安全駕駛	完整構成要件	罪刑法定原則
地院一 （無罪）	－	－	○ 非構成要件亦非授權命令	若以會議結論為論罪依據顯與罪刑法定原則有悖
地院二 （無罪）	－	－	○ 論點同上	論點同上
地院三 （無罪）	－	－	○ 論點同上	論點同上
檢方一 （有罪）	○	○	○ 論點同上	× 會議紀錄係供參考非授權命令，法院審理自不受拘束，故與罪刑法定原則無涉
檢方二 （有罪）	－	－	○ 論點同上	× 論點同上
檢方三 （有罪）	○	○	○ 論點同上	× 論點同上
高　院 （有罪）	○	○	○ 論點同上	× 論點同上

○：支持　　－：未提　　×：反對

資料來源：著者以臺灣臺北地方法院刑事判決 88 年度北簡字第 1617、1484、1708 號與臺灣臺北地方法院檢察署檢察官 88 年度上字第 1038、1028、1016 號以及臺灣高等法院刑事判決 88 年度上易字第 4856 號等文獻，自行整理各級司法機關對於相關之爭議焦點所持之見解，茲以表格圖解，相信更能一目了然。

99　圖 4-5 是以座標表示德國與我國在酒醉值的輕重比較以及各相關重點的比較如酒醉值的研議過程等，應更能清楚的作對照說明。

表 4.2　司法實務見解探討表二

爭點 司法單位	0.55 mg/l	不能安全駕駛	具體事證記載	法官自行實驗
地院一 （無罪）	× 凡逾 0.55 mg 即認爲不能安全駕駛顯有違罪刑原則	1. 能駕駛 2. 能製作筆錄 3. 無肇事情節	○ 不問 BrAC 值一律應記載	○
地院二 （無罪）	× 論點同上	論點同上	○ 論點同上	○
地院三 （無罪）	× 論點同上	論點同上	○ 論點同上	○
檢方一 （有罪）	○ 0.55 mg/l 係科學證據具證據能力	× 以抽象危險犯反駁	—	× 1. 體力基礎 2. 認定事實不當之嫌
檢方二 （有罪）	○ 論點同上	—	—	× 論點同上
檢方三 （有罪）	○ 論點同上	× 以抽象危險犯反駁	—	× 論點同上
高　院 （有罪）	0.55 mg/l 係參考資料並無拘束法院之效力	1. 1.05 mg/l 2. 紅燈違規右轉	各個具體案例認定	—

○：支持　　－：未提　　×：反對

資料來源：著者以臺灣臺北地方法院刑事判決 88 年度北簡字第 1617、1484、1708 號與臺灣臺北地方法院檢察署檢察官 88 年度上字第 1038、1028、1016 號以及臺灣高等法院刑事判決 88 年度上易字第 4856 號等文獻，自行整理各級司法機關對於相關之爭議焦點所持之見解，表 4.1 與表 4.2 共計有 8 項爭點，茲以表格圖解，相信更能一目了然。

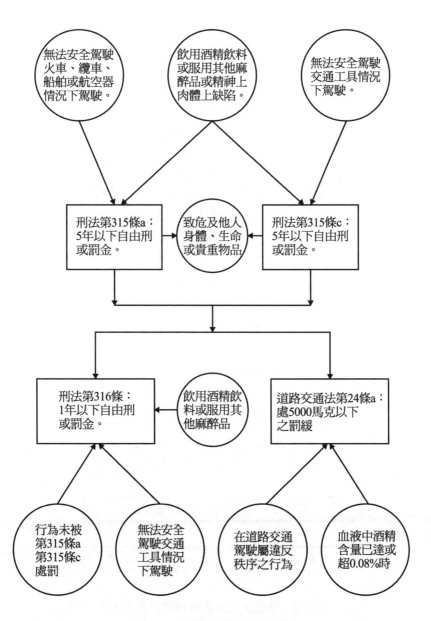

圖 4-2　德國交通刑法之架構

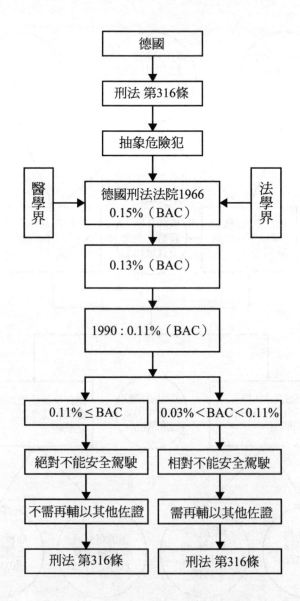

圖 4-3　德國刑法第 316 條實務運作內涵

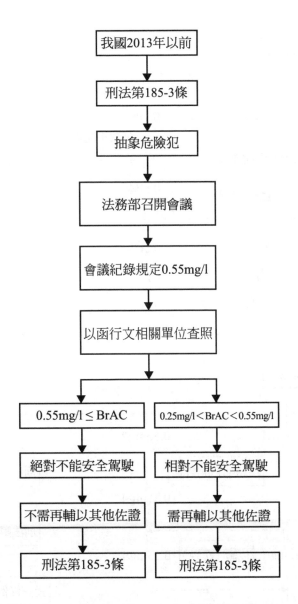

圖 4-4　我國（2013 年以前）刑法第 185-3 條實務運作內涵

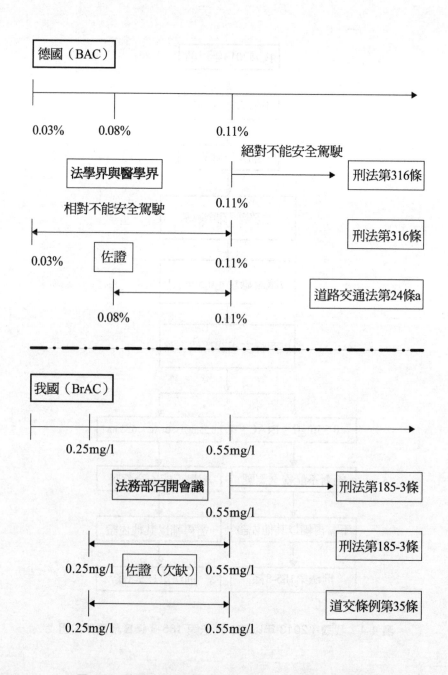

圖 4-5　德國與我國（2013 年以前）酒駕處罰之比較

第三節　警察機關執法程序之探討

一、法治國家應具備的內涵

　　自 1968 年，我國法令對於酒駕行為之處罰，一直係以道路交通管理處罰條例所規範之行政罰為主，其後雖經過幾次修正，但不外乎是加重原有行政罰之處罰效果而已，並未涉及刑罰部分。

　　惟至 1999 年 4 月 21 日，立法院終於將酒駕行為之處罰，納入公共危險罪章中正式實施，徹底的改變了 30 年來僅僅能夠以行政罰之手段來處罰酒駕行為之規定。正由於刑法第 185-3 條規定：「服用毒品、麻醉藥品、酒類或其他相類之物，不能安全駕駛動力交通工具而駕駛者，處 1 年以下有期徒刑、拘役或 3 萬元以下罰金。」[100] 表示舉發酒駕之行為已不再是過去單純之行政程序，而是牽涉到刑事程序之領域[101]。

　　實體刑罰法規僅規定犯罪之成立要件與刑罰，至於具體案件發生後，應該如何進行追訴？如何處罰？以及如何執行？其程序皆應以刑事訴訟法所規定者為依據，故刑事訴訟法第 1 條第 1 項：「犯罪，非依本法或其他法律所定之訴訟程序，不得追訴、處罰。」[102]

　　學者林山田教授於所著「刑事訴訟法與憲法之關係」一文中指出：「刑事訴訟法係規定國家行使刑罰權之程序法，而刑罰權係源自國家主權，且涉及國民自由生命財產等之剝奪，而須有憲法之依據，故憲法與刑事訴訟法兩者具有極為密切之關係，刑事訴訟法之規定內容及其實現，務必符合憲法之基本精神及其所揭示之刑事司法的基本原則。刑事訴訟法之所以被稱為『實用之憲法』，其理在此。」

　　茲以圖 4-6 表示刑法、刑事訴訟法與憲法之關係如下：

---

[100]　參見洪文玲，前揭書，頁 170。
[101]　參見前揭書，頁 114。
[102]　參見洪文玲，前揭書，頁 389。

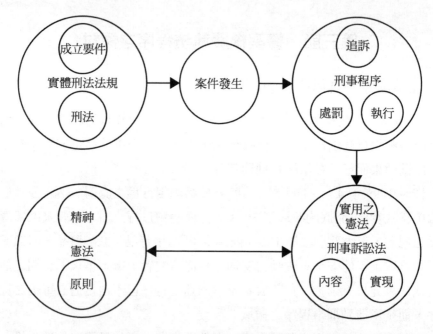

圖 4-6　刑法、刑事訴訟法與憲法之關係圖

　　刑事訴訟法有廣狹二義，廣義的刑事訴訟法，乃指規定刑事訴訟程序之各種法規全體而言，刑事訴訟法固屬之，即其他法規所定內容涉及刑事訴訟之程序者，雖無刑事訴訟法之名稱，亦均包括在內，例如軍事審判法、肅清煙毒條例（第 16 條至第 18 條）、少年事件處理法（第 18 條、第 27 條）等是；狹義的刑事訴訟法則專指名稱為刑事訴訟法的法典而言，及現行之刑事訴訟法[103]。

　　學者林山田教授於所著「論正當法律程序原則」一文中指出：「刑事程序乃國家追訴、審判與處罰犯罪，以行使刑罰之程序，不但在整個程序中，人民之基本權利與自由最易受到侵害，而且審判之結果，往往產生剝奪受判決人之生命、人身自由或財產之具有嚴屬性與痛苦性之法律效果。況且，國家機關踐行刑事程序，**必須兼顧發現真實與保障人權，在保障人權之原則下**，

追求犯罪追訴與審判之準確性與公平性。因此，整個刑事程序必須符合民主法治國家之權力分立制衡原理與法治國原則，遵守『正當法律程序原則』，始足以達到上述之理想境界。」[104]

何謂「正當法律程序原則」？學者林山田教授於所著「論正當法律程序原則」一文中稱：「『正當法律程序原則』除要求刑事程序由法律明定之法律性原則外，尚要求法定程序必須符合公平審判原則。所謂『公平審判原則』又可稱為『公平程序原則』，乃指為了落實憲法所保障之『訴訟基本權』，在刑事程序中必須建構各種相關之制度或程序，使國家機關踐行刑事追訴與審判程序時，得以達成公平審判之目的。」[105] 該文正明確的說明了『正當法律程序原則』的內涵應包含形式正當（法律保留原則）與法律內容的實質正當原則。」

學者張麗卿教授於所著「刑事訴訟法理論與運用」一書中指出：「法治國原則是一切國家活動的大方針。刑事司法機關在行使刑罰權時的一切行為，均應遵守法治國的原則，有關於此我們能夠從兩個方面來觀察：從形式上觀察，法治國的主要要素在刑法上所凸顯出來的，是法律的確定性。由於刑罰是一切國家手段中，干預人民最深者，因此，必須有特別的防護措施，避免這種國家手段被濫用。所謂『法律優位』與『法律保留』的原則，在刑事法的領域當中，應該比其他的法律領域，更受到重視（例如刑法第 1 條）；從實質上觀察，『法治國原則』是指，刑事法的內容應該如何建構，才能符合一個正義國家的理念。一切有效法律並非一定合理正當。對於一個行為加以刑罰制裁的立法決定，不應該是感情用事的，而應該基於普遍妥當的認知，以及合理的考量。」[106]

著者認為本段文章亦正說明了法治國原則應具備「正當法律程序」的兩大原則：形式正當與法律內容的實質正當原則。審視酒駕行為之處罰，既已

---

[104] 參見林山田，論正當法律程序原則，軍法專刊，第 45 卷第 4 期，1999 年 4 月，頁 1-7。
[105] 參見林山田，前揭書，頁 1-7。
[106] 參見張麗卿，前揭書，頁 16-17。

有刑法第 185-3 條之規定。故警察機關於執行取締酒駕之工作,因涉及刑事程序之領域,自應符合民主法治國家之權力分立制衡原理與法治國原則,遵守「正當法律程序原則」,方能踐行憲法保障人民基本權利的精神。

二、執法程序發動要件之探討

稽查取締酒駕過程的手段自「攔阻行進」、「出示駕駛執照」、到「呼氣檢定」等,係限制人民自由權利或侵害身體權利之手段,均屬於對憲法保障人民自由權利的影響,因此警察執法是否符合法治國家正當法律程序原則?亦自是檢驗民主國家法治化的重要指標。

我國於 2003 年 6 月 25 日制定警察職權行使法全文 32 條[107],並自同年 12 月 1 日施行,即是回應民主法治國家應有法治國精神與原則。

前已提及學者張麗卿教授之論點:「法治國原則是一切國家活動的大方針。刑事司法機關在行使刑罰權時的一切行為,均應遵守法治國的原則,有關於此我們能夠從兩個方面來觀察:從形式上觀察,法治國的主要要素在刑法上所凸顯出來的,是法律的確定性。由於刑罰是一切國家手段中,干預人民最深者,因此,必須有特別的防護措施,避免這種國家手段被濫用。所謂『法律優位』與『法律保留』的原則,在刑事法的領域當中,應該比其他的法律領域,更受到重視(例如刑法第 1 條)。」[108]

學者梁添盛教授於其「警察權限法」一書中,明確指出:「警察為達成其所負保護個人生命、身體及財產、預防及偵查犯罪、維持公共安全與秩序之任務,必須採取各種實力手段,以排除不法狀況與障害。在憲法所揭櫫之法治原理及尊重人權原理下,此種實力手段須由法律明定其發動要件,俾人民事先得加預測,而能確實保障人民權益。」[109]

梁氏並於該論著研究所得之最後建議中明確宣示:「警察任務規範,乃制

---

[107] http://law.moj.gov.tw/Index.aspx。

[108] 參見張麗卿,前揭書,頁 16-17。

[109] 參見梁添盛,警察權限法,作者自版,1999 年 8 月初版,頁 1。梁添盛,整建我國警察權限法制之研究,國立政治大學法律學系博士論文,1999 年 5 月 24 日,頁 1。

定法就做爲組織體之警察所應擔任事務範圍之規定。警察所爲活動，除不涉及人民權利自由範疇者外，皆應有個別的法律之授權，始得發動。理想的警察權限法，應本於此種『任務規範與權限規範分離』之觀念，揚棄『有組織法即有行爲法』之想法，而爲妥適的立法設計。」[110]

何謂執法程序發動的要件？以日本之法制爲例，該國道路交通法第 67、65 條規定如下：

(一) 日本道路交通法第 67 條[111]

1. 警察人員於認爲車輛等之駕駛人，違反第 64 條、第 65 條第 1 項、前條、第 85 條第 5 項或第 6 項規定而駕駛車輛時，得讓該車輛等停止，並得對該車輛等之駕駛人，要求提示第 92 條第 1 項之駕駛執照或第 117 條之 2 之國際駕駛執照或外國駕駛執照。
2. 警察人員於認爲乘坐或將乘坐車輛等之人，有違反第 65 條第 1 項規定而駕駛車輛等之虞時，爲採取次項所定相關措施，而需調查該人體內之酒精程度時，得依政令之所定，檢查該人之呼氣。

(二) 日本道路交通法第 65 條[112]

1. 任何人不得帶有酒氣駕駛車輛等。
2. 何人不得對有違反前項規定駕駛車輛等之虞之人，提供酒類，或勸其飲酒。

（＊有關本條第 1 項之罰則，規定在第 117 條之 2 第 1 款、第 119 條第 1 項第 7 款之 2）

---

[110] 參見梁添盛，警察權限法，前揭書，頁 279。梁添盛，整建我國警察權限法制之研究，前揭書，頁 263。
[111] 參見梁添盛，警察權限法，前揭書，頁 212。梁添盛，整建我國警察權限法制之研究，前揭書，頁 196。
[112] 參見前揭書，「道路交通法」立法之研究，日本，頁 41。

梁氏並舉出:「在承認警察概括條款之時代,於類似 794 年普魯士一般邦法第 2 編第 17 章（有關臣民特別保護之國家權利與義務）第 10 條以及 1931 年普魯士警察行政法第 14 條第 1 項之規定下,基於警察概括條款,在遂行警察任務之必要範圍內,即可發動警察權限。但在採取將警察任務規範與警察權限規範明確劃分之合乎法治國家觀念之創新作法,警察任務之規範,可否為警察權限發動之依據?為一值得探討之問題。有關此一問題的探討,在日本實務上見解多採取如下論點:警察法第 2 條第 1 項,不僅是做為組織體之警察機關任務範圍規定,亦應解為警察官權限行使之一般的根據規定。但得以警察法第 2 條之規定為根據而行使之權限,限於不違反相對人意思之任意手段。至有關違反相對人意思之實力行使,必須有直接對各該手段加以規定之個別法律之依據,方可為之。在無法律對各該實力手段予以規範之場合,即使警察官認為有行使權限之必要,亦不許僅以警察法第 2 條之規定為根據,而行使實力。換言之,警察官職務執行法各條項之規定,有部分係確認的,而另有部分係創設的。」[113] 此論點敘述並驗證該著作之結論:「理想的警察權限法,應本於此種『任務規範與權限規範分離』之觀念,揚棄『有組織法即有行為法』之想法,而為妥適的立法設計。」[114]

我國警察法之性質與日本警察法相同,係屬組織法之規範[115]。因之,在我國,有關警察任務之規範,可否做為警察權限行使之一般的根據,學者梁添盛教授認為衡量該問題指標之一──「法律保留」原則適用之範圍,雖然在各國原有廣狹之不同。惟似以「侵害保留說」,亦即限於剝奪或限制人民自由及權利之事項,始須有法律或自治規章之授權之見解,較為妥當。若依據全面保留說,則不獨「干預或侵害行政」,抑且「授益行政」皆須有法律之授權,始得為之。然審酌實務運作情形,如此解釋與要求,確有困難。因此,採全面保留說之立場,亦不足取[116]。

---

[113] 參見梁添盛,警察權限法,頁 77-80。梁添盛,整建我國警察權限法制之研究,頁 61-64。
[114] 參見梁添盛,警察權限法,頁 279。梁添盛,整建我國警察權限法制之研究,頁 263。
[115] 參見梁添盛,警察權限法,頁 87。梁添盛,整建我國警察權限法制之研究,頁 71。
[116] 參見梁添盛,警察權限法,前揭書,頁 83-86。梁添盛,整建我國警察權限法制之研究,

茲再舉出國內各學者之論見，以證法治國家行政作為應符合之法律原則與應具備之法律內涵：

1. 陳敏教授：「法律將一定之行政事務，分配由一定之行政機關掌理。此一各行政機關得掌理之事務範圍，即行政機關之管轄權。行政機關不僅有執行管轄權內事務之義務，並且應遵守該管轄權之界限。因此，管轄權乃行政機關作成行政行為之基礎及界限。惟管轄權之授與，並未使行政機關當然取得權限，得以一切必要及合目的之手段達成任務。行政機關欲對人民之自由權利為干涉時，尚須有法律之特別授權。因此，行政機關無管轄權或逾越管轄權而行動，或雖有管轄權，但未經特別之授權而干涉人民時，皆屬違法。」[117]

2. 許宗力教授：「在國內一般行政實務運作上，行政機關往往有一『錯誤的觀念』，以為只要法律賦予其掌理某行政事務之管轄權，它就同時取得採取一切達成任務所必要手段之權能。其實管轄權本身並未當然包含此種權能，其目的充其量只在於界定行政機關掌理事務之範圍而已，管轄機關若欲採取某種手段以執行、完成其管轄權範圍內之事務，尚須獲得法律進一步授權。然在此仍須注意者，並非所有採取手段或措施以完成行政任務之權能皆須法律的另外授權，毋寧，唯有當所採手段、措施涉及人民權利、義務，特別是干預、限制人民自由權利時，始有法律特別授權之必要。此乃當今行政法學有關法律保留原則適用範圍所持通說之見解。」[118]

3. 李震山教授：「德國多數邦之警察法在體系上，皆將任務、權限、職權分別規定，前二者僅具宣示性質，可作為警察發動非干預權利措施之依據，至於干預權之行使，必須以職權條款為依據。我國警察法制

前揭書，頁 65-74。

[117] 參見陳敏，「行政法院有關依法行政原則裁判之研究」，政大法學評論第 36 期，1987 年 12 月，頁 112。陳敏，行政法總論，著者自印，1998 年 5 月，頁 759。

[118] 參見許宗力，「行政機關若干基本問題之研究」，收錄於翁岳生等著，行政程序法之研究，行政院經建會健全經社法規工作小組，1990 年 12 月，頁 242。

尚未顧及此，任務法、組織法、職權法、勤務法並未能截然劃分，一般以為，法律若明白賦予警察任務、勤務，警察依法則有『執行到底』之職權，甚至以實力完成之，誠屬誤解，蓋若如此，警察法第 2 條之規定即為已足，亦不必有『法律保留』之原則矣。」[119]

審視我國目前相關的法令如后[120]：

1. 道路交通管理處罰條例第 7 條：道路交通管理之稽查，違規紀錄，由交通勤務警察，或依法令執行交通稽查任務人員執行之。

2. 道路交通管理事件統一裁罰標準及處理細則第 6 條：道路交通管理之稽查，違規紀錄，由交通勤務警察，或依法令執行交通稽查任務人員執行之。

3. 道路交通管理事件統一裁罰標準及處理細則第 10 條：交通勤務警察或依法令執行交通稽查任務人員，對於違反道路交通管理事件之稽查，應認真執行；其有不服稽查而逃逸之人、車，得追蹤稽查之。

4. 道路交通管理處罰條例第 35 條。

5. 刑法第 185-3 條。

觀前三項法令規定係對於警察任務之規範，而非對於警察職權發動要件之規範；後二者則係對於違規行為的處罰規定。所以，警察人員執法程序發動的要件卻未見於法令規範？亦即人民的人身自由欠缺法律保留的保障。而法律保留的精神正是正當法律程序對於行政機關的作為干預人民的人身自由時，所要求應具備的形式正當原則。由憲法第 8 條及釋字第 384 號解釋可知目前警察機關執行取締酒駕勤務時所採取之攔停車輛、要求出示駕照、要求接受呼氣檢測、拖吊至保管場，保管車輛等諸多手段，均屬於憲法保障人民基本權利的實體要件，故須遵守憲法第 23 條及中央法規標準法第 5 條所揭示的比例原則與法律保留原則。然現行警察人員之執法程序發動要件卻未見於

---

[119] 參見李震山，「警察法務法論」，1998 年 3 月增訂 4 版，頁 141。

[120] 參見洪文玲，前揭書，頁 166、170、212、372。

法律規範，對於警察人員之法律保障而言，實有欠缺保護之處，相對於人民受憲法保障之權利亦有受侵害之爭議。

三、全部攔停方式之探討

　　警察機關為執行取締酒駕勤務，過去攔停車輛時往往採取全面攔阻的方式，極易造成交通阻塞，並引起民眾的反感。其影響層面係全部駕駛人行的權益，此舉似未符合實質正當、比例原則？

　　為保障人民基本權利，我國於 2003 年 6 月 25 日制定警察職權行使法全文 32 條[121]，並自同年 12 月 1 日施行，其中第 6 條第 1 項第 6 項規定：警察於公共場所或合法進入之場所，得對於行經指定公共場所、路段及管制站者查證其身分。第 6 條第 2 項規定：前項第 6 款之指定，以防止犯罪，或處理重大公共安全或社會秩序事件而有必要者為限。其指定應由警察機關主管長官為之。即是回應民主法治國家應有法治國精神與原則。

　　除法令規範外，對於非指定公共場所、路段及管制站者查證其身分者。為符合保障人民基本權利的精神，應加強員警的訓練，以酒駕之外顯行為及相關警察人員之執勤經驗法則攔停車輛，為較佳的執法方式。

　　觀行政程序法第 7 條規定[122]：行政行為應依下列原則為之：

1. 採取之方法應有助於目的之達成。
2. 有多種同樣能達成目的之方法時應選擇對人民權益損害最少者。
3. 採取之方法所造成損害不得與欲達成目的之利益顯失均衡。

　　因此，警察機關執行取締酒駕之攔停車輛方式，不無商榷之空間。

　　有關警察人員取締酒駕勤務時，判斷酒駕之能力應待加強訓練：

1. 警察人員在執行取締酒駕勤務時，似乎並未接受到足夠的教育訓練來支持藉由「觀察車輛外顯行為」，以便攔停車輛的工作。可由謝益銘君所做的訪談資料顯示：55.8% 警察人員係採「隨機選擇攔停車輛」，

---

[121] http://law.moj.gov.tw/Index.aspx。
[122] 參見洪文玲，前揭書，頁45。

顯示執勤員警對於車輛的攔停選擇，並無標準執法程序[123]。

2. 另員警認為在執行取締酒駕路檢勤務中，針對行駛中的車輛，有信心判斷該駕駛人是否涉嫌酒駕行為，只佔 37.3%。顯示執勤員警所受實務之訓練及經驗仍待努力提昇[124]。

　　警察機關若能加強員警判斷酒駕之教育與訓練，則日後警察機關於執行取締酒駕勤務時，自應可避免因採取全部攔停方式所引發之困擾而化解該問題之爭議，又能符合法治國家所應具備的正當法律程序之實質正當要件。

四、呼氣檢測方式與拒絕受測之探討

　　現行道路交通安全規則第 114 條第 1 項第 2 款僅規定：駕駛人飲酒後其呼氣中所含酒精成份超過 0.15mg/l 或血液中酒精濃度超過 0.03% 以上者，不得駕駛[125]。卻並未對於警察機關執法取締時所使用的檢測方式加以規範，似欠缺法律依據？這對於警察人員執法作為的法源依據無疑是少了一層法律保障。同時對於民眾應受法律保留原則之保障亦欠缺，似有違正當法律程序之形式正當之虞。故應修法增訂警察人員執行取締酒駕時所使用的方式。

　　現行警察機關僅使用呼氣檢測方式以論定駕駛人是否達到法律所訂定酒駕之標準？程序是否完備？是否已符合實質正當？是否須修法再加以其他輔助方式，如生理測試法、血液測試法等，以期執法更符合實質正當內涵。

　　以美國執法為例，警察人員執行勤務時，均先執行生理檢測法，若通過即放行；若未通過測試，方以呼氣中酒精濃度測試器進行檢測。審視我國對於執法應有的步驟卻隻字未提，仍待有關單位加強努力。

　　而對拒絕接受呼氣檢測之駕駛人，警察人員僅能依道路交通管理處罰條

---

[123] 參見謝益銘，「提昇酒後駕車執法品質之研究」，中央警察大學碩士論文，1998 年 6 月，頁 55。

[124] 參見謝益銘，前揭書，頁 51-52。

[125] https://www.mvdis.gov.tw/。

例第 35 條第 1 項第 3 款視同酒駕予以舉發[126]。2013 年 1 月 30 日立院三讀修正道路交通管理處罰條例第 35 條關於拒測之處罰略以：汽車駕駛人，駕駛人拒絕接受第 1 項測試之檢定者，處新臺幣 9 萬元罰鍰，並當場移置保管該汽車、吊銷該駕駛執照及施以道路交通安全講習[127]。

若駕駛人有達 0.25mg/l 以上之虞，即規避了相關的刑事責任[128]，而形成了法律的漏網之魚，法無強制規定。

茲以案例一說明：執勤警員張三於實施臨檢時，發現李四面有酒容，欲對李四實施酒精濃度測試，但為李四所拒絕。張三乃使用必要之強制手段，對李四實施酒精濃度測試。則張三之行為是否構成刑法第 134 條、第 304 條第 1 項之強制罪？

上開問題乃台灣彰化地方法院檢察署 83 年 12 月份法律座談會之法律問題，與會人員對該問題之見解分為以下兩說[129]：

1. 甲說：不構成。其理由在於警察行政性質上本具強制性質，除法律有特別規定外（如一般搜索需有檢察官或法官所核發搜索票），在達成其任務必要之情形，自得採用強制手段。警察法第 2 條明定：「警察任務為依法維持公共秩序，保護社會安全，防止一切危害，促進人民福利。」，在任務賦予同時，便授權管轄機關，有權採取必要之措施，如此方能切合實際，不危及警察之效率（見李震山先生所著，警察任務法論第 119 頁）。依道路交通管理處罰條例第 35 條第 1 項第 1 款規定：酒醉者不得駕駛；而所謂酒醉之標準依道路交通安全規則第 114 條第 2 款規定，係指飲酒後其呼氣中所含酒精成分超過 0.15mg/l。如警察不得強制測試駕駛人之呼氣，如何執行前開法律？雖道路交通管理

---

[126] 參見洪文玲，前揭書，頁 170。

[127] https://www.mvdis.gov.tw。

[128] 2013 年 5 月 31 日立院修訂加重刑法第 185-3 條之處罰規定略以：駕駛動力交通工具吐氣所含酒精濃度達每公升 0.25mg 或血液中酒精濃度達 0.05% 以上，處 2 年以下有期徒刑，得併科 20 萬元以下罰金。

[129] 參見法務部公報第 181 期，1995 年 7 月，頁 116-117。

處罰條例第 60 條第 1 款（民國 86 年 1 月 22 日修正公布之新法為第 60 條第 2 項第 1 款）規定：不服從執行交通勤務之警察之指揮者，得處罰鍰。但對於酒醉者，在測試之前仍無法禁止其駕駛，實不足以防止危害。而行政執行法第 37 條第 1 項第 1 款實施管束處分之要件，須行為人有酗酒泥醉之情形，在測試之前，如何認定其已達於泥醉程度？如取決執勤警員之主觀判斷，更易流於恣意。

2. 乙說：已構成。其理由為一、按限制人民權利之事項，依憲法第 23 條之規定，需以法律明文定之，且需符合比例原則。以宣示性之任務概括規定，作為強制性干預處分之依據，不合乎法治國家之要求。在法無明文之情形下，為保障人民權利，自不得認警察有概括之強制權；二、另依行政法上之比例原則而言，李四拒絕受測時，張三本得依道路交通管理處罰條例第 60 條第 1 款之規定，課予罰鍰，無庸強制李四受測。如李四確已酒醉，為防止其生命、身體之危險及預防他人生命、身體之危險，得依行政執行法第 37 條第 1 項第 1 款規定，對李四實施管束處分。

3. 經討論後，與會人員以「在執勤警員有合理懷疑之情形為前提（如行為人面有酒容、言語中散發濃烈酒味，走路搖晃不穩、駕駛蛇行等），對駕駛人實施酒精濃度測試，在不超過必要之程度時，應認其係執行勤務之依法令之行為，自不構成刑法上之強制罪。」之理由，決議採甲說；台灣高等法院檢察署之研究意見同意採取甲說；而法務部檢察司基於「題示使用必要之強制手段，如係其強制未逾越必要程度之謂，同意原結論，不構成強制罪。」之理由，亦認以甲說為當。

學者梁添盛教授基於應揚棄「有組織法即有行為法」的觀點，認為：「法務部檢察司 (84) 檢 (二) 字第 1037 號函對台灣彰化地方法院檢察署 83 年 12 月份法律座談會之『執勤警員張三於實施臨檢時，發現李四面有酒容，欲對李四實施酒精濃度測試，但為李四所拒絕。張三乃使用必要之強制手段，對李四實施酒精濃度測試。則張三之行為是否構成刑法第 134 條、第 304 條第

1 項之強制罪？』之法律問題之研究意見：『認為不構成強制罪，其理由為：警察行政性質上本具有強制性質，除法律有特別規定外（如一般搜索需有法官所核發搜索票），在達成其任務必要之情形，自得採用強制手段。』有所未洽，殊欠妥適，亟待改善。」[130] 著者並基於陳敏教授[131]、許宗力教授[132] 以及李震山教授[133] 前揭書所提出之論點，認為就目前之法令規範，對於拒絕接受呼氣檢測之駕駛人，警察人員似無強制力可行使。

五、酒駕者車輛保管之探討

2002 年 7 月 3 日立院三讀修正道路交通管理處罰條例第 35 條對於酒駕者車輛之處置作為明文規定應採「當場移置保管其車輛」之前，酒駕者車輛是否要當場移置保管？實務上爭議不斷。原本道路交通管理處罰條例第 35 條對於酒駕者規定「禁止駕駛」，而法律上禁止駕駛並不與拖吊至保管場處理劃上等號。當時警察機關採取將違規車輛拖吊至保管場保管方式，不僅是警察人員認為困難度最高[134]，同時也是民眾認為最無法接受的方式[135]，更重要的問題是執法手段似未能符合正當法律程序原則之形式正當。易言之，若強制以此方式處理違規車輛，似欠缺法律依據？又因事涉人民財產權之干預問題似欠缺法律保留原則？似顯有違正當法律程序之形式正當之虞。

經查台北市警察機關執行取締酒駕之工作係依據：

1. 88 警署交字第 70076 號函——「現階段警察機關取締酒駕案件相關執法作為」。
2. 內政部警政署於民國 86 年 2 月 25 日所發布予各警察機關之 86 警署交字第 5721 號函——「警察機關全面加強取締酒駕執法工作計畫」。

---

[130] 參見梁添盛，前揭書，整建我國警察權限法制之研究，頁 72-74。
[131] 參見陳敏，前揭書。
[132] 參見許宗力，前揭書。
[133] 參見李震山，前揭書。
[134] 參見謝益銘，前揭書，頁 58。
[135] 參見謝益銘，前揭書，頁 82-84。

3. 台北市政府警察局於民國 86 年 3 月 14 日所轉發布之——「警察機關
全面加強取締酒駕執法工作計畫」。

執行計劃中對於警察人員執行取締酒駕勤務所須注意的事項均有詳細之
規定。警察機關對於駕駛人呼氣酒精濃度值超過 0.25mg/l 者，係依據道路交
通管理處罰條例第 35 條，除處罰鍰外，並應當場禁止駕駛，而其達成方式有
數種之多[136]，包括請家屬開回、協助駕駛人停放路旁、請同車友人開回等。
由於道路交通管理處罰條例第 35 條僅僅規定「禁止駕駛」，卻未明文規定「禁
止駕駛」的執行方式為何？觀上述各項計劃內容，可知目前警察實務機關對
於違規車輛採取拖吊至保管場處理方式，係依據違反道路交通管理事件統一
裁罰標準及處理細則第 18 條規定：「汽車駕駛人違反道路交通管理事件，依
規定應予禁止駕駛者，應當場執行之，必要時並得保管其車輛。」[137]

惟觀行政程序法第 7 條規定：行政行為應依下列原則為之
1. 採取之方法應有助於目的之達成。
2. 有多種同樣能達成目的之方法時應選擇對人民權益損害最少者。
3. 採取之方法所造成之損害不得與欲達成目的之利益顯失均衡。

我國憲法第 23 條規定：「以上各條列舉之自由權利，除為防止妨礙他人
自由、避免緊急危難、維持社會秩序或增進公共利益所必要者外，不得以法
律限制之。」[138] 明文揭櫫行政機關之作為凡事關人民之各項基本權利自應符
合比例原則與法律保留原則。

又舉凡關於人民之權利、義務者，應以法律定之。參見我國中央法規標
準法第 5 條[139]。因車輛之處理事涉人民財產權處置之作為，自應遵守法律保
留原則與比例原則。自非僅依道路交通管理事件統一裁罰標準及處理細則即
一律適用之。

---

[136] 參見謝益銘，前揭書，頁 57-58。
[137] 參見洪文玲，前揭書，頁 214。
[138] 參見洪文玲，前揭書，頁 1-2。
[139] 參見洪文玲，前揭書，頁 19。

另在謝益銘君論文第 84 頁表 3-38 中顯示：拖吊至保管場保管的手段是民眾最不能接受、同時也是執法者認爲困難度最高者[140]。

因此，著者認爲警察機關在執行「禁止駕駛」的法律規定時顯應依據當時主客觀條件，選擇對人民權益損害最少者執行之。方能符合正當法律程序原則之實質正當要件。禁止駕駛的手段，應可以同時採取由家屬開回，或停放至路邊等其他手段。

另警察人員執行取締酒駕工作時，對於測得呼氣中酒精濃度值超過0.55mg/l 之駕駛人既已依刑事訴訟程序辦理，將駕駛人依刑法第 185-3 條移送法辦。而至於車輛是否爲供犯罪之證物而應依刑事訴訟法第 133 條之規定予以扣押？依實務上之見解係以下之情節方執行扣押程序：

1. 該物作爲證據之用。

2. 該物須沒收。

惟查除非發生肇事案件，該車輛顯須作爲證據之用，以利肇事原因之分析與肇事責任之歸屬判斷。一般非肇事案件情節，駕駛人並非以車輛撞人，故違規人之車輛應不適用刑事訴訟法第 133 條扣押之規定。至於呼氣中酒精濃度值，因事關駕駛人能否安全駕駛之證據要素之一，則自須加以保留。

六、移送法辦認定標準之探討

2013 年刑法第 185-3 條修正以前，酒駕移送法辦之認定標準不斷受到爭議，臺灣臺北地方法院檢察署 88 年度上字第 1038 號，檢察官稱：「至法務部於 88 年 5 月 10 日邀集司法院、交通部、行政院衛生署、內政部警政署、中央警察大學等單位會商之結論，並非以該酒測數值取代刑法第 185-3 條之構成要件，復未以行政命令形式發布，而是將會議紀錄函送各與會單位及檢察機關參考，故該『酒測標準』並非法務部發布之『命令』，法院本不受其拘束。」[141] 顯然法務部並非以行政命令來做爲刑法第 185-3 條的認定標準，亦非以

---

[140] 參見謝益銘，前揭書，頁 170-171。
[141] 參見臺灣臺北地方法院檢察署 88 年度上字第 1038 號，理由第七點。

0.55mg/l 取代不能安全駕駛，法官判決自當不受該會議紀錄之約束應毫無爭議。

再觀臺灣高等法院刑事判決 88 年度上易字第 4856 號之論點，法官稱：「本條構成要件係完備刑法，無待乎行政機關以行政命令訂定酒精含量值，以爲補充。」[142]

既然法務部之會議紀錄，對法官之判決無拘束力，那麼警察機關對於呼氣中酒精濃度超過 0.55mg/l 之駕駛人，一律移送法辦的作法，其意義何在，似有爭議？如此作法在外觀程度上，是否會給人有一種誤解：呼氣中酒精濃度超過 0.55mg/l，即是刑法第 185-3 條不能安全駕駛的認定標準？又若稱呼氣中酒精濃度超過 0.55mg/l 係證據要素，而法務部的會議內容已將其界定在絕對不能安全駕駛之範疇，試想這項證據要素—— 0.55mg/l 訂定的過程嚴謹性如何？似有違實質正當之虞？法務部開會作成會議紀錄結論，這個規定的法律形式規範爲何？似欠缺形式正當？（參見法務部 88 年 5 月 18 日法 (88)檢字第 001669 號函與警政署 88 年 5 月 21 日 (88)警署交字第 56870 號函。）

警政署似應不是刑法法律解釋的主管機關，故對於攸關人民人身自由財產處置干涉的問題，若據行政程序法第 159 條第 2 項第 2 款：行政規則，包括下列各款之規定——「爲協助下級機關或屬官統一解釋法令認定事實及行使裁量權而訂頒之解釋性規定及裁量基準。」而以函約束下屬警察機關據以實力徹底執行刑法第 185-3 條的方式，與本文前所述及之各學者如陳敏教授[143]、許宗力教授[144]與李震山教授[145]所闡述之見解，似有相未合之處，故亦似有探討的空間。

誠如學者林山田教授所言：「該刑法第 185-3 條實屬立法粗糙，以致爭議不斷。」[146]所以，爲化解新增訂的刑法第 185-3 條構成要件的認定爭議問題，

---

[142] 參見臺灣高等法院刑事判決 88 年度上易字第 4856 號，理由第三點。
[143] 參見陳敏，前揭書。
[144] 參見許宗力，前揭書。
[145] 參見李震山，前揭書。
[146] 參見酒後駕車相關問題座談會，前揭書，頁 101。

又不違背抽象危險犯的立法精神，同時使得警察機關執法的依據更明確，最佳的解決方案是：能藉重法醫學界助力，以台灣人爲研究母體，訂出一個可以信賴的標準，直接增訂於刑法條文中或法律授權的行政命令中，以期該條文的法律構成要件更加明確，並符合憲法保障人民權利的基本精神與規範。

七、小結

(一) 形式正當與實質正當

我國憲法第 8 條中（略）：「人民身體之自由應予保障，非經司法或警察機關依法定程序，不得逮捕拘禁。非由法院依法定程序，不得審問處罰。非依法定程序之逮捕、拘禁、審問、處罰，得拒絕之。」這正是民主法治國家保障人民基本權利之最重要法律規定與宣示。

我國憲法第 23 條：「以上各條列舉之自由權利，除爲防止妨礙他人自由、避免緊急危難、維持社會秩序或增進公共利益所必要者外，不得以法律限制之。」本條文闡述了憲法上所欲保障人民基本權利而揭示的比例原則與法律保留原則等重要之精神。另中央法規標準法第 5 條：「關於人民之權利、義務者，應以法律定之。」再觀行政程序法第 4 條：「行政行爲應受法律及一般法律原則之拘束」。

又依司法院釋字第 384 號解釋文中（略）：「其（憲法第 8 條）所稱依法定程序，係指凡限制人民身體自由之處置，不問其是否屬於刑事被告之身份，國家機關所依據之程序，須以法律規定，其內容更須實質正當，並符合憲法第 23 條所定相關之條件。」[147]

相關法律處處揭示形式正當之重要性，舉凡關乎人民之權利、義務者，皆應符合法律保留原則。

美國法制上關於正當法律程序中之實質正當，於個案分析上採立法達成之目的與手段間應具合理適當關連原則，作爲立法是否正當之主要論據。而

---

[147] 參見司法院網站法學檢索資料釋字第 384 號解釋，http://www.judicial.gov.tw。

此適用原則與比例原則之適當性相符。

美國法制上關於程序正當中之實質正當，亦採比較個別法益及公益之維護，以判定立法是否有實質之公益存在或絕對必要之公益。而此適用原則與比例原則之狹義性（或法益權衡）相符。

茲以圖 4-7 說明正當法律程序與形式正當及實質正當程序之關聯：

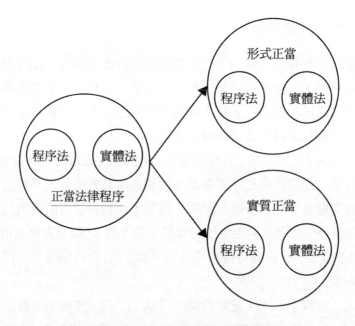

圖 4-7　正當法律程序的內涵

正當法律程序不僅是為程序法所要求，實體法也同樣必須合乎正當法律程序原則。並且程序法與實體法不僅須符合形式正當的要求，其法律內容更須符合實質正當。

正當法律程序不僅指公平合理的司法程序，亦兼指公平合理的法律。因此，此原則不僅是針對程序方面，亦包括法律的內容及其目的是否合法[148]。

---

[148] 參見林國漳，淺釋行政法學上之「正當法律程序」原則，收錄於行政法之一般法律原則 (一)，城仲模主編，1999 年 3 月再版，頁 57。

(二) 以形式正當檢驗實務執法程序

1. 有關以形式正當檢視現行實務機關執行取締酒駕勤務之流程,整理如圖 4-8 所示。

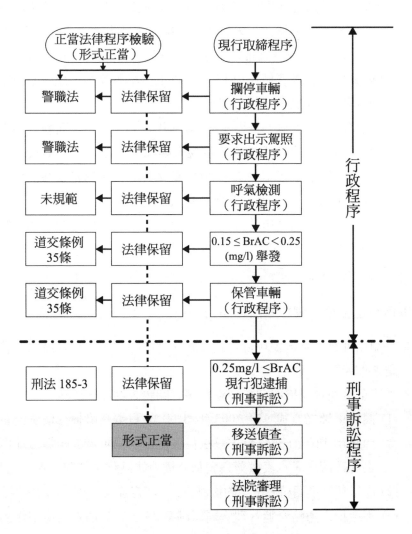

圖 4-8 形式正當檢驗現行實務執法程序

2. 形式正當與實務機關取締酒駕程序之關聯說明如下：

(1) 攔停車輛之執法發動要件，未有法律規範，欠缺形式正當。直至 2003 年 6 月 25 日，制定公布警職法，並於同年 12 月 1 日施行。

(2) 要求出示駕照，未有法律規範，欠缺形式正當。直至 2003 年 6 月 25 日，制定公布警察職權行使法，並於同年 12 月 1 日施行。

(3) 要求接受呼氣檢測，未有法律規範，欠缺形式正當。直至 2003 年 6 月 25 日，制定公布警察職權行使法，並於同年 12 月 1 日施行。

(4) 呼氣中酒精濃度值達 0.15mg/l 以上，舉發違規，規定於道路交通管理處罰條例第 35 條。

(5) 道路交通管理處罰條例第 35 條僅規定禁止駕駛，而執行的方式則未規定，故實務上採取將違規車輛拖吊至保管場，似缺乏法律依據，欠缺形式正當。直至 2002 年 7 月 3 日，修定道路交通管理處罰條例第 35 條，明文規定「移置保管車輛」。

(6) 呼氣中酒精濃度值達 0.25mg/l 以上，依現行犯逮捕，製作筆錄。2013 年以前僅以會議紀錄規定 0.55mg/l 以上為依據，未有法律規範，欠缺形式正當。

(三) 以實質正當檢驗實務執法程序

1. 有關以實質正當檢視現行實務機關執行取締酒駕勤務之流程，整理如圖 4-9 所示。

2. 實質正當與實務機關取締酒駕程序之關聯說明如下：

(1) 攔停車輛之方式，自 2003 年 6 月 25 日警察職權行使法公布，並於同年 12 月 1 日施行，該法代表法治國揚棄過去組織法即作用法之傳統觀念，也表徵警察發動公權力法制化更往前邁進一大步。

(2) 僅以呼氣中酒精濃度值的檢測方式，認定違規事實，欠缺實質正當。

(3) 不斷提高道路交通管理處罰條例第 35 條對於酒駕所處罰之罰鍰額

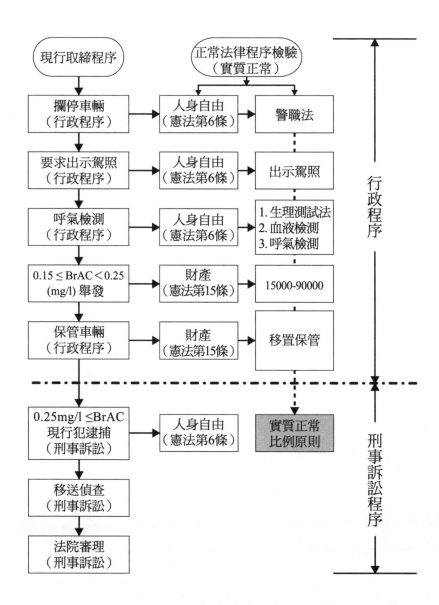

圖 4-9　實質正當檢驗現行實務執法程序

度，是否符合正當法律程序中之實質正當，亦即比例原則之必要性？

(4) 自 2002 年修正道路交通管理處罰條例第 35 條規定，明定應「當場移置保管車輛」。

(5) 呼氣中酒精濃度值超過達 0.25mg/l 以上，依現行犯逮捕，製作筆錄。2013 年以前呼氣中酒精濃度值 0.55mg/l 的研定過程缺乏嚴謹性，欠缺實質正當。

第五章

酒駕行為特性
及相關因素之分析

第一節　研究架構與研究假設

一、研究架構

　　本書透過犯罪學相關理論，探討酒駕者之行為特性、日常生活特徵、控制因素、機會因素與酒駕間之關係，最後再綜合以上各面向研究結果，進一步研擬出防治酒駕之對策，作為本書之結論與建議。

　　為建構本書之研究架構，先蒐集如 Hirschi 之社會控制理論、Gottfredson & Hirschi 之自我控制理論、Cohen & Felson 之日常活動理論等相關文獻分析歸納，作為研究架構之基礎，從理論與實證發現與綜合歸納出主要之核心概念，最後藉由測量具體操作化。

　　由圖 5-1 可知，本書之自變項共分為基本特性、控制因素、以及機會因素等 3 類，依變項則為酒駕行為，各類包括之變項分述如下：

(一) 基本特性

　　包括駕駛人之性別、年齡、教育程度、婚姻狀況、職業、家庭收入與犯罪前科紀錄等。

(二) 控制因素

1. 自我控制

包括 6 個變項：衝動性、冒險性、自我中心、低挫折容忍力、投機性與體力活動。

2. 社會控制

包括 4 個變項：家庭監控、同儕附著、酒駕法律信仰與酒駕危險了解。

(三) 機會因素

包括 7 個變項：飲酒情境監控、飲酒情境、執法感受、大眾交通便利性、娛樂型、消遣型與運動休閒型態。

(四) 酒駕行為

包括酒駕行為次數、酒駕經驗，並將於本章測量變項中詳述之。

透過第二章節對於相關理論與實證研究資料所進行之探究，發現影響酒駕行為之相關因素，在個人特性方面計有：性別、年齡、教育程度等等。至於控制因素方面如：自我控制因素、社會控制因素等，亦隨著個人特性不同而對於酒駕行為會有不同程度影響。機會因素方面同樣會受到不同基本特性影響而產生不同程度酒駕行為。最後，控制因素與機會因素之中介變項，其彼此間亦存在著某種程度之相關。因此，本書研究中之自變項、中介變項與依變項關係，均有待後續進一步探究。綜合上述分析，茲將本書研究之主要架構圖 5-1 呈現如下：

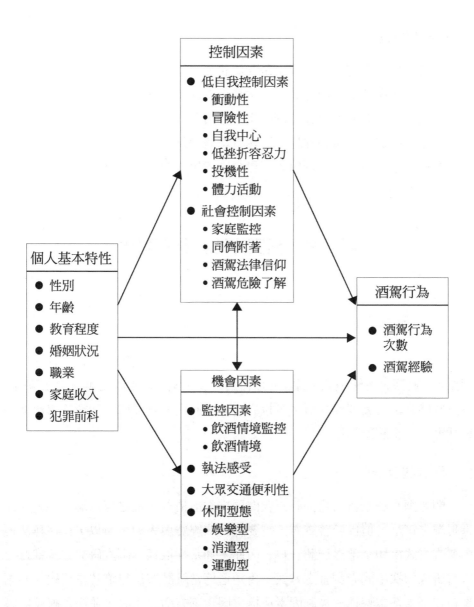

圖 5-1　本書之研究理論架構

二、研究假設

依據本書之研究架構，提出研究假設如下：

1. 酒駕組與非酒駕組在個人基本特性有顯著差異存在。
2. 酒駕組與非酒駕組在控制因素有顯著差異存在。
3. 酒駕組與非酒駕組在機會因素有顯著差異存在。
4. 個人基本特性、控制因素、機會因素等，對酒駕行為具有顯著之預測力存在。

第二節　研究方法與研究對象

一、研究方法

(一) 文獻探討法

為建構本書之研究架構，先廣泛蒐集國內外相關文獻，予以整理、分析與歸納，並探討各變項間之關係，以作為研究架構、研究假設與理論之基礎。透過相關文獻之整理與分析，可以界定本書研究領域範圍、釐清本書研究問題觀點、並了解對於酒駕具影響力之因素。

(二) 問卷調查法

問卷調查法之目的是探討研究問題之當前情況，最終謀求解決問題、改進現況之策略，但由於普查方式需要龐大的經費與人力，所以，往往無法經由普查方式得知全部母群體資料，因此，通常採取樣本調查研究方式進行。本書研究即採用問卷調查之方式，再透過適當統計方法以瞭解酒駕組與非酒駕組在個人基本特性、控制因素與機會因素等方面之差異，並深入瞭解影響酒駕行為之因素為何。

本書研究之問卷調查施測時間：係自 2010 年 12 月至 2011 年 2 月為止共計 3 個月。

1. 非酒駕組部分

非酒駕組部分，先由著者訓練訪員之後，方才進行施測。同時，由著者先行製作乙份「問卷施測說明」給予施測之訪員，以做為施測之依據，其「問卷施測說明事項」包括：(1)對象：A.一般洽公民眾。B.年滿 18 歲。C.要有駕駛經驗，機車或汽車均可。(2)徵得當事人同意。(3)應主動說明：A.問卷填寫之注意事項。B.複選題目、酒駕題目等之說明。(4)問卷共計 6 面，請當事人誠實、耐心全部回答。(5)回收後，請訪員立即檢查有無漏答，有漏答者要請當事人補填。

本書研究為鑑別受試者有無誠實填答情事，調查問卷表特別加入「測謊量表」題組，凡是答錯 4 題以上者（包括 4 題），均以廢卷論之。另由於研究工具問項繁多，恐有受訪者心生不耐而隨意作答情形，為維護問卷調查品質，施測前訪員會主動向受試者講解注意事項，現場回收第一時間，訪員立即檢查有無漏答情形，並請受試者補填寫。最後，待著者回收問卷調查表時會逐一檢查，如有上述漏答或亂填答情形者，以廢卷論之。

3 個月期間總計發出 1,030 份問卷調查表，回收 930 份，回收率 90.3%，經分析非酒駕者有效問卷計 300 份，占全部樣本 32.3%；其中回答「酒駕行為次數題目」有 1 次以上者，計有 102 份有效問卷，亦納入酒駕組部分，占全部樣本 10.9%；而未通過測謊量表或亂答者之廢卷占全部樣本則 57%，共計 528 份。最後，本書研究特別提出說明：其中屬於酒駕者有效問卷的 102 份，亦歸類於酒駕組之樣本中，故酒駕組方面實際有效問卷數量最終亦達 300 份。

2. 酒駕組部分

由著者撰寫報告向台北市監理處提出問卷調查施測之申請，經監理處同意後實施。由著者親自前往道安講習教室進行施測，對象是違反酒駕法令而前來接受道路交通安全講習之駕駛人。

與非酒駕組一樣會面臨相同的問題：由於研究工具問項繁多，恐有任意

作答情形，爲維護問卷品質，因此，施測前著者會統一講解填答注意事項，同時，爲鑑別受試者有無誠實填答情事，在調查問卷中亦加入「測謊量表」題組，凡是答錯 4 題以上者（包括 4 題）、漏答太多或亂填答情形，均以廢卷論之。3 個月期間總計發出 1,050 份問卷調查表，回收 899 份，回收率 85.6%，經分析有效問卷計 198 份，占全部樣本 22.0%，未通過測謊量表或漏答、亂答者之廢卷占全部樣本 78.0%，共計 701 份。

二、研究對象

(一) 抽樣方法

本書研究目的係爲了解酒駕者與非酒駕者間之差異、以及影響酒駕行爲之因素。因此，本書研究在樣本來源取得部份共分爲 2 組：酒駕組與非酒駕組。

本書研究係採取非固定式母體取樣法（infinite population sampling），此方法係利用母體並非是屬於固定的特性來進行，以本書研究而言，地點係以駕駛人換發駕駛執照、行車執照、國際駕照、申領牌照或驗車等相關交通監理事項之台北市監理處爲實施處所，方法係針對不特定前來監理處洽公之駕駛人爲對象，主要係進行非酒駕組之問卷調查施測，然而，吾人無法預知誰會前來辦理各項監理事項，所以，母體具有非固定式特色。惟著者在施測的過程中，受訪之駕駛人亦有可能自陳過去有酒駕的行爲或是有曾經被警察取締的經驗，若是如此則亦應歸屬於酒駕組之樣本，這一部分要待回收問卷再經過濾之後，若確實係屬於酒駕組的樣本，屆時將予以併入酒駕組範疇，併先敘明。正由於吾人無法掌握每天會前來監理處洽公之駕駛人爲何，易言之，母體具有非固定式特性，因之稱爲非固定式母體取樣法。著者特別要指出：爲提升問卷品質，問卷內容特別加入測謊量表，而基於一般受訪者多少都會有防衛或應付了事的心態，因此，實際上能眞正通過該測謊量表，成爲本書研究之有效樣本恐不容易。

再者，酒駕組之樣本限於許多因素其取得並不容易，因此，由著者親赴

目前台北市政府執行道安講習教室進行施測，以作為輔佐非固定式母體取樣法之不足人數，以上兩組樣本各擬訂 300 人。

(二) 樣本特性

有關非固定式母體取樣法部分，經分析有效問卷共計 402 份，其中 300 份屬於非酒駕者、102 份屬於酒駕者。台北市酒駕道安講習方面，經分析有效問卷計 198 份，再加入前項 102 份，故酒駕組亦共計 300 份。茲將 2 組樣本特性分述如下，並呈現如表 5-1。

1. 非酒駕組樣本特性

在非酒駕組之樣本中，男性佔 86.0%，女性佔 14.0%。受測者的婚姻方面，未婚單身者最多佔 53.7%。年齡以 30～39 歲最多佔 36.3%，其次為 29 歲以下佔 34.0%。教育程度以大學、研究所以上居多佔 59.7%，國中以下最少佔 3.3%。職業以服務業最多佔 38.0%。家庭收入以 6 萬以上最多佔 41.0%，2 萬以下最少佔 8.3%。犯罪前科 0 次最多佔 99.0%，1 次佔 0.3%，2 次佔 0.7%。

2. 酒駕組樣本特性

在酒駕組之樣本中，男性佔 89.7%，女性佔 10.3%。受測者的婚姻方面，未婚單身者佔 46.7% 為最多。年齡以 40 歲以上最多佔 41.3%，30～39 歲次之佔 33.0%。教育程度以高中職、專科最多佔 54.0%。職業以服務業最多佔 31.7%。家庭收入以 2～4 萬未滿最多佔 39.7%。犯罪前科 0 次最多佔 80.0%，1 次佔 10.3%，2 次以上佔 9.7%。酒駕行為方面，1 次初犯者超過 3 成佔 31.0%，4 次以上者佔 34.3%。

表 5-1　本書之研究樣本特性

基　本　特　性		酒　駕　組		非 酒 駕 組	
		人　數	百分比	人　數	百分比
性　　別	男	269	89.7	258	86.0
	女	31	10.3	42	14.0
年　　齡	29 歲以下	77	25.7	102	34.0
	30～39 歲	99	33.0	109	36.3
	40 歲以上	124	41.3	89	29.7
婚　　姻	未婚組	140	46.7	161	53.7
	已婚組	110	36.7	121	40.3
	不穩定婚姻組	50	16.7	18	6.0
教育程度	國中以下	40	13.3	10	3.3
	高中職專科	162	54.0	111	37.0
	大學以上	98	32.7	179	59.7
職　　業	服務業	95	31.7	114	38.0
	餐旅業	20	6.7	17	5.7
	工	62	20.7	16	5.3
	商	52	17.3	52	17.3
	職業駕駛	5	1.7	4	1.3
	軍公教	11	3.7	42	14.0
	無業	33	11.0	19	6.3
	其他	22	7.3	36	12.0
家庭收入	2 萬以下	28	9.3	25	8.3
	2～4 萬	119	39.7	69	23.0
	4～6 萬	70	23.3	83	27.7
	6 萬以上	83	27.7	123	41.0
前科紀錄	無	240	80.0	297	99.0
	初犯	31	10.3	1	.3
	再犯	29	9.7	2	.7
酒駕行為次數	1 次	93	31.0	-	-
	2 次	68	22.7	-	-
	3 次	36	12.0	-	-
	4 次	33	11.0	-	-
	5 次	29	9.7	-	-
	6 次	21	7.0	-	-
	7 次	5	1.7	-	-
	8 次	8	2.7	-	-
	9 次以上	7	2.2	-	-

第三節　研究工具與變項測量

　　本書研究從理論與文獻中，抽離出主要核心概念，並具體操作化，其方式通常是要藉由測量，因此，須透過相關文獻來擬定研究工具，再經由研究設計蒐集樣本資料、處理與歸納資料，進而支持或修正理論，以作為詮釋本研究之重要依據。故本書研究所採用的工具主要係以問卷量表為主，其內容詳述如下：

一、問卷量表

　　本書研究問卷所欲測量的變項選取係以理論為基礎，並參考國內外相關研究文獻，茲將各量表之測量變項分述如下：

(一) 個人基本量表

　　包括受試者之性別、年齡、婚姻、教育程度、職業與犯罪前科紀錄等。

(二) 中介變項

1. 低自我控制量表

　　低自我控制的測量包括：衝動性、冒險性、自我中心、低挫折容忍力、投機性、體力活動等 6 個分量表，受試者依據對自我的認知回答。

2. 社會控制量表

　　社會控制的測量包括：家庭監控、同儕附著、酒駕法律信仰、酒駕危險了解等四個分量表，受試者依據自己實際的狀況與認知程度回答。

3. 機會因素

　　機會因素的測量包括：飲酒情境監控、飲酒情境、大眾交通便利性、執法感受、娛樂型、消遣型與運動型休閒型態等 7 個分量表，受試者依據自己實際的生活經驗與認知回答。

(三) 酒駕行為

本書研究依變項分為酒駕行為次數、酒駕經驗。酒駕行為次數包含：(1) 酒後駕車行為：自陳過去 3 個月，喝酒駕車次數（不含被警察取締次數）。(2) 2013 年以前道路交通管理處罰條例第 35 條處罰對象：酒駕（0.25mg/l 以上，0.55mg/l 以下）被取締次數。(3) 2013 年以刑法第 185-3 條處罰對象：酒駕（0.55mg/l 以上）被取締次數。問卷調查之後，將此 3 項題目相加即得到依變項酒駕行為次數。

藉由問卷調查所得資料，分析酒駕行為實際情形，凡酒駕行為次數為 0 次者歸屬於無酒駕經驗，若酒駕行為次數為 1 次以上者則歸屬於有酒駕經驗。

二、變項測量

(一) 酒駕者與非酒駕者個人基本特性部分

包括受訪者之性別、年齡、婚姻狀況、教育程度、職業、家庭每月平均收入、與犯罪前科紀錄等，因個人基本特性為事實問項，故不做信效度分析。

問卷測量項目中關於受訪者之性別、婚姻狀況、職業是屬於類別名義變項；年齡、教育程度、家庭每月平均收入、犯罪前科紀錄是屬於連續變項。為便利後續之研究，年齡分為 3 個組別（29 歲以下、30～39 歲、40 歲以上）；教育程度分為 3 個組別（國中以下、高中職專科、大學以上）；家庭收入分為 4 個組別（2 萬元以下、2～4 萬元、4～6 萬元、6 萬元以上）；犯罪前科分為 3 個組別（無前科、前科初犯、前科再犯）。本書研究問卷調查表中有關於受試者婚姻狀況勾選情形，共有 8 個選項如：未婚單身、未婚同居、已婚、已婚分居、喪偶、離婚單身、離婚同居、其他自填。透過次數分配分析，600 份樣本中，未婚單身 301 人最多、次為已婚 229 人、已婚分居 9 人、離婚單身 26 人、離婚同居 4 人、未婚同居 27 人、喪偶 2 人、其他自行填寫者 2 人。為利於後續探討，本書研究將其分為三組：一為未婚組別。二為已婚組別，包含喪偶，由於喪偶通常非其意願亦非其樣本自身行為造成，因此，非屬於婚姻不穩定者，故納入已婚組中。三為不穩定婚姻組別，包含已婚分居、離

婚單身、離婚同居、未婚同居、其他自填，本書研究認為這些項目屬於婚姻不穩定者，因此，歸於第三組別，併先敘明。

　　惟進行複迴歸分析時，自變項部分必須為連續變項，因此，年齡、教育程度、家庭每月平均收入、犯罪前科紀錄等皆須使用連續變項，而性別、婚姻狀況、職業等必須改為虛擬變項方可。性別方面以男性為對照組；婚姻狀況部分以不穩定婚姻組別為對照組；職業部分以職業駕駛為對照組。

(二) 低自我控制

　　依表 5-2 分析：低自我控制共分為 6 個部分：第一部分是「衝動性」分量表、第二部分是「冒險性」分量表、第三部分是「自我中心」分量表、第四部分是「低挫折容忍力」分量表、第五部分是「投機性」分量表、第六部分是「體力活動」分量表。

表 5-2　酒駕者與非酒駕者特性之測量

變 項 名 稱	測　　量　　內　　容
性　　別	您的性別：(1) 男　　(2) 女
年　　齡	您的年齡？＿＿＿＿歲
婚姻狀況	(1) 未婚單身　(2) 未婚同居　(3) 已婚　(4) 已婚分居　(5) 喪偶 (6) 離婚單身　(7) 離婚同居　(8) 其他＿＿＿＿＿＿　（請自填）
教育程度	(1) 國小以下　(2) 國中　(3) 高中職　(4) 專科　(5) 大學 (6) 研究所以上
職　　業	(1) 服務業　(2) 餐旅業　(3) 工　(4) 商　(5) 職業駕駛　(6) 軍公教 (7) 農　(8) 無業　(9) 其他＿＿＿＿＿＿　（請自填）
家庭收入	(1) 未滿 1 萬元　　　　　　(2) 1 萬元至 2 萬元未滿 (3) 2 萬元至 3 萬元未滿　　(4) 3 萬元至 4 萬元未滿 (5) 4 萬元至 5 萬元未滿　　(6) 5 萬元至 6 萬元未滿 (7) 6 萬元至 7 萬元未滿　　(8) 7 萬元至 8 萬元未滿 (9) 8 萬元至 9 萬元未滿　　(10) 9 萬元以上
犯罪前科紀錄	(1) 0 次　(2) 1 次　(3) 2 次　(4) 3 次　(5) 4 次 (6) 其他＿＿＿＿＿　（請自填）

第一部分是「衝動性」分量表包含：(1)我經常衝動做事，而沒有先停下來想一想。(2)我經常做些帶給我立即快樂的事，即使犧牲長久追求的目標也沒關係。(3)我不會為將來做太多的思考和努力。以「非常同意」、「同意」、「普通」、「不同意」、「非常不同意」，5個等級測量之。回答「非常同意」給5分，「同意」給4分，「普通」給3分，「不同意」給2分，「非常不同意」給1分。累計各分數，分數愈高，代表受試者衝動性程度越高。「衝動性」量表因素分析各問項之因素負荷量在 .765～.844 之間，特徵值為 2.000，解釋總變異量百分比為 66.67%，表示有關衝動性因素解釋問卷中3個題目可具有 66.67%的解釋力。而信度係數（Cronbach's α）為 .749，顯示本量表之測量有相當的內部一致性，並能有效測量各概念之特性。

第二部分是「冒險性」分量表包含：(1)我會做有點冒險的事來考驗一下自己。(2)我有時候會冒險行事，只為了好玩。(3)有時我覺得做些惹麻煩的事很刺激。以「非常同意」、「同意」、「普通」、「不同意」、「非常不同意」，5個等級測量之。回答「非常同意」給5分，「同意」給4分，「普通」給3分，「不同意」給2分，「非常不同意」給1分。累計各分數，分數愈高，代表受試者冒險性程度越高。「冒險性」量表因素分析各問項之因素負荷量在 .767～.907 之間，特徵值為 2.075，解釋總變異量百分比為 69.17%，表示有關冒險性因素解釋問卷中之3個題目可具有 69.17% 的解釋力。另外，信度係數為 .777，顯示本量表之測量有相當的內部一致性，並能有效測量各概念之特性。

第三部分是「自我中心」分量表包含：(1)我會試著得到我想要的，即使會給別人帶來麻煩。(2)我做的事使人不愉快，是別人的問題，而不是我的問題。(3)即使會給別人帶來麻煩，我還是會以我為優先考量。以「非常同意」、「同意」、「普通」、「不同意」、「非常不同意」，5個等級測量之。回答「非常同意」給5分，「同意」給4分，「普通」給3分，「不同意」給2分，「非常不同意」給1分。累計各分數，分數愈高，代表受試者自我中心程度越高。「自我中心」量表因素分析各問項之因素負荷量在 .853～.889 之間，特徵值為 2.276，解釋總變異量百分比為 75.88%，表示有關自我中心因素解釋這3

個題目是具有 75.88% 的解釋力。至於信度係數為 .838，顯示本量表之測量有相當的內部一致性，並能有效測量各概念之特性。

第四部分是「低挫折容忍力」分量表包含：(1) 當我很生氣時，別人最好離我遠一點。(2) 我很容易生氣。(3) 我很難心平氣和地和別人討論我們之間的不同意見。以「非常同意」、「同意」、「普通」、「不同意」、「非常不同意」，5 個等級測量之。回答「非常同意」給 5 分，「同意」給 4 分，「普通」給 3 分，「不同意」給 2 分，「非常不同意」給 1 分。累計各分數，分數愈高，代表受試者低挫折忍受力程度越高。「低挫折容忍力」量表因素分析各問項之因素負荷量在 .756～.856 之間，特徵值為 1.939，解釋總變異量百分比為 64.62%，表示有關低挫折容忍力因素解釋問卷中的 3 個題目是具有 64.62% 的解釋力。信度係數為 .721，顯示本量表之測量有相當的內部一致性，並能有效測量各概念之特性。

第五部分是「投機性」分量表包含：(1) 我會避免我認為是比較困難的計畫。(2) 當事情變複雜時，我傾向放棄或停止。(3) 我不喜歡艱鉅與挑戰能力極限的任務。以「非常同意」、「同意」、「普通」、「不同意」、「非常不同意」，5 個等級測量之。回答「非常同意」給 5 分，「同意」給 4 分，「普通」給 3 分，「不同意」給 2 分，「非常不同意」給 1 分。累計各分數，分數愈高，代表受試者投機性程度越高。「投機性」量表因素分析各問項之因素負荷量在 .812～.874 之間，特徵值為 2.092，解釋總變異量百分比為 69.74%，表示有關投機性因素解釋問卷中之 3 個題目是具有 69.74% 的解釋力。信度係數為 .783，顯示本量表之測量有相當的內部一致性，並能有效測量各概念之特性。

第六部分是「體力活動」分量表包含：(1) 當我走動的時候，總是比坐著時候，感覺更好。(2) 比起（在家）讀書或思考問題，我更喜歡外出活動。(3) 我好像比同年齡的人更有精力，並且需要更多的活動。以「非常同意」、「同意」、「普通」、「不同意」、「非常不同意」，5 個等級測量之。回答「非常同意」給 5 分，「同意」給 4 分，「普通」給 3 分，「不同意」給 2 分，「非常不同意」給 1 分。累計各分數，分數愈高，代表受試者體力活動程度越高。「體力活動」

量表因素分析各問項之因素負荷量在 .759～.814 之間，特徵值為 1.851，解釋總變異量百分比為 61.7%，表示有關體力活動因素解釋問卷中 3 個題目可具有 61.7% 的解釋力。信度係數為 .689，顯示本量表之測量有相當的內部一致性，並能有效測量各概念之特性。

(三) 社會控制

依表 5-3 分析：第一部分是「家庭監控」分量表包含：(1) 我不在家時，家人會知道我去那裡。(2) 我不在家時，家人會知道我和誰在一起。(3) 我做錯事情，家人會糾正我。(4) 我有困難時，家人會協助我解決。以「非常同意」、「同意」、「普通」、「很少」、「從未」，五個等級測量之。回答「非常同意」給 4 分，「同意」給 3 分，「普通」給 2 分，「很少」給 1 分，「從未」給 0 分。累計各分數，分數愈高，代表受試者家庭監控程度越高。「家庭監控」量表因素分析各問項之因素負荷量在 .723～.870 之間，特徵值為 2.632，解釋總變異量百分比為 65.81%，表示有關家庭監控因素解釋這 4 個題目可具有 65.81% 的解釋力。有關於信度係數部分為 .825，顯示本量表之測量有相當的內部一致性，並能有效測量各概念之特性。

第二部分是「同儕附著」分量表包含：(1) 在我的生活中，朋友是很重要的。(2) 朋友能夠瞭解我的想法和感受。(3) 我常和朋友談論私人隱密的事情。(4) 我有困難時，朋友會幫助我解決。以「非常同意」、「同意」、「普通」、「很少」、「從未」，5 個等級測量之。回答「非常同意」給 4 分，「同意」給 3 分，「普通」給 2 分，「很少」給 1 分，「從未」給 0 分。累計各分數，分數愈高，代表受試者之同儕附著程度越高。「同儕附著」量表因素分析各問項之因素負荷量在 .808～.898 之間，特徵值為 2.892，解釋總變異量百分比為 72.31%，表示有關同儕附著因素解釋問卷中 4 個題目是具有 72.31% 的解釋力。信度係數方面為 .869，顯示本量表之測量有相當的內部一致性，並能有效測量各概念之特性。

第三部分是「酒駕法律信仰」分量表包含：(1) 您覺得，酒駕，罰鍰 15,000～60,000 元太嚴厲嗎？(2) 您覺得，酒駕，駕照須被吊扣 1 年之規定太嚴厲嗎？

表 5-3　社會控制因素分析與信效度分析表

	變　　　項　　　內　　　容	因素負荷量
家庭監控	1. 我不在家時，家人會知道我去那裡。	.870
	2. 我不在家時，家人會知道我和誰在一起。	.855
	3. 我做錯事情，家人會糾正我。	.788
	4. 我有困難時，家人會協助我解決	.723
	特徵值	2.632
	解釋總變異量 %	65.807
	內在一致性 Cronbach's α 係數	.825
同儕附著	1. 在我的生活中，朋友是很重要的。	.808
	2. 朋友能夠瞭解我的想法和感受。	.898
	3. 我常和朋友談論私人隱密的事情。	.839
	4. 我有困難時，朋友會幫助我解決。	.854
	特徵值	2.892
	解釋總變異量 %	72.311
	內在一致性 Cronbach's α 係數	.869
酒駕法律信仰	1. 您覺得，酒駕，罰鍰 15,000～60,000 元太嚴厲嗎？	.861
	2. 您覺得，酒駕，駕照須被吊扣一年之規定太嚴厲嗎？	.869
	3. 您覺得，酒駕，車輛須被移置保管之規定太嚴厲嗎？	.804
	4. 您覺得，酒駕肇事致人受傷，須被吊扣駕照 2 年之規定太嚴厲嗎？	.785
	5. 您覺得，酒駕吊扣駕照期間又再酒駕，須處罰吊銷駕照 3 年之規定太嚴厲嗎？	.856
	6. 您覺得，酒駕吐氣超過 0.55 mg 以上時，須以刑罰處罰的規定太嚴厲嗎？	.793
	特徵值	4.120
	解釋總變異量 %	68.666
	內在一致性 Cronbach's α 係數	.908
酒駕危險了解	1. 您覺得喝酒駕車危險嗎？	.775
	2. 您覺得喝酒駕車容易發生車禍嗎？	.882
	3. 您覺得喝酒駕車容易開快車嗎？	.812
	4. 您覺得喝酒駕車遇有危險時，反應較慢嗎？	.885
	5. 您覺得喝酒駕車手腳靈活度較弱嗎？	.860
	特徵值	3.560
	解釋總變異量 %	71.207
	內在一致性 Cronbach's α 係數	.897

(3)您覺得，酒駕，車輛須被移置保管之規定太嚴厲嗎？(4)您覺得，酒駕肇事致人受傷，須被吊扣駕照 2 年之規定太嚴厲嗎？(5)您覺得，酒駕吊扣駕照期間又再酒駕，須處罰吊銷駕照 3 年之規定太嚴厲嗎？(6)您覺得，酒駕吐氣超過 0.55mg 以上時，須以刑罰處罰的規定太嚴厲嗎？以「非常嚴厲」、「嚴厲」、「尚嚴厲」、「不嚴厲」、「非常不嚴厲」，5 個等級測量之。回答「非常嚴厲」給 1 分，「嚴厲」給 2 分，「尚嚴厲」給 3 分，「不嚴厲」給 4 分，「非常不嚴厲」給 5 分。累計各分數，分數愈高，代表受試者酒駕法律信仰程度越高。「酒駕法律信仰」量表因素分析各問項之因素負荷量在 .785～.869 之間，特徵值為 4.118，解釋總變異量百分比為 68.67%，表示有關酒駕法律信仰因素解釋問卷中的 6 個題目是具有 68.67% 的解釋力。而信度係數部分為 .908，顯示本量表之測量有相當的內部一致性，並能有效測量各概念之特性。

第四部分是「酒駕危險了解」分量表包含：(1)您覺得喝酒駕車危險嗎？(2)您覺得喝酒駕車容易發生車禍嗎？(3)您覺得喝酒駕車容易開快車嗎？(4)您覺得喝酒駕車遇有危險時，反應較慢嗎？(5)您覺得喝酒駕車手腳靈活度較弱嗎？第 1、4、5 題以「非常同意」、「同意」、「尚同意」、「不同意」、「非常不同意」，5 個等級測量之。回答「非常同意」給 5 分，「同意」給 4 分，「尚同意」給 3 分，「不同意」給 2 分，「非常不同意」給 1 分。另外，第 2、3 題以「非常容易」、「容易」、「沒意見」、「不容易」、「非常不容易」，5 個等級測量之，回答「非常容易」給 5 分，「容易」給 4 分，「沒意見」給 3 分，「不容易」給 2 分，「非常不容易」給 1 分。累計各分數，分數愈高，代表受試者之酒駕危險了解程度越高。「酒駕危險了解」量表因素分析各問項之因素負荷量在 .775～.885 之間，特徵值為 3.560，解釋總變異量百分比為 71.21%，表示有關酒駕危險了解因素解釋問卷中的 5 個題目是具有 71.21% 的解釋力。信度係數方面為 .897，顯示本量表之測量有相當的內部一致性，並能有效測量各概念之特性。

(四) 機會因素

1. 飲酒情境監控、飲酒情境

依表 5-4 分析：「飲酒情境監控」分量表包含：(1)開車聚餐飲酒時，業者會主動為您測試「酒精濃度」嗎？(2)開車聚餐飲酒時，業者會主動為您代叫「代理駕駛」嗎？(3)開車聚餐飲酒時，業者會主動為您代叫「計程車」嗎？(4)開車聚餐飲酒時，朋友會因為你開車，而勸你少喝酒嗎？(5)開車聚餐飲酒時，您會帶不喝酒的朋友或家人去幫忙開車嗎？以「經常」、「偶爾」、「很少」、「從未」，四個等級測量之。回答「經常」給 3 分，「偶爾」給 2 分，「很少」給 1 分，「從未」給 0 分。累計各分數，分數愈高，代表受試者之飲酒情境監控程度部分越高。「飲酒情境監控」量表因素分析各問項之因素負荷量在 .564～.730 之間，特徵值為 2.226，解釋總變異量百分比為 44.52%，表示有關飲酒情境監控因素解釋問卷中的 5 個題目可具有 44.52% 的解釋力，這是由於第一題「開車聚餐飲酒時，業者會主動為您測試『酒精濃度』嗎？」，其因素負荷量較低只有 .564，因此，亦影響其解釋總變異量。有關於信度係數為 .678，顯示本量表之測量有相當的內部一致性，並能有效測量各概念之特性。

此一部分是「飲酒情境」分量表包含：(1)聚餐時，我通常會喝酒。(2)聚餐時，朋友通常都會勸酒。(3)聚餐時，我通常會拼酒。(4)聚餐時，我通常會划酒拳助興。(5)聚餐時，通常很難拒絕朋友敬酒。以「非常同意」、「同意」、「普通」、「不同意」、「非常不同意」，5 個等級測量之。回答「非常同意」給 5 分，「同意」給 4 分，「普通」給 3 分，「不同意」給 2 分，「非常不同意」給 1 分。累計各分數，分數愈高，代表受試者飲酒情境程度越高。「飲酒情境」量表因素分析各問項之因素負荷量在 .547～.864 之間，特徵值為 2.956，解釋總變異量百分比為 59.13%，表示有關飲酒情境因素解釋問卷中的 5 個題目是具有 59.13% 的解釋力。至於信度係數部分為 .822，顯示本量表之測量有相當的內部一致性，並能有效測量各概念之特性。

表 5-4　飲酒情境監控、飲酒情境因素分析與信效度分析表

	變　　項　　內　　容	因素負荷量
飲酒情境監控	1. 開車聚餐飲酒時，業者會主動為您測試「酒精濃度」嗎？	.564
	2. 開車聚餐飲酒時，業者會主動為您代叫「代理駕駛」嗎？	.665
	3. 開車聚餐飲酒時，業者會主動為您代叫「計程車」嗎？	.730
	4. 開車聚餐飲酒時，朋友會因為你開車，而勸你少喝酒嗎？	.643
	5. 開車聚餐飲酒時，您會帶不喝酒的朋友或家人去幫忙開車嗎？	.721
	特徵值	2.226
	解釋總變異量 %	44.518
	內在一致性 Cronbach's α 係數	.678
飲酒情境	1. 聚餐時，我通常會喝酒。	.815
	2. 聚餐時，朋友通常都會勸酒。	.547
	3. 聚餐時，我通常會拼酒。	.864
	4. 聚餐時，我通常會划酒拳助興。	.780
	5. 聚餐時，通常很難拒絕朋友敬酒。	.799
	特徵值	2.956
	解釋總變異量 %	59.128
	內在一致性 Cronbach's α 係數	.822

2. 執法感受、大眾交通便利性

依表 5-5 分析：「執法感受」分量表包含：(1)您覺得酒駕，容易被警察取締嗎？(2)您覺得警察取締酒駕工作密集嗎？第 1 題以「非常容易」、「容易」、「普通」、「不容易」、「非常不容易」，5 個等級測量之。回答「非常容易」給 5 分，「容易」給 4 分，「普通」給 3 分，「不容易」給 2 分，「非常不容易」給 1 分；第 2 題以「非常密集」、「密集」、「普通」、「不密集」、「非常不密集」，5 個等級測量之。回答「非常密集」給 5 分，「密集」給 4 分，「普通」給 3 分，「不密集」給 2 分，「非常不密集」給 1 分。累計各分數，分數愈高，代表受試者之執法感受程度越高。「執法感受」量表因素分析各問項之因素負荷量為 .892，特徵值為 1.592，解釋總變異量百分比為 79.58%，表示有關執法

感受因素解釋問卷中的 2 個題目是具有79.58% 的解釋力。關於信度係數方面為 .742，顯示本量表之測量有相當的內部一致性，並能有效測量各概念之特性。

表 5-5　執法感受、大眾交通便利因素分析與信效度分析表

	變　　　項　　　內　　　容	因素負荷量
執法感受	1. 您覺得酒駕，容易被警察取締嗎？	.892
	2. 您覺得警察取締酒駕工作密集嗎？	.892
	特徵值	1.592
	解釋總變異量 %	79.581
	內在一致性 Cronbach's α 係數	.742
大眾交通便利性	1. 您覺得聚餐，搭乘計程車方便嗎？	.718
	2. 您覺得聚餐，搭乘公車方便嗎？	.868
	3. 您覺得聚餐，搭乘捷運方便嗎？	.877
	特徵值	2.038
	解釋總變異量 %	67.924
	內在一致性 Cronbach's α 係數	.763

　　依表 5-6 分析：「大眾交通便利性」分量表包含：(1)您覺得聚餐，搭乘計程車方便嗎？(2)您覺得聚餐，搭乘公車方便嗎？(3)您覺得聚餐，搭乘捷運方便嗎？以「非常方便」、「方便」、「普通」、「不方便」、「非常不方便」，5 個等級測量之。回答「非常方便」給 5 分，「方便」給 4 分，「普通」給 3 分，「不方便」給 2 分，「非常不方便」給 1 分。累計各分數，分數愈高，代表受試者大眾交通便利性程度越高。「大眾交通便利性」量表因素分析各問項之因素負荷量在 .718～.877 之間，特徵值為 2.038，解釋總變異量百分比為 67.92%，表示有關大眾交通便利性因素解釋問卷中的 3 個題目可具有 67.92% 的解釋力。至於信度係數部分為 .763，顯示本量表之測量有相當的內部一致性，並能有效測量各概念特性。

3. 休閒型態

依表 5-6 分析：第一部分是「遊樂型休閒型態」分量表包含：(1) 我經常到 KTV 或卡拉 OK。(2) 我經常到 PUB。(3) 我經常到舞廳。以「非常同意」、「同意」、「普通」、「很少」、「從未」，5 個等級測量之。回答「非常同意」給 4 分，「同意」給 3 分，「普通」給 2 分，「很少」給 1 分，「從未」給 0 分。累計各分數，分數愈高，代表受試者遊樂型休閒型態程度越高。「遊樂型休閒型態」量表因素分析各問項之因素負荷量在 .771～.927 之間，特徵值為 2.199，解釋總變異量百分比為 73.29%，表示有關遊樂型休閒因素解釋問卷中的 3 個題目是具有 73.29% 的解釋力。至於信度係數方面為 .813，顯示本量表之測量有相當的內部一致性，並能有效測量各概念之特性。

第二部分是「消遣型休閒型態」分量表包含：(1) 我經常看電視或看電影。(2) 我經常聽廣播或聽音樂。(3) 我經常閱讀書報雜誌。以「非常同意」、「同意」、「普通」、「很少」、「從未」，5 個等級測量之。回答「非常同意」給 4 分，「同意」給 3 分，「普通」給 2 分，「很少」給 1 分，「從未」給 0 分。累計各分數，分數愈高，代表受試者消遣型休閒型態程度越高。「消遣型休閒型態」量表因素分析各問項之因素負荷量在 .796～.849 之間，特徵值為 2.037，解釋總變異量百分比為 67.89%，表示有關消遣型休閒因素解釋問卷中的 3 個題目是具有 67.89% 的解釋力。關於信度係數部分為 .763，顯示本量表之測量有相當的內部一致性，並能有效測量各概念之特性。

第三部分是「運動型休閒型態」分量表包含：(1) 我經常運動（跑步、游泳或球類）。(2) 我經常旅遊。(3) 我經常郊遊踏青、登山健行。以「非常同意」、「同意」、「普通」、「很少」、「從未」，5 個等級測量之。回答「非常同意」給 4 分，「同意」給 3 分，「普通」給 2 分，「很少」給 1 分，「從未」給 0 分。累計各分數，分數愈高，代表受試者運動型休閒型態程度越高。「運動型休閒型態」量表因素分析各問項之因素負荷量在 .793～.897 之間，特徵值為 2.234，解釋總變異量百分比為 74.46%，表示有關運動型休閒因素解釋這 3 個題目是具有 74.46% 的解釋力。信度係數為 .826，顯示本量表之測量有相當的內部一

致性，並能有效測量各概念之特性。

表 5-6　遊樂型、消遣型、運動型因素分析與信效度分析表

	變　　項　　內　　容	因素負荷量
遊樂型	1. 我經常到 KTV 或卡拉 OK。	.771
	2. 我經常到 PUB。	.927
	3. 我經常到舞廳。	.864
	特徵值	2.199
	解釋總變異量 %	73.291
	內在一致性 Cronbach's α 係數	.813
消遣型	1. 我經常看電視或看電影。	.826
	2. 我經常聽廣播或聽音樂。	.849
	3. 我經常閱讀書報雜誌。	.796
	特徵值	2.037
	解釋總變異量 %	67.893
	內在一致性 Cronbach's α 係數	.763
運動型	1. 我經常運動（跑步、游泳或球類）。	.793
	2. 我經常旅遊。	.895
	3. 我經常郊遊踏青、登山健行。	.897
	特徵值	2.234
	解釋總變異量 %	74.462
	內在一致性 Cronbach's α 係數	.826

(五) 酒駕行為次數

本書研究依變項酒駕行為次數係包含：(1) 酒後駕車行為：自陳過去 3 個月，喝酒駕車次數（不含被警察取締次數）。(2) 2013 年以前道路交通管理處罰條例第 35 條處罰對象：酒駕（0.25mg/l 以上，0.55mg/l 以下）被取締次數。(3) 2013 年以前刑法第 185-3 條處罰對象：酒駕（0.55mg/l 以上）被取締次數。經實施問卷調查之後，將此三項題目相加即得到「酒駕行為次數」。

由於這部分屬於事實行為，因此，不進行因素分析。回答「0 次」給 0
分，「1 次」給 1 分，「2 次」給 2 分，「3 次」給 3 分，「4 次」給 4 分，「其他
自填」則依實際次數給予該分數，例如「5 次」給 5 分。

(六) 酒駕經驗

本書研究藉由問卷調查所得資料，經統計分析樣本酒駕行為之實際情
形：凡酒駕行為次數為 0 次者即歸屬於無酒駕經驗；若酒駕行為次數為 1 次
以上者則歸屬於有酒駕經驗，以深入了解有無酒駕經驗兩者間之差異情形。
故本書研究將透過適當的統計方法如 t-test 進行考驗，以了解兩組駕駛人在
個人基本特性、控制因素與機會因素等各變項方面之異同狀況。

第四節　資料處理

本書研究之資料處理與分析，將使用 SPSS for Windows 18.0 統計套裝軟
體，針對蒐集所得之資料特性及本研究之目的，選擇必要適當之方法進行分
析，茲臚列主要統計方法，詳如以下說明（陳正昌等著，2009；吳明隆、涂
金堂著，2008），同時，本書研究已於前段落分別以次數分配，描述分析各變
項分配之情形，例如：樣本的性別、年齡、婚姻狀況、教育程度、職業狀況、
犯罪前科、家庭收入、酒駕犯次等情形；另一方面，本書研究於變項測量中
使用因素分析，以幫助著者證實所設計之測驗的確在測某一潛在特質，釐清
潛在特質之內在結構，本書研究係抽取因素負荷量大於 0.4 的題目，組成各
分量表，以檢驗並提高各分量表之信度，如檢測自我控制量表之問項是否能
抽象化一個概念，即檢驗各問項之概念是否相同。

一、次數分配（Frequencies）

透過次數分配，可以得到各變項的分配情形，例如：了解酒駕組與非酒
駕組樣本在性別、年齡、教育程度、婚姻狀況、家庭收入與犯罪前科紀錄等
各變項的分配情形，並說明解釋。

二、因素分析（Factor Analysis）

為幫助本書研究證實所設計之測驗的確在測某一潛在特質，釐清潛在特質之內在結構，著者於變項測量中使用因素分析，且本書研究係抽取因素負荷量大於 0.4 的題目，組成各分量表，以檢驗並提高各分量表之信度，如檢測社會控制量表之問項是否能抽象化一個概念，即檢驗各問項之概念是否相同。

三、卡方（χ²）檢定

用以檢定兩個類別變項，或次序變項間之差異情形或相關程度。例如：為了解酒駕組與非酒駕組之差異情形，因此，比較酒駕組與非酒駕組在性別上之差異、酒駕組與非酒駕組在婚姻狀況上之差異、酒駕組與非酒駕組在職業方面之差異。

四、t 檢定（t-test）

用以考驗兩組樣本在各分量表平均數之差異情形，惟此平均數應為連續變項，例如：考驗酒駕組與非酒駕組在年齡上之差異、酒駕組與非酒駕組在家庭收入上之差異、酒駕組與非酒駕組在犯罪前科紀錄方面之差異、酒駕組與非酒駕組在控制因素各分量表上之差異、酒駕組與非酒駕組在機會因素各分量表上之差異。

五、變異數分析（ANOVA）

為考驗三組或三組以上樣本各組間平均數之差異是否達顯著水準，首先進行變異數同質性之檢定，再進一步檢視 F 統計量，若 P 值小於 .05，須進行事後多重比較以了解何組之間存有差異。例如：不同年齡層面者在社會控制因素上之差異、不同教育程度者在社會控制因素上之差異、不同家庭收入者在社會控制因素上之差異、不同犯罪前科紀錄者在社會控制因素上之差異。

六、皮爾森積差相關（Pearson correlation）

用以檢驗兩個連續變項間之相關情形，例如：低自我控制因素與監控因素之相關性、社會控制因素與休閒型態之相關性、機會因素與酒駕行為之相關性。若相關係數大於 .85 時，表示變項間具有嚴重的共線性問題。

七、複迴歸分析（Multiple Regression Analysis）

由於吾人並不知道那些自變項對依變項有顯著之影響力，為檢定自變項與中介變項對酒駕行為是否有顯著的影響力，本書研究之依變項係連續變項，並以標準化迴歸係數比較各變項之影響力，當標準化迴歸係數愈大時，表示該預測變項愈重要。同時，採取複迴歸分析中的逐步迴歸分析法（Stepwise Regression Analysis）進行各自變項對於依變項酒駕行為次數影響之檢驗，由於當許多的自變項與依變項間存有相關時，積差相關無法確切得知那些自變項對依變項具有較大之影響力，因為每個自變項對依變項的影響效果，都會受到其他自變項的交互作用影響，所以，透過逐步迴歸分析可找出最具影響力的變項，同時檢驗迴歸係數的顯著程度，最後找出最具解釋力的迴歸模式。

惟進行迴歸分析時，自變項部分必須為連續變項，因此，年齡、教育程度、家庭每月平均收入、犯罪前科紀錄等皆須使用連續變項，同時，性別、婚姻狀況、職業等必須改為虛擬變項方可，在性別方面係以男性為對照組；婚姻狀況部分以不穩定婚姻組別為對照組；而職業部分則係以職業駕駛為對照組。

第五節　酒駕行為者之特性分析

本書業於第一章以官方統計資料說明過目前酒駕違規之現況，不過該資料限於是官方統計的概況，是否能代表酒駕的真實狀況呢？須要進一步待本書探討。惟以下分析結果係以本書施測的地點台北市為主，故依樣本呈現出台北市的酒駕現況，因此，這樣的分析恐未能有效地推估到全國，併先敘明。

　　另本書研究問卷調查表中有關於受試者婚姻狀況勾選情形，共有 8 個選項如：未婚單身、未婚同居、已婚、已婚分居、喪偶、離婚單身、離婚同居、其他自行填寫。透過次數分配分析，600 份樣本中，未婚單身 301 人最多、次為已婚 229 人、已婚分居 9 人、離婚單身 26 人、離婚同居 4 人、未婚同居 27 人、喪偶 2 人、其他自行填寫者 2 人。為利於後續探討，本書研究將其分為三組：一為未婚組別。二為已婚組別，包含喪偶，由於喪偶通常非其意願亦非其樣本自身行為造成，因此，本書研究認為非屬於婚姻不穩定者，故納入已婚組中。三為不穩定婚姻組別，含已婚分居、離婚單身、離婚同居、未婚同居、其他自行填寫者，本書研究認為這些項目係屬於婚姻不穩定者，因此，歸於第三組別。

一、特性分析

(一) 性別與酒駕行為

　　酒駕樣本 300 份，在性別方面：以男性 269 人佔 89.7% 最高，女性 31 人則佔樣本 10.3%，因此，酒駕者仍以男性為居多，此與相關文獻發現相同（Cavaiola & Wuth, 2002；National Highway Traffic Safety, 2009；Wieczorek, Miller & Nochajski, 1992；Norstrom, 1978；Hyman, 1968）。

(二) 職業與酒駕行為

　　透過卡方檢定發現：酒駕組職業分布的適合度達統計上顯著水準（χ^2= 171.79，p<.001），其中以服務業最多 95 人佔樣本之 31.7%，次之為工 62 人佔樣本之 20.7%，第三為商 52 人佔樣本之 17.3%，再者為無業 33 人佔樣本之 11.0%。反觀非酒駕組職業部分屬於工者僅佔 5.3%，因此，酒駕組是非酒駕組之 4 倍。此一部分與相關文獻是吻合的，通常酒駕者係從事較低階層的工作（Murty & Roebuck, 1991；Donovan et al., 1985；Donovan & Marlatt, 1983；Vingilis, 1983；Donovan, 1980）。

表 5-7　酒駕組職業分布表

酒駕職業狀況	人　數	百分比	期望值	殘　差	χ^2；df；p-value
服　務　業	95	31.7	37.5	57.5	$\chi^2 = 171.79$***
餐　旅　業	20	6.7	37.5	-17.5	df＝7
工	62	20.7	37.5	24.5	p＜.001
商	52	17.3	37.5	14.5	
職　業　駕　駛	5	1.7	37.5	-32.5	
軍　公　教	11	3.6	37.5	-26.5	
無　　　業	33	11.0	37.5	-4.5	
其　　　他	22	7.3	37.5	-15.5	

1. 酒駕組男性職業工者之特性分析

　　深入分析酒駕組職業勾選工者總計 62 人，其中男性 61 人，其教育程度、年齡、家庭收入、婚姻狀況、犯罪前科紀錄與酒駕次數之相關特性分析如下：教育程度在高中職專科以下者 52 人高達 85.5%，大學以上者 9 人佔 14.5%，這顯示出：除職業的特性與其次級文化，可能影響個人酒駕行為發生之機率外，酒駕組男性職業工者的教育程度是偏低的。61 位之年齡狀況：以 30～39 歲、40～49 歲最高分別為 29.5%、29.5%，29 歲以下 9 人佔 14.8%，50 歲以上 16 人佔 26.2%，顯示出：酒駕組男性職業工者的年齡是偏高的，並以 30～49 歲為主。分析 61 位家庭收入狀況：其家庭收入在 4 萬元以下者 35 人高達 57.4%，4 萬元以上 26 人佔 42.6%，這顯示出：酒駕組男性職業工者的收入是偏低的。61 位之婚姻狀況：未婚者 23 人佔 37.7%、已婚者 25 人佔 41.0%、不穩定婚姻 13 人佔 21.3%。61 位之犯罪前科狀況：具有犯罪前科紀錄者計有 18 人佔 29.5%，近 3 成。最後，61 位之酒駕次數分析：1～4 次者計有 41 人佔 67.2%，酒駕次數共 83 次；5 次以上者僅有 20 人佔 32.8%，惟酒駕次數卻高達 132 次。

2. 酒駕組男性服務業之特性分析

　　深入分析酒駕組職業勾選服務業者總計 95 人，其中男性 85 人，其教育程度、年齡、家庭收入與犯罪前科紀錄之相關特性分析如下：教育程度在高中職專科以下者 59 人高達 69.4%，大學以上者 26 人佔 30.6%，這顯示出：酒駕組男性服務業的教育程度是偏低的。85 位之年齡狀況：以 30～39 歲最高 29 人佔 34.1%、29 歲以下 26 人佔 30.6% 次之、40～49 歲 22 人佔 25.9%、50 歲以上 8 人佔 9.4%，這顯示出：酒駕屬服務業者其年齡較為年輕。85 位家庭收入分析：其家庭收入在 4 萬元以下者 38 人高達 44.7%，4 萬元以上 47 人佔 55.3%。85 位之婚姻狀況：以未婚最高 48 人佔 56.5%、已婚次之 30 人佔 35.3%、不穩定婚姻 7 人佔 8.2%。85 位之犯罪前科狀況：具有犯罪前科紀錄者計有 7 人佔 8.2%，是偏低的。最後，85 位之酒駕次數分析：1～4 次者計有 66 人佔 77.6%，酒駕次數計 120 次；5 次以上者計僅有 19 人佔 22.4%，酒駕次數共達 104 次。

(三) 家庭收入與酒駕行為

　　透過卡方檢定發現：酒駕組家庭收入分布的適合度達統計上顯著水準（χ^2=56.45，p<.001），其中以 2～4 萬最多 119 人佔樣本之 39.7%，2 萬以下 28 人佔樣本之 9.3%，合計 4 萬以下 147 人佔樣本之 49.0%，已將近一半。至於非酒駕組方面，4 萬以下則僅佔三成，因此，酒駕者是較偏向低收入狀況，亦與相關文獻是吻合的（Donovan et al., 1985；Donovan & Marlatt, 1983；Vingilis, 1983）。

　　進一步分析酒駕組家庭收入 4 萬元以下者總計 147 人，其中男性 128 人，其教育程度、年齡、婚姻狀況、犯罪前科紀錄與酒駕次數之相關特性分析如下：教育程度在高中職專科以下者 102 人高達 79.7%，大學以上者 26 人佔 20.3%，這顯示出：酒駕組男性收入 4 萬元以下者的教育程度是偏低的。128 位之年齡狀況：以 30～39 歲最高 40 人佔 32.0%、40～49 歲 30 人佔 23.4%次之、29 歲以下 29 人佔 22.7%、50 歲以上 28 人佔 21.9%，這顯示出：酒駕組

男性收入 4 萬元以下者的年齡是偏高的，並以 30〜49 歲爲主。128 位之婚姻
狀況：以未婚最高 58 人佔 45.3%、已婚次之 48 人佔 37.5%、不穩定婚姻 22
人佔 17.2%。128 位之犯罪前科狀況：具有犯罪前科紀錄者計有 37 人佔 28.9%
近 3 成，是較高的。最後，128 位之酒駕次數分析：1〜4 次者計有 89 人佔
69.5%，酒駕次數共 187 次；5 次以上者計有 39 人僅佔 30.5%，然而酒駕次
數卻高達 258 次佔 58.0%。

表 5-8　酒駕組家庭收入分布表

酒駕收入狀況	人　數	百分比	期望值	殘　差	χ^2；df；p-value
2 萬以下	28	9.3	75.0	-47.0	χ^2=56.45***
2〜4 萬	119	39.7	75.0	44.0	df=3
4〜6 萬	70	23.3	75.0	-5.0	p<.001
6 萬以上	83	27.7	75.0	8.0	

(四) 教育程度與酒駕行為

透過卡方檢定發現：酒駕組教育程度分布的適合度達統計上顯著水準
（χ^2=74.48，p<.001），其中以高中職專科最多 162 人佔樣本之 54.0%，國中
以下 40 人佔樣本之 13.3%，合計專科以下 202 人佔樣本之 67.3%，已將近 7
成，大學以上 98 人佔樣本之 32.7%。酒駕組之教育程度與非酒駕組情形是不
同的，非酒駕組中是以大學程度以上最高佔 59.7%，其次方爲高中職專科
37.0%，而國中以下爲 3.3% 最少。雖然國中以下部分兩組一樣都是最少的，
但是要特別指出的是：酒駕組中屬於國中以下者是非酒駕組的 4 倍，此與一
般國內外文獻是吻合的（Donovan et al., 1985；Donovan & Marlatt, 1983；
Vingilis, 1983；Donovan, 1980）。

進一步分析酒駕組專科以下 202 人，其中男性 185 人，其年齡、婚姻與
犯罪前科紀錄之相關特性分析如下：185 位之年齡狀況：以 30〜39 歲最高 61
人佔 33.0%、40〜49 歲 48 人佔 25.9% 次之、50 歲以上 44 人佔 23.8%、29

歲以下 32 人佔 17.3%，這顯示出：酒駕組男性專科高中以下者的年齡是偏高的，並以 30～49 歲為主。185 位家庭收入狀況：在 4 萬元以下者 102 人高達 55.1%，4 萬元以上 83 人佔 44.9%，這顯示出：酒駕組男性專科高中以下者的收入是偏低的。185 位之婚姻狀況：以未婚最高 76 人佔 41.1%、已婚組次之 74 人佔 40.0%、不穩定婚姻 35 人佔 18.9%。185 位之犯罪前科狀況：具有犯罪前科紀錄者計有 53 人佔 28.6% 近 3 成，是較高的。最後，185 位之酒駕次數分析：1～4 次者計有 130 人佔 70.2%，酒駕次數共 265 次；5 次以上者僅有 55 人佔 29.8%，然而酒駕次數卻高達 350 次。

表 5-9　酒駕組教育程度分布表

酒駕教育程度	人　數	百分比	期望值	殘　差	χ^2；df；p-value
國中以下	40	13.3	100.0	-60.0	$\chi^2 = 74.48***$
高中職、專科	162	54.0	100.0	62.0	df = 2
大學以上	98	32.7	100.0	-2.0	p < .001

(五) 年齡與酒駕行為

透過卡方檢定發現：酒駕組年齡分布的適合度達統計上顯著水準（$\chi^2 = 12.48$，p < .01），其中以 30～39 歲最多 99 人佔樣本之 33.0%，29 歲以下 77 人佔樣本之 25.7% 次之，40～49 歲 65 人佔樣本之 21.7%。，50 歲以上 59 人佔樣本 19.7%，這顯示出酒駕者年輕人已達四分之一，不可忽視；惟主要族群仍以 30～39 歲為多數，此與國外文獻呈現出酒駕者是偏向年輕族群並不相同。本書研究認為我國傳統上家長會告誡年輕人不可飲酒，待個體成長進入社會工作後，較不受父母親的約束，同時，又逐漸接觸飲宴文化或職場工作或不同的休閒方式等而有所影響，惟這部分須待本書以迴歸統計深入探究影響酒駕行為之可能因素為何。

進一步分析酒駕組 30～39 歲 99 人中，男性佔 90 人，其教育程度、婚姻、家庭收入、犯罪前科紀錄與酒駕次數之相關特性分析如下：90 位之教育程度

在專科以下者 61 人高達 67.8%，大學以上者 29 人佔 32.2%，這顯示出：酒駕組男性 30～39 歲者的教育程度是偏低的。90 位之婚姻狀況：以未婚最高 46 人佔 51.1%、已婚 33 人佔 36.7%、不穩定婚姻 11 人佔 12.2%。分析 90 位家庭收入狀況：其家庭收入在 4 萬元以下者 41 人高達 45.6%，4 萬元以上 49 人佔 54.4%。90 位之犯罪前科狀況：具有犯罪前科紀錄者計有 15 人佔 16.7%。最後，90 位之酒駕次數分析：1～4 次者計有 70 人佔 77.8%，酒駕次數共 137 次；5 次以上者僅有 20 人佔 22.2%，酒駕次數卻高達 127 次。

表 5-10　酒駕組年齡分布表

酒駕年齡層	人　數	百分比	期望值	殘　差	χ^2；df；p-value
29 歲以下	77	25.7	75.0	2.0	$\chi^2=12.48$***
30～39 歲	99	33.0	75.0	24.0	df=3
40～49 歲	65	21.7	75.0	-10.0	p<.01
50 歲以上	59	19.6	75.0	-16.0	

(六) 婚姻與酒駕行為

透過卡方檢定發現：酒駕組婚姻狀況分布的適合度達統計上顯著水準（χ^2=42.0，p<.001），分析結果發現：最高的是未婚組計有 140 人佔樣本之 46.7%，其次為已婚組 110 人佔樣本之 36.7%，不穩定婚姻組 50 人佔樣本之 16.7%，雖然大致順序與非酒駕組情形是一致的（未婚組 53.7%、已婚組 40.3%、不穩定婚姻組 6.0%），不過，值得注意的是：在「不穩定婚姻組別」方面，酒駕組是非酒駕組的近 3 倍，以上分析之結果與相關文獻具有一致性（Cavaiola & Wuth, 2002；Yoder & Moore, 1973）。

進一步分析酒駕未婚組 140 位中，男性計 122 人，其年齡、收入、婚姻、家庭收入與酒駕次數之相關特性分析如下：122 位之教育程度在專科以下者 76 人高達 62.3%，大學以上者 46 人佔 37.7%，這顯示出：酒駕組男性未婚者的教育程度是偏低的。122 位之年齡方面：以 29 歲以下 58 人佔 47.5% 最高、

30～39 歲 46 人佔 37.8% 次之、40～49 歲 17 人佔 13.9%、50 歲以上 1 人佔 0.8%，這顯示出：酒駕組中男性未婚者的年齡是偏低的。122 位家庭收入狀況：在 4 萬元以下者 58 人高達 47.5%，4 萬元以上 64 人佔 52.5%，這顯示出：酒駕組中男性未婚的家庭收入是偏低的。122 位之犯罪前科狀況：具有犯罪前科紀錄者計有 22 人佔 18.0%。最後，122 位酒駕次數分析：1～4 次者計有 92 人佔 75.4%，酒駕次數共 178 次；5 次以上者僅有 30 人佔 24.6%，酒駕次數同樣達到 178 次。

表 5-11　酒駕組婚姻狀況分布表

酒駕婚姻狀況	人　數	百分比	期望值	殘　差	χ^2；df；p-value
未　婚　組	140	46.7	100.0	40.0	χ^2=42.0***
已　婚　組	110	36.7	100.0	10.0	df=2
不穩定婚姻組	50	16.6	100.0	-50.0	p<.001

(七) 犯罪前科與酒駕行為

透過卡方檢定發現：酒駕組犯罪前科紀錄分布的適合度達統計上顯著水準（χ^2=108.0，p<.001），其中有犯罪前科紀錄者共 60 人佔樣本之 20.0%，初犯者 31 人佔樣本之 10.3%，再犯者有 29 人佔樣本之 9.7%。另外，在非酒駕組方面的情形，發現：初犯與再犯者各佔 0.3%、0.7%，合計有犯罪前科紀錄者僅僅佔 1.0%，故酒駕組當中有犯罪前科紀錄者為非酒駕組之 20 倍。因此，研究發現以上分析資料結果與相關之研究文獻具有一致性，酒駕與犯罪前科確實有密切的關聯（Nochajski, 1993；Murty & Roebuck, 1991；Beerman, Smith & Hall, 1988；Wells-Parker, Cosby & Landrum, 1986；Argerious, McCarty & Blacker, 1985）。

進一步分析酒駕組有前科紀錄 60 位中，男性計 57 人，其年齡、收入、婚姻、家庭收入與酒駕次數之相關特性分析如下：57 位之教育程度在專科以下者 53 人高達 93.0%，大學以上者 4 人佔 7.0%，這顯示出：酒駕組男性有

犯罪前科紀錄者的教育程度是偏低的。57 位之年齡方面：以 40～49 歲、50 歲以上最高各 17 人佔 29.8%、30～39 歲 15 人佔 26.3%、29 歲以下 8 人佔 14.0%，這顯示出：酒駕組中男性有犯罪前科紀錄者的年齡是偏高的，並以 40 歲以上為主。57 位之婚姻狀況：以未婚最高 22 人佔 38.6%、已婚 21 人佔 36.8%、不穩定婚姻 14 人佔 24.6%。57 位家庭收入狀況：在 4 萬元以下者 37 人高達 64.9%，4 萬元以上 20 人佔 35.1%，這顯示出：酒駕組中男性有犯罪前科紀錄者的家庭收入是偏低的。最後，57 位酒駕次數分析：1～4 次者計有 32 人佔 56.1%，酒駕次數共 81 次；5 次以上者僅有 25 人佔 43.9%，然而酒駕次數卻高達 166 次。

表 5-12　酒駕組犯罪前科紀錄分布表

酒駕犯罪前科	人　數	百分比	期望值	殘　差	χ^2；df；p-value
無前科紀錄	240	80.0	150.0	90.0	χ^2=108.0*** df=1
有前科紀錄	60	20.0	150.0	-90.0	p<.001

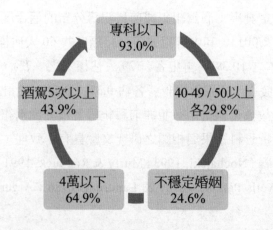

圖 5-2　酒駕組男性有犯罪前科之特性圖

二、酒駕次數分析

再深入分析 300 名酒駕樣本中關於不同酒駕行為之實際情形包括：(1) 酒後駕車（不含被警察取締之次數）。(2) 2013 年以前違反道路交通管理處罰條例第 35 條之酒駕（0.25mg/l 以上，0.55mg/l 以下）被取締次數。(3) 2013 年以前違反刑法第 185-3 條之酒後不能安全駕駛（0.55mg/l 以上）被取締次數。

(一) 酒後駕車分析

自陳過去 3 個月中，有喝酒駕車情形者計有 190 人，有 1 次酒駕行為者 95 人佔樣本之 50.0%，同樣地，隨著酒駕次數升高酒駕人數逐漸遞減，其次為 2 次者為 50 人佔樣本之 26.3%，有 3 次者 20 人佔樣本之 10.5%，有 4 次者 19 人佔樣本之 10.0%，5 次者 6 人佔樣本之 3.2%，合計 190 人犯下酒駕行為次數共達 361 次。

(二) 酒駕分析

酒精濃度成分超過每公升 0.25mg，但未達每公升 0.55mg 共計 222 人，當中最多者為 1 次酒駕行為 145 人佔樣本之 65.3%，其次為有 2 次者為 52 人佔樣本之 23.4%，並依次逐漸遞減，有 3 次者 19 人佔樣本之 8.6%，4 次者 5 人佔樣本之 2.3%，5 次者 1 人佔樣本之 0.5%，總計 222 人犯下酒駕行為次數共計有 331 次。

(三) 酒後不能安全駕駛分析

再觀酒精濃度成分達每公升 0.55mg 以上共計 131 人，最多者為 1 次酒駕行為者 73 人佔樣本之 55.7%，並且依序逐漸遞減，有 2 次者為 40 人佔樣本之 30.5%，有 3 次者 11 人佔樣本之 8.4%，有 4 次者 5 人佔樣本之 3.8%，5 次者 2 人佔樣本之 1.5%，總計 131 人犯下酒後不能安全駕駛次數共計 216 次。

(四) 所有酒駕行為次數分析

300 名酒駕者中僅有 1 次酒駕行為者計 93 人為最高，佔樣本之 31.0%；

其次爲有 2 次酒駕行爲者 68 人，佔樣本之 22.7%；有 3 次酒駕行爲者略低計有 36 人，佔樣本之 12.0%；有 4 次酒駕行爲者計 33 人，佔樣本之 11.0%；有 5 次酒駕行爲者計 29 人，佔樣本之 9.7%；有 6 次酒駕行爲者計 21 人，佔樣本之 7.0%。另外，分析 7 次酒駕行爲以上者皆爲 10 人以下，分別爲：有 7 次酒駕行爲者 5 人，佔樣本之 1.7%；有 8 次酒駕行爲者 8 人，佔樣本之 2.7%；有 9 次酒駕行爲者 4 人，佔樣本之 1.3%；有 10 次酒駕行爲者 1 人，佔樣本之 0.3%；有 11 次酒駕行爲者 1 人，佔樣本之 0.3%；有 12 次酒駕行爲者 1 人，佔樣本之 0.3%。最後，總計 300 人所犯下的酒駕行次數爲共達到 908 次。

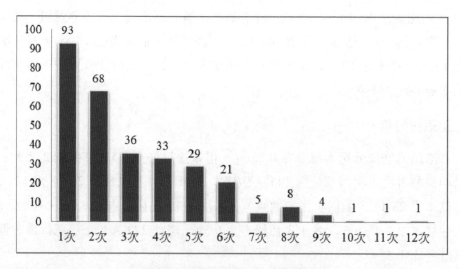

圖 5-3　所有酒駕行為次數分析

深入探究 300 位駕駛人之酒駕行爲在 5 次以上之情形，分析發現：共計有 70 位受訪者自陳有 5 次以上之酒駕行爲，佔 300 位酒駕者之 23.3%，而這 70 位駕駛人總共的酒駕行爲犯次達 439 次，佔樣本所有酒駕行爲次數之 48.3%，已達近一半之數量，此與 2-8 定律相吻合：少數人犯下多數的犯罪行爲、多數的事件發生在少數的地點或人身上。

進一步分析酒駕組 5 次酒駕以上 70 位中，男性計 67 人，其教育程度、年齡、婚姻、家庭收入與犯罪前科之相關特性分析如下：67 位之教育程度在

專科以下者 55 人高達 82.1%，大學以上者 12 人佔 17.9%，這顯示出：酒駕
組男性 5 次酒駕以上者的教育程度是偏低的。67 位之年齡方面：以 30～39
歲、40～49 歲以上最高各 20 人佔 29.9%、50 歲以上 14 人佔 21.0%、29 歲以
下 13 人佔 19.2%，這顯示出：酒駕組中男性 5 次酒駕以上者的年齡是偏高的。
67 位之婚姻狀況：以未婚最高 30 人佔 44.8%、已婚 21 人佔 31.3%、不穩定
婚姻 16 人佔 23.9%。67 位家庭收入狀況：在 4 萬元以下者 49 人高達 73.1%，
4 萬元以上 18 人佔 26.9%，這顯示出：酒駕組中男性 5 次酒駕以上者的家庭
收入是偏低的。最後，67 位之犯罪前科狀況：具有犯罪前科紀錄者計有 25 人
佔 37.2% 近 4 成，是較高的。

　　透過分析酒駕者在自陳酒後駕車行為、酒駕違規行為、以及酒後不能安
全駕駛行為等各種情形後，研究發現：不論是那一種酒駕行為狀況，違規人
數皆隨著酒駕行為次數升高而逐漸遞減，成反比之趨勢。同時本書研究要說
明：有關於酒駕犯次這方面的進一步分析資料，於官方統計資料是較難以進
行對照比較的，因為，官方統計資料所呈現者往往只限於每月或整年全國整
體統計分析取締酒駕之件數情形，因此，並無法再就所有數 10 萬被取締之違
規駕駛人一一深入地探究其過去違規次數為何。

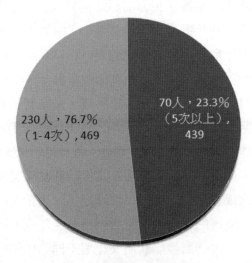

230人，76.7%
（1-4次），469

70人，23.3%
（5次以上），
439

圖 5-4　酒駕嚴重犯次分析

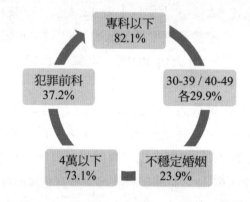

圖 5-5　酒駕組男性酒駕 5 次以上之特性圖

第六節　酒駕、非酒駕組在各因素差異分析

一、酒駕、非酒駕組在個人基本特性上之差異

(一) 酒駕組與非酒駕組在年齡、犯罪前科之差異

　　酒駕組與非酒駕組在年齡、犯罪前科之差異經分析如表 5-13 所示。

　　酒駕組與非酒駕組在年齡方面的差異情形，由表 5-13 得知：不同酒駕行為情形的駕駛人，在年齡方面有顯著之差異（t=-3.624；p<.001），顯示酒駕組與非酒駕組在年齡上達顯著差異，酒駕組的年齡（M=38.137）顯著大於非酒駕組（M=34.807）。此結果與國外文獻所述，是略有不同：酒駕者的年齡比起一般駕駛人通常傾向是較為年輕（National Highway Traffic Safety, 2009；Murty & Roebuck, 1991；Mercer, 1986；Donovan et al., 1985；Donelson, 1985；Donovan, 1980）。本書研究要特別說明：這與飲酒文化有密切之關聯，外國人往往將某些酒類當成日常飲用飲料，而非嚴重之事情，同時，飲酒年齡通常是較輕的；然而，我國的家長則通常會嚴格禁止年輕人飲酒，直到個體成長後進入社會職場工作，逐漸接觸飲酒文化與不同的休閒型態，同時父母也比較不再限制。因此，相關文獻亦指出：國外防制酒駕的策略之一是要提高

年輕人買酒精飲料產品的年齡限制（Cavaiola & Wuth, 2002）。

　　酒駕組與非酒駕組關於犯罪前科方面的差異情形，由表 5-13 可以得知：不同酒駕行為情形之駕駛人，在犯罪前科變項上，有顯著差異存在（t=-6.870；p<.001），亦即酒駕組與非酒駕組在犯罪前科情形上是達顯著差異的，酒駕組的犯罪前科（M=0.360）顯著高於非酒駕組（M=0.017）。Argerious, McCarty & Blacker (1985) 研究 1,406 位酒駕者，發現：有超過 75% 的酒駕者有一次或多次犯罪行為被控告。同時，除了與酒駕或機動車輛有關的犯罪行為外，有50% 的酒駕者因其他犯罪行為被控告。相關文獻亦指出：酒駕再犯者之最佳預測指標之一，就是犯罪前科，因此，本書研究結果與相關之研究文獻具有一致性（Nochajski, 1993；Murty & Roebuck, 1991；Beerman, Smith & Hall, 1988；Wells-Parker, Cosby & Landrum, 1986；Argerious, McCarty & Blacker, 1985）。

表 5-13　酒駕組與非酒駕組在年齡、犯罪前科之差異

個人基本特性	酒駕狀況	個數	平均數	標準差	t 值
年　　齡	酒 駕 組	300	38.137	11.079	-3.624***
	非酒駕組	300	34.807	11.429	
犯罪前科	酒 駕 組	300	0.360	0.848	-6.870***
	非酒駕組	300	0.017	0.173	

***p<.001

(二)酒駕組與非酒駕組在教育程度之關聯

　　酒駕組與非酒駕組在教育程度方面之關聯，經分析如表 5-14 所示。

　　由表 5-14 得知：不同的教育程度在酒駕組與非酒駕組上之關聯分析達統計上的顯著水準（χ^2=51.213；p<.001）。在國中以下以及專科高中職部分，酒駕組的比例均是較高的；然而在大學以上部分，非酒駕組相較於酒駕組的比例是偏高的，近 2 倍。非酒駕組之教育程度以大學、研究所以上較多，國

中以下最少；然而酒駕組之教育程度則以專科高中職最多。至於國中以下部分，酒駕組是非酒駕組的 4 倍。因此，本書研究結果與國外文獻是相符合的：酒駕者的教育程度往往是偏向不良好的教育，且通常僅完成高中教育（Cavaiola & Wuth, 2002；Donovan et al., 1985；Donovan and Marlatt, 1983；Vingilis, 1983；Donovan, 1980）。

表 5-14　酒駕組與非酒駕組在教育程度之關聯

		國中以下	專 高 中	大學以上	總　　　和	χ^2；df；p-value
非酒駕組	個數	10	111	179	300	χ^2=51.213***
	%	20.0	40.7	64.6	50.0	df=2
酒 駕 組	個數	40	162	98	300	p<.001
	%	80.0	59.3	35.4	50.0	
總　　　和	個數	50	273	277	600	
	%	100.0	100.0	100.0	100.0	

(三) 酒駕組與非酒駕組在家庭收入之關聯

酒駕組與非酒駕組在家庭收入之關聯，經分析如表 5-15 所示。

由表 5-15 得知：不同的家庭收入在酒駕組與非酒駕組上之關聯分析達統計上的顯著水準（χ^2=22.339；p<.001）。在 2 萬元以下以及 2～4 萬元部分，酒駕組的比例均是較高的；然而在 4～6 萬以及 6 萬元以上部分，非酒駕組的比例則是偏高的。酒駕組之家庭收入情形以 2～4 萬最多 119 人，2 萬以下 28 人，合計 4 萬以下 147 人佔樣本之 49.0%，已將近一半。至於非酒駕組方面，4 萬以下則僅佔 3 成，因此，酒駕者是較偏向低收入狀況，亦與相關文獻是吻合的（Donovan et al., 1985；Donovan & Marlatt, 1983；Vingilis, 1983）。

表 5-15　酒駕組與非酒駕組在家庭收入之關聯

		2萬以下	2～4萬	4～6萬	6萬以上	總　和	χ^2：df：p-value
非酒駕組	個數	25	69	83	123	300	χ^2=22.339*** df=3 p<.001
	%	47.2	36.7	54.2	59.7	50.0	
酒　駕　組	個數	28	119	70	83	300	
	%	52.8	63.3	45.8	40.3	50.0	
總　　和	個數	53	188	153	206	600	
	%	100.0	100.0	100.0	100.0	100.0	

(四) 酒駕組與非酒駕組在婚姻狀況之關聯

酒駕組與非酒駕組在婚姻狀況方面之關聯，經分析如表 5-16 所示。

前已敘明本研究將婚姻狀況分為三組，一為未婚組、次為已婚組（含喪偶）、三為不穩定婚姻組（含已婚分居、離婚單身、離婚同居、其他自填）。由表 5-16 可以得知：不同的婚姻狀況在酒駕組與非酒駕組上之關聯分析達統計上的顯著水準（χ^2=17.048；p<.001）。在未婚組與已婚組中，非酒駕組的比例是較高的；然而在不穩定婚姻組中，酒駕組的比例相較於非酒駕組，其比例是偏高的，佔 16.67%，將近 3 倍。依據 Hirschi 所提出的社會控制理論：穩定良好的婚姻關係，表示個人依附（Attachment）之程度是高的，是有助於維繫個人的正向行為（許春金，2010a；周文勇，2002）；相對地，不良的婚姻狀況則代表個人依附之程度是較薄弱的，因此，容易發生偏差行為，其酒駕行為之比例亦是較高的，此與國外的相關文獻資料是相吻合的（Cavaiola & Wuth, 2002；Yoder & Moore, 1973；Waller, 1967）。

表 5-16　酒駕組與非酒駕組在婚姻狀況之關聯

		未　婚	已　婚	不穩定婚姻	總　和	χ^2；df；p-value
非酒駕組	個數	161	121	18	300	χ^2=17.048***
	%	53.5	52.4	26.5	50.0	df=2
酒　駕　組	個數	140	110	50	300	p<.001
	%	46.5	47.6	73.5	50.0	
總　　和	個數	301	231	68	600	
	%	100.0	100.0	100.0	100.0	

(五) 酒駕組與非酒駕組在職業上之關聯

　　酒駕組與非酒駕組在職業方面之關聯，經分析如表 5-17 所示。

　　由表 5-17 得知：不同的職業類別在酒駕組與非酒駕組上之關聯分析達統計上的顯著水準（χ^2=53.522；p<.001）。兩組皆以服務業人數爲最多，惟酒駕組是略低於非酒駕組。職業勾選「工」者，酒駕組人數爲非酒駕組之近 4 倍；相對地，屬於軍公教者，非酒駕組人數則爲酒駕組之近 4 倍；無業方面，酒駕組人數爲非酒駕組之近 2 倍。據國外相關文獻指出：酒駕者是偏向從事較低階層的工作（Murty & Roebuck, 1991；Donovan et al., 1985；Vingilis, 1983；Donovan & Marlatt, 1983；Donovan, 1980），因此，本書研究認爲：分析結果與相關文獻是相吻合的。

表 5-17　酒駕組與非酒駕組在職業上之關聯

		服務業	餐旅業	工	商	軍公教	無業	其他	總和	χ^2；df；p-value
非酒駕組	個數	114	17	16	52	42	19	40	300	χ^2=53.522***
	%	54.5	45.9	20.5	50.0	79.2	36.5	59.7	50.0	df=6
酒　駕　組	個數	95	20	62	52	11	33	27	300	p<.001
	%	45.5	54.1	79.5	50.0	20.8	63.5	40.3	50.0	
總　　和	個數	209	37	78	104	53	52	67	600	
	%	100.0	100.0	100.0	100.0	100.0	100.0	100.0	100.0	

二、酒駕、非酒駕組在控制因素上之差異

酒駕組與非酒駕組在控制因素方面之差異，經分析如表 5-18 所示。

由表 5-18 得知，在低自我控制因素方面，有 6 個分項，其中體力活動、衝動性、自我中心之 t 檢定值分別為：1.531、-0.367、0.035，均未達顯著差異。惟不同的酒駕行為情形的駕駛人，在冒險性變項上，有顯著差異存在（t=2.010；p<.05），酒駕組的冒險性（M=7.667）顯著低於非酒駕組（M=8.087）。不同的酒駕行為情形的駕駛人，在投機性變項上，有顯著差異存在（t=2.296；p<.05），顯示酒駕組與非酒駕組在投機性方面上是達顯著差異的，酒駕組的投機性（M=8.773）顯著低於非酒駕組（M=9.230）。不同的酒駕行為情形的駕駛人，在低挫折容忍力變項上，有顯著差異存在（t=4.271；p<.001），顯示酒駕組與非酒駕組在低挫折容忍力方面上是達顯著差異的，酒駕組的低挫折容忍力（M=7.287）顯著低於非酒駕組（M=8.140）。

此分析結果與相關文獻是不同的，本書研究認為原因可能為，1993 年 Grasmick et al. 等學者建構之測量量表共計有 24 個項目，惟本書研究最初考量施測之題目數量已過多緣故，因此，本書研究僅施測其中 18 題。

酒駕組與非酒駕組在社會控制因素方面的差異情形，由表 5-18 可以得知，4 個分項中，同儕附著之 t 檢定值為：1.260，並未達顯著差異。不同的酒駕行為情形的駕駛人，在家庭監控變項上，有顯著差異存在（t=2.982；p<.01），顯示酒駕組與非酒駕組在家庭監控方面上是達顯著差異的，酒駕組的家庭監控（M=10.407）顯著低於非酒駕組（M=11.127）。

不同的酒駕行為情形的駕駛人，在酒駕法律信仰方面有顯著之差異（t=16.405；p<.001），顯示酒駕組與非酒駕組在酒駕法律信仰變項上，有顯著差異存在，酒駕組的酒駕法律信仰（M=17.193）顯著低於非酒駕組（M=24.157）。

不同的酒駕行為情形的駕駛人，在酒駕危險了解變項上，有顯著差異存在（t=12.875；p<.001），顯示酒駕組與非酒駕組在酒駕危險了解方面上是達顯著差異的，酒駕組的酒駕危險了解（M=19.163）顯著低於非酒駕組（M=22.700）。

表 5-18　酒駕與非酒駕組在低自我控制、社會控制因素上之差異

低自我控制因素	酒駕狀況	個數	平 均 數	標 準 差	t 值
體力活動	酒駕組	300	10.550	2.276	1.531
	非酒駕組	300	10.813	1.923	
冒險性	酒駕組	300	7.667	2.811	2.010*
	非酒駕組	300	8.087	2.280	
投機性	酒駕組	300	8.773	2.629	2.296*
	非酒駕組	300	9.230	2.227	
衝動性	酒駕組	300	7.393	2.599	-0.367
	非酒駕組	300	7.320	2.289	
自我中心	酒駕組	300	6.143	2.552	0.035
	非酒駕組	300	6.150	2.040	
低挫折容忍力	酒駕組	300	7.287	2.556	4.271***
	非酒駕組	300	8.140	2.333	
社會控制因素	酒駕狀況	個數	平 均 數	標 準 差	t 值
家庭監控	酒駕組	300	10.407	3.147	2.982**
	非酒駕組	300	11.127	2.754	
同儕附著	酒駕組	300	10.523	3.438	1.260
	非酒駕組	300	10.853	2.960	
酒駕法律信仰	酒駕組	300	17.193	6.012	16.405***
	非酒駕組	300	24.157	4.231	
酒駕危險了解	酒駕組	300	19.163	3.788	12.875***
	非酒駕組	300	22.700	2.878	

*p<.05；**p<.01；***p<.001

綜合以上分析結果發現：除同儕附著外，其餘均顯示出：與國內外之相關文獻之研究是相同的，非酒駕組受試者受到家庭監控之程度是較高；而酒駕組受試者受到家庭監控之程度則是較薄弱（陳明志，2008）。同時，酒駕組受試者則是較不能認同現行之酒駕處罰法令，他們普遍認為酒駕法令是嚴屬的、不合理的，易言之，酒駕組對於酒駕法律信仰是較薄弱的，因而較易發生酒駕違規行為，此結果顯示與 Hirschi 的社會控制理論之主張是相符合的。再者，國人對於酒駕危險與對酒駕處罰法令之了解，通常均來自於交通部等單位之教育宣導，故酒駕組受試者對於酒駕所產生危險性之了解程度是比較薄弱的，亦代表著他們是不服從現行的規範，因此，較易有酒駕行為產生，所以，本書研究結果亦符合 Hirschi 的社會控制理論主張。

三、酒駕、非酒駕組在機會因素上之差異

(一) 酒駕組與非酒駕組在飲酒情境監控、飲酒情境之差異

酒駕組與非酒駕組在飲酒情境監控以及飲酒情境方面之差異，經分析如表 5-19 所示。

酒駕組與非酒駕組在飲酒情境監控方面的差異，由表 5-19 得知：不同酒駕行為情形的駕駛人，在情境監控變項上，有顯著差異存在（t=6.624；p<.001），顯示酒駕組與非酒駕組在情境監控方面上是達顯著差異的，酒駕組的情境監控（M=5.267）顯著低於非酒駕組（M=6.623）。

本書研究認為：分析結果代表非酒駕組之受試者受到情境監控之程度是較高的；而酒駕組受試者所受到情境監控之程度則是比較薄弱的，因此，有利於酒駕組酒駕行為之發生，此與日常活動理論所主張的監控概念是一致的，此監控並非單指警察人員，而是廣泛的意指足以遏止犯罪發生之各項型態控制力而言（鄧煌發，2007；孟維德，2011；許春金，2010a；Clarke & Eck, 2003）。

酒駕與非酒駕組在飲酒情境方面的差異，由表 5-19 得知：不同的酒駕行為情形的駕駛人，在飲酒情境變項上，有顯著差異存在（t=-6.808；p<.001），

顯示酒駕組與非酒駕組在飲酒情境方面上是達顯著差異的，酒駕組的飲酒情境（M=14.860）顯著高於非酒駕組（M=12.670）。

(二) 酒駕組與非酒駕組在執法感受上之差異

由表 5-19 得知：不同之酒駕行為情形之駕駛人，在執法感受因素上，有顯著之差異存在（t=-7.042；p<.001），顯示酒駕組與非酒駕組在執法感受方面上是達顯著差異的，酒駕組的執法感受（M=8.060）顯著高於非酒駕組（M=7.023）。

以上分析結果：代表酒駕組受試者在執法感受上之程度是較高的，由於警察執行取締酒駕工作往往是屬於夜間勤務，因此，也意味著酒駕組受試者其夜間活動是較頻繁的；而非酒駕組受試者在執法感受上之程度則是較弱的，代表其夜間活動是較少的。

(三) 酒駕組與非酒駕組在大眾運輸便利上之差異

在大眾運輸便利方面，由表 5-19 可以得知：不同的酒駕行為情形的駕駛人，在大眾運輸便利變項上，有顯著差異存在（t=6.533；p<.001），顯示酒駕組與非酒駕組在大眾運輸便利方面上是達顯著差異的，酒駕組的大眾運輸便利性（M=9.097）顯著低於非酒駕組（M=10.543）。

分析結果：代表非酒駕組受試者在聚餐時選擇大眾運輸作為交通工具之程度上是較高的；而酒駕組受試者在聚餐時選擇大眾運輸作為交通工具之程度上則是較低的。科技改變了交通工具的多元樣態，同時，也可能會改變人們的日常行為形態，在大眾運輸交通工具尚未普及的年代，民眾大多自行開車，至今大眾運輸交通網較為發達的年代，提供了更多不同之搭乘方式，也因此可能同時減少酒駕的機會，此亦符合新機會理論之觀點（鄧煌發，2007；孟維德，2011；Felson & Clarke, 1998）。

(四) 酒駕組與非酒駕組在休閒型態上之差異

在休閒型態因素方面，由表 5-19 得知，有 3 個分項：不同的酒駕行為情

形的駕駛人，在遊樂型休閒變項上，有顯著差異存在（t=-3.613；p<.001），顯示酒駕組與非酒駕組在遊樂型休閒型態方面上是達顯著差異的，酒駕組的遊樂型休閒型態（M=4.130）顯著高於非酒駕組（M=3.317）。

表 5-19　酒駕與非酒駕組在機會因素上之差異

機 會 因 素	酒駕狀況	個數	平 均 數	標 準 差	t 值
飲酒情境監控	酒 駕 組	300	5.267	2.830	6.624***
	非酒駕組	300	6.623	2.139	
飲酒情境	酒 駕 組	300	14.860	3.972	-6.808***
	非酒駕組	300	12.670	3.907	
執法感受	酒 駕 組	300	8.060	1.677	-7.042***
	非酒駕組	300	7.023	1.921	
大眾運輸便利	酒 駕 組	300	9.097	2.924	6.533***
	非酒駕組	300	10.543	2.482	
遊樂型	酒 駕 組	300	4.130	2.901	-3.613***
	非酒駕組	300	3.317	2.605	
消遣型	酒 駕 組	300	7.383	2.722	5.173***
	非酒駕組	300	8.420	2.154	
運動型	酒 駕 組	300	5.877	2.905	2.712**
	非酒駕組	300	6.477	2.499	

p<.01；*p<.001

　　不同的酒駕行為情形的駕駛人，在消遣型休閒型態變項上，有顯著差異存在（t=5.173；p<.001），顯示酒駕組與非酒駕組在消遣型休閒型態方面上是達顯著差異的，酒駕組的消遣型休閒型態（M=7.383）顯著低於非酒駕組（M=8.420）。不同的酒駕行為情形的駕駛人，在運動型休閒型態變項上，有顯著差異存在（t=2.712；p<.01），顯示酒駕組與非酒駕組在運動型休閒型態方面上是達顯著差異的，酒駕組的運動型休閒型態（M=5.877）顯著低於非

酒駕組（M=6.477）。綜合上述各休閒型態之分析，進一步發現：以上 3 種休閒型態所呈現出與酒駕行為發生關聯之結果，皆與國內研究相符合（陳明志，2008）。

　　本書研究認為：當個體熱衷於遊樂型休閒型態時，代表其飲酒駕車的機會是較高的；當個體偏向於消遣型或運動型休閒型態時，代表其飲酒駕車的機會是較低的，因為，犯罪與偏差行為的發生在時空關係上是須要與日常合法活動相互配合，所以，人們的日常活動內涵同時是會影響到犯罪發生的機會。並且符合 Hirschi 的社會控制理論主張，個體愈參與傳統的活動，其愈不易發生犯罪行為。因為，當一個人將時間都投注於正當傳統的活動方面時，自然減少了犯罪的機會與時間（許春金，2010a；鄧煌發，2001b）。

第七節　小結

　　本章主要分析 300 名酒駕樣本之個人基本特性如：年齡、教育程度、婚姻狀況、職業、家庭收入與犯罪前科紀錄等，並探討酒駕組與非酒駕組在個人基本特性、控制因素與機會因素之差異，其發現如下：

一、酒駕組與非酒駕組之基本特性差異

　　酒駕組與非酒駕組基本特性差異達顯著性者計有：年齡、教育程度、婚姻狀況、職業、家庭收入與犯罪前科紀錄。年齡方面：酒駕組別平均年齡 38.1 歲是明顯高於非酒駕組 34.8 歲。婚姻方面：酒駕組別之中，屬於不穩定婚姻組別高達 16.67%，係非酒駕者 3 倍。教育程度部分：酒駕組以高中職、專科者最多佔 54.0%、國中程度以下佔 13.3%，約為非酒駕組 4 倍之多、惟大學、研究所以上僅佔 32.7%，係非酒駕組之一半。

　　酒駕組別之中，職業勾選工者佔 20.667%，係非酒駕組之近 4 倍；勾選「無業」者佔 11.0%，較非酒駕組 6.333% 明顯高出許多。酒駕組之家庭收入在 3 萬元以下者高居佔 32.7%，4 萬元以下者更高達 49.0%，業已趨近樣本一半；而非酒駕組部分，家庭收入在 3 萬元以下者僅佔 18.0%，明顯低於前組。

犯罪前科紀錄方面：在非酒駕組部分，合計有犯罪前科紀錄者僅僅佔 1.0%；至於在酒駕組部分，總計有犯罪前科紀錄者，高達 20.0%，是非酒駕組之 20 倍！

二、酒駕組與非酒駕組之控制因素差異

酒駕組與非酒駕組在低自我控制之體力活動變項、衝動性變項、自我中心變項方面，經 t 檢定，均未達顯著差異；惟在低自我控制之冒險性變項、投機性變項、低挫容忍力變項方面，經 t 檢定是達顯著差異性，且非酒駕組較為嚴重。本書研究認為：1993 年 Grasmick et al. 等學者建構之 Scale 量表共計有 24 個項目，惟本研究最初考量施測之題目數量已過多緣故，因此，僅施測其中 18 題，然恐因而影響其結果。

非酒駕組在家庭監控、酒駕法律信仰、對於酒駕危險了解之程度均顯著高於酒駕組，研究結果顯示出：與國內相關文獻之研究是相同的（陳明志，2008；張文菘，2010b），代表非酒駕組受試者受到家庭監控之程度是較高；而酒駕組受試者受到家庭監控之程度則是較薄弱。

三、酒駕組與非酒駕組之機會因素差異

酒駕組與非酒駕組在飲酒情境監控變項、飲酒情境變項方面，經 t 檢定均達顯著差異性：非酒駕組之飲酒情境監控程度顯著高於酒駕組。酒駕組的飲酒情境程度顯著高於非酒駕組。本書研究認為：分析結果代表酒駕組之受試者在聚餐時，其飲酒情境程度是較高的，同時意含著個體受到監控之程度是較薄弱。另酒駕組的執法感受程度顯著高於非酒駕組，這代表酒駕組受試者在執法感受上之程度是較高的，由於警察執行取締酒駕工作往往是屬於夜間勤務，因此，也意味著酒駕組受試者其夜間活動是較頻繁的。非酒駕組之大眾運輸便利程度顯著高於酒駕組。

休閒變項方面：酒駕組的遊樂型休閒程度顯著高於非酒駕組。酒駕組的消遣型、運動型休閒程度均顯著低於非酒駕組。本研究認為：這代表酒駕組受試者遊樂型程度上是較嚴重的，酒駕的機會是較高的；另外分析結果顯示

出：非酒駕組受試者在消遣型、運動型休閒程度上是較高的，因此，其酒駕機會可能較低。

綜合上述之分析結果，驗證了本書之研究假設如下：

1. 假設一：「酒駕組與非酒駕組在個人基本特性有顯著差異存在。」除了性別外，酒駕組與非酒駕組在其他個人基本特性上均有顯著差異，例如：年齡、教育程度、婚姻狀況、職業、家庭收入與犯罪前科等方面，是成立的。

2. 假設二：「酒駕組與非酒駕組在控制因素等各面向有顯著之差異存在。」與假設三：「酒駕組與非酒駕組在機會因素等各面向有顯著之差異存在。」酒駕組與非酒駕組在低自我控制僅部分是成立的，如：冒險性、投機性與低挫折容忍力。在社會控制因素方面，除了同儕附著外，其他如家庭監控、酒駕法律信仰與酒駕危險了解上，酒駕組與非酒駕組有顯著之差異存在，是成立的。在機會因素方面，酒駕組與非酒駕組均有顯著之差異存在，則全部皆成立，包括：飲酒情境監控、飲酒情境、執法感受、大眾交通便利性、與各種休閒型態等。

第六章

酒駕行為影響因素之分析

第一節　各因素對酒駕行為之預測力分析

　　本節主要就各個人之基本特性、控制因素與機會因素各面向，對於酒駕行為之預測力進行檢驗，以期能建立酒駕行為之預測模式。惟進行迴歸分析前，必須先檢查各自變項間是否存在共線性問題。

　　再者，以個人基本特性、控制因素（包含低自我控制、社會控制因素）、機會因素（包含情境監控因素、執法感受、大眾運輸便利與休閒型態）等為自變項，酒駕行為作為依變項，進行迴歸分析。然由於酒駕行為乃是連續變項，因此，本書研究採用複迴歸為分析工具。

一、個人基本特性在酒駕行為上之差異

(一) 不同性別、年齡、教育程度、婚姻狀況者在酒駕行為上之差異

　　鑑於著者先前對於酒醉駕駛人的研究分析發現：男性與女性之比例約為9:1，因此，本書研究進行施測時特別控制性別比例部分約為9:1，再透過卡方檢定，結果顯示 χ^2 值不顯著，亦即酒駕組與非酒駕組在男性與女性之比例上並無顯著關聯，代表本研究之樣本確實具有代表性。

　　年齡在酒駕行為之差異情形，由表 6-1 可以得知：受試者在酒駕行為方面，會因為其自身的不同年齡層次而有差異（F=7.764；p<.001），進行事後

比較，變異數同質性檢定 p<.05，表示不符合變異數同質性檢定，因此，採取 Dunnett T3 檢定方法，經整理發現：40 歲以上酒駕行為（M=1.962）顯著高於 29 歲以下（M=1.162）；40 歲以上酒駕行為（M=1.962）顯著高於 30～39 歲（M=1.356）。

　　教育程度在酒駕行為之差異情形，由表 6-1 可以得知：受試者在酒駕行為方面，會因為其自身的不同教育程度而有差異（F=40.736；p<.001），進行事後比較，變異數同質性檢定 p<.05，表示不符合變異數同質性檢定，因此，採取 Dunnett T3 檢定方法，經整理發現：國中以下酒駕行為（M=3.560）顯著高於專科高中（M=1.766）；國中以下酒駕行為（M=3.560）顯著高於大學以上（M=0.895）；專科高中酒駕行為（M=1.766）顯著高於大學以上（M=0.895）。

　　婚姻狀況在酒駕行為之差異情形，由表 6-1 可以得知：受試者在酒駕行為方面，會因為其自身的不同婚姻狀況而有差異（F=13.287；p<.001），進行事後比較，變異數同質性檢定 p<.05，表示不符合變異數同質性檢定，因此，採取 Dunnett T3 檢定方法，經整理發現：不穩定婚姻組之酒駕行為（M=2.750）顯著高於未婚組（M=1.322）；不穩定婚姻組之酒駕行為（M=2.750）顯著高於已婚組（M=1.398）。

　　綜合上述分析，本書研究認為年齡愈大，酒駕行為愈嚴重，這表示：年齡對於酒駕行為應有正向的預測力，在我國傳統的觀念上，年輕人通常不被允許喝酒，他們受到較多的監控與管教，直到成家立業，以及進入職場之後，自己面對職場文化、許多的交際應酬或聚會或各式的休閒方式，從而接觸飲酒的機會愈來愈多，甚至有部分人成為酒駕行為的持續犯，這表示：藉由日常活動的觀察，可以發現日常活動的改變也提供了人們許多酒駕行為的機會，此與日常活動理論的觀點是吻合的（Cullen & Agnew., 2003；Cavaiola & Wuth, 2002；Miethe & Meier, 1994；Maxfield, 1987；許春金、陳玉書、馬傳鎮，2000；陳玉書，2004a；陳玉書，2004b；許春金，2010a）。關於教育程度在酒駕行為之差異情形，上述的分析資料顯示：教育程度愈低者，愈容易有酒駕行為，本書研究認為此結果與相關國外文獻研究是一致的：酒駕者的教育程度往往是偏向不良好的教育，且通常僅完成高中教育（Cavaiola & Wuth, 2002；Donovan et al., 1985；Donovan & Marlatt, 1983；Vingilis, 1983；Donovan, 1980）。至於婚姻狀況在酒駕行為之差異情形，上述分析資料顯示：不穩定婚姻組別發生酒駕行為之機會是最大的。本書研究認為此結果意含著：與犯罪理論所強調當個人有愈強的社會鍵時則愈不易犯罪，而穩定的婚姻確實有助於個體之正向行為是相符合的。同時，國外文獻亦指出：酒駕者婚姻狀況部份較多為單身、分居、或離婚（Cavaiola & Wuth, 2002；Yoder & Moore, 1973；Hyman, 1968），故與本研究結果是相符合的。

表 6-1　不同性別、年齡、教育程度、婚姻狀況者在酒駕行為上之差異

酒駕行為	性別	個數	平均數	標準差	t 值	
	A. 男	527	1.565	2.199	1.916	
	B. 女	73	1.137	1.727		
酒駕行為	年齡	個數	平均數	標準差	F 值	事後比較
	A. 29 以下	179	1.162	1.771	7.764***	C>A
	B. 30～39	208	1.356	2.054		C>B
	C. 40 以上	213	1.962	2.445		
	總和	600	1.513	2.150		
酒駕行為	教育程度	個數	平均數	標準差	F 值	事後比較
	A. 國中以下	50	3.560	2.984	40.736***	A>B
	B. 專高	273	1.766	2.180		A>C
	C. 大學以上	277	0.895	1.602		B>C
	總和	600	1.513	2.150		
酒駕行為	婚姻狀況	個數	平均數	標準差	F 值	事後比較
	A. 未婚	301	1.322	1.927	13.287***	C>A
	B. 已婚	231	1.398	2.042		C>B
	C. 不穩定婚姻	68	2.750	2.939		
	總和	600	1.513	2.150		

***p<.001

(二) 不同職業、家庭收入、犯罪前科者在酒駕行為上之差異

職業在酒駕行為之差異情形，由表 6-2 可以得知：受試者在酒駕行為方面，會因為其自身的不同職業類別而有差異（F=7.047；p<.001），進行事後

比較，變異數同質性檢定 p<.05，表示不符合變異數同質性檢定，因此，採取 Dunnett T3 檢定方法，整理發現：職業勾選工之受試者，其酒駕行為（M=2.821）顯著高於服務業（M=1.182）；職業勾選工之受試者，其酒駕行為（M=2.821）顯著高於商（M=1.337）；職業勾選工之受試者，其酒駕行為（M=2.821）顯著高於軍公教（M=0.774）；職業勾選工之受試者，其酒駕行為（M=2.821）顯著高於職業勾選其他之受試者（M=1.259）。

家庭收入狀況在酒駕行為之差異情形，由表 6-2 可以得知：受試者在酒駕行為方面，會因為其自身的不同家庭收入狀況而有差異（F=9.540；p<.001），進行事後比較，變異數同質性檢定 p<.05，表示不符合變異數同質性檢定，因此，採取 Dunnett T3 檢定方法，整理發現：2 萬元以下之受試者，其酒駕行為（M=1.981）顯著高於 6 萬元以上（M=0.995）；2～4 萬元之受試者，其酒駕行為（M=2.064）顯著高於 4～6 萬元（M=1.373）；2～4 萬元之受試者，其酒駕行為（M=2.064）顯著高於 6 萬元以上（M=0.995）。

犯罪前科在酒駕行為之差異情形，由表 6-2 可以得知：受試者在酒駕行為方面，會因為其自身不同的犯罪前科狀況而有差異（F=57.709；p<.001），進行事後比較，變異數同質性檢定 p<.05，表示不符合變異數同質性檢定，因此，採取 Dunnett T3 檢定方法，整理發現：前科初犯之受試者，其酒駕行為（M=3.844）顯著高於無前科者（M=1.218）；前科再犯之受試者，其酒駕行為（M=4.226）顯著高於無前科者（M=1.218）。

綜合上述分析，職業勾選工之受試者，其酒駕行為是最高的一群體，本書研究認為此結果與國外相關文獻所述：酒駕者偏向從事較低階層的工作，是相吻合的（Murty & Roebuck, 1991；Donovan et al., 1985；Donovan & Marlatt, 1983；Vingilis, 1983；Donovan, 1980）。同時，上述分析顯示 4 萬元以下之受試者，其酒駕行為亦是最高的一群體，此與國外文獻指出：酒駕者的家庭收入情形往往是屬於較低的社經地位，亦是相符合的（Cavaiola & Wuth, 2002；Murty & Roebuck, 1991；Donovan et al., 1985；Donovan & Marlatt, 1983；Vingilis, 1983；Donovan, 1980）。最後，上述分析結果顯示犯罪前科為再犯、初犯之受試者，其酒駕行為均是最高的一群體，顯著高於無前科者；本研究

認為國外文獻指出：曾經有酒駕犯行以外的犯罪逮捕紀錄者，未來會有超過2倍因酒駕犯行而被逮捕的機會（Nochajski, 1993），同時，顯示出前科紀錄確實是與酒駕犯行具有非常密切的關聯。研究亦指出：酒駕再犯者之最佳預測指標之一，就是犯罪前科，與書本研究結果具有一致性（Nochajski, 1993；Murty & Roebuck, 1991；Beerman, Smith & Hall, 1988；Wells-Parker, Cosby & Landrum, 1986；Argerious, McCarty & Blacker, 1985）。

表 6-2　不同職業、家庭收入、犯罪前科者在酒駕行為上之差異

酒駕行為	職　業	個數	平均數	標準差	F 值	事後比較
	A.服務業	209	1.182	1.731	7.047***	C>A
	B.餐旅業	37	1.649	2.300		C>D
	C.工	78	2.821	2.676		C>F
	D.商	104	1.337	1.857		C>H
	E.職業駕駛	9	1.889	3.100		
	F.軍公教	53	0.774	1.898		
	G.無業	52	2.115	2.406		
	H.其他	58	1.259	2.205		
	總和	600	1.513	2.150		

酒駕行為	家庭收入	個數	平均數	標準差	F 值	事後比較
	A.2 萬元以下	53	1.981	2.438	9.540***	A>D
	B.2～4 萬元	188	2.064	2.511		B>C
	C.4～6 萬元	153	1.373	2.023		B>D
	D.6 萬元以上	206	0.995	1.612		
	總和	600	1.513	2.150		

酒駕行為	犯罪前科	個數	平均數	標準差	F 值	事後比較
	A.無前科	537	1.218	1.885	57.709***	B>A
	B.前科初犯	32	3.844	2.490		C>A
	C.前科再犯	31	4.226	2.741		
	總和	582	1.513	2.150		

***p<.001

三、各因素對酒駕行為之影響

本節最後將以個人基本特性、控制因素與機會因素各變項為自變項，而以酒駕行為次數為依變項，進行各自變項對依變項之影響分析。依變項酒駕行為次數在此為連續變項；在自變項中，控制因素與機會因素各變項皆為連續變項；個人基本特質中的性別、婚姻狀況、職業等則為類別變項無法進行複迴歸分析，因此，性別、婚姻狀況與職業等必須改為虛擬變項方可，在性別方面係以男性為對照組；婚姻狀況部分以不穩定婚姻組別為對照組；而職業部分則係以職業駕駛為對照組。而年齡、學歷與犯罪前科紀錄為連續變項。由於依變項為連續變項，因此，本書研究以複迴歸分析（Multiple Regression Analysis）中的逐步迴歸分析法（Stepwise Regression Analysis）進行各自變項對於依變項酒駕行為次數影響之檢驗，由於當許多的自變項與依變項間存有相關時，積差相關無法確切得知那些自變項對依變項具有較大之影響力，因為，每個自變項對依變項的影響效果，都會受到其他自變項的交互作用影響，所以，透過逐步迴歸分析可找出最具影響力的變項，同時檢驗迴歸係數的顯著程度，最後找出最具解釋力的迴歸模式。逐步迴歸方法係以向前選取法為主，一旦變數進入後，則改採向後選取法，將不重要的變數去除，若無可剔除的變數時，將繼續採取向前選取法，如此反覆一直進行，最後，直到沒有變數被選取或剔除為止。而關於個別預測變項的重要性，一般可用標準化迴歸係數作為判斷的標準，當標準化迴歸係數愈大時，表示該預測變項愈重要（陳正昌、程炳林、陳新豐、劉子鍵合著，2009；榮泰生，2007）。

進行多元迴歸分析時要注意共線性問題（Collinarity），因為共線性代表自變項間的相關過高，會造成迴歸分析之困擾，易言之，當變項間有共線性問題，表示一個預測變項是其他自變項的線性組合，且模式的參數就不能完全被估計出來（吳明隆、涂金堂著，2008；榮泰生，2007）。

為了檢驗自變項間是否存有共線性問題？可以藉由以下幾項方式來檢驗：相關分析、容忍值（Tolerance）、變異數膨脹係數（VIF）、條件指標（Condition Index），茲分別說明如下：

本書研究首先以連續變數自變項（個人基本特性、控制因素與機會因素之間）進行相關分析，經檢驗結果顯示最大與最小相關係數分別介於 -0.001與 0.481 之間，均小於 .85，因此，不存在共線性問題。其次容忍值係界於 0～1 之間，該值若小於 0.1，會產生共線性，如果一個自變項的容忍值太小，表示此變項與其他自變項間有共線性問題，若接近 0，則該變項幾乎是其他變項的線性組合；惟本書研究變項容忍值均介於 0.699 與 0.927 間，故不會產生共線性情形。而變異數膨脹係數（VIF）與允差值是倒數關係，故亦符合檢驗結果。最後，條件指標（CI 值）愈大時，愈有共線性問題；而本書研究 CI 值之最小值與最大值介於 1.00 與 28.04 均小於 30，是可被接受的。綜合以上分析討論結果，顯示本書研究未有嚴重共線性問題，詳如表 6-3。

表 6-3　變項間共線性檢定

檢驗自變項間是否存有共線性問題		
檢驗項目	本書研究樣本資料	判斷標準
相關分析	介於 -.001 與 .481 之間	<.85
容忍值	介於 0.699 與 0.927 之間	>0.1
變異數膨脹係數	與允差值是倒數關係	<10
條件指標	介於 1.00 與 28.04 之間	<30

資料來源：1. 陳正昌、程炳林、陳新豐、劉子鍵，2009；吳明隆、涂金堂，2008；吳明隆，2008；邱皓政，2008；王保進，2006。
2. 作者自行整理。

茲將本書研究所得結果，逐一分析整理呈現如表 6-4 所示。

依表 6-4 所示，影響酒駕傾向最具影響力之因子，分別如下：

模式一（M1）：最具影響力之因子爲酒駕危險了解，解釋力爲 0.188。
模式二（M2）：其次加入犯罪前科紀錄後，解釋力提升至 0.280。
模式三（M3）：再加入酒駕法律信仰後，解釋力提升至 0.334。

模式四（M4）：再加入教育程度後，解釋力提升至 0.358。

模式五（M5）：再加入執法感受後，解釋力提升至 0.366。

模式六（M6）：再加入消遣型後，解釋力提升至 0.376。

模式七（M7）：再加入飲酒情境後，解釋力提升至 0.384。

模式八（M8）：再加入飲酒情境監控後，解釋力提升至 0.391。

模式九（M9）：再加入同儕附著後，解釋力提升至 0.397。

模式十（M10）：再加入職業（工）後，解釋力提升至 0.401。

原始迴歸方程式（M10）為：

酒駕行為次數 $(\hat{Y})$ = 6.235 − 0.142×酒駕危險了解 + 0.694×犯罪前科紀錄 − 0.058×酒駕法律信仰 − 0.212×教育程度 + 0.127×執法感受 − 0.077×消遣型 + 0.056×飲酒情境 − 0.070×飲酒情境監控 − 0.054×同儕附著 + 0.457×職業（工）

標準化迴歸方程式為：

酒駕行為次數 $(\hat{Y})$ = -0.252×酒駕危險了解 + 0.205×犯罪前科紀錄 − 0.167×酒駕法律信仰 − 0.118×教育程度 + 0.111×執法感受 − 0.090×消遣型 + 0.106×飲酒情境 − 0.084×飲酒情境監控 − 0.080×同儕附著 + 0.072×職業（工）

　　本書研究依據相關文獻探討，將酒駕者個人基本特性；控制因素各分量變項如：家庭監控、同儕附著、酒駕法律信仰、酒駕危險了解；機會因素方面如：飲酒情境監控、飲酒情境、執法感受、大眾交通便利性、娛樂型、消遣型與運動型休閒型態等與酒駕被取締次數等變項，形成研究架構，經相關分析後，選取達顯著者有：年齡、教育程度、婚姻狀況、職業、家庭收入、犯罪前科紀錄、體力活動、冒險性、衝動性、低挫折容忍力、家庭監控、同儕附著、酒駕法律信仰、酒駕危險了解、飲酒情境監控、飲酒情境、執法感受、大眾運輸便利、遊樂型、消遣型、運動型休閒型態。再透過逐步迴歸分析，表 6-4 中，本書研究發現：對於依變項酒駕行為次數影響力大小依序為：

酒駕危險了解（β=-0.252；p<.001）、犯罪前科紀錄（β=0.205；p<.001）、酒駕法律信仰（β=-0.167；p<.001）、教育程度（β=-0.118；p<.01）、執法感受（β=0.111；p<.01）、消遣型休閒（β=-0.090；p<.05）、飲酒情境（β=0.106；p<.01）、飲酒情境監控（β=-0.084；p<.05）、同儕附著（β=-0.080；p<.05）與職業（工）（β=0.072；p<.05）。

　　由表 6-4 可以得知：酒駕危險了解變項最先進入迴歸模式中，代表是最能解釋依變項變異程度之自變項，其決定係數 R^2 為 .188，表示該變項可解釋依變項酒駕行為次數總變異量的 18.8%。由模式二可以得知：第二個進入迴歸模式者是犯罪前科紀錄，代表是最能解釋剩下的依變項變異程度的自變項，而模式二決定係數 R^2 為 .280，表示自變項酒駕危險了解與犯罪前科紀錄共可解釋依變項總變異量的 28.0%，代表加入自變項犯罪前科紀錄後，可提高解釋依變項總變異量的 9.2%。模式三表示進入迴歸模式的變項有：酒駕危險了解、犯罪前科紀錄與酒駕法律信仰，決定係數 R^2 為 .334，表示該 3 項自變項共可解釋依變項總變異量的 33.4%，而酒駕法律信仰變項，單獨的解釋變異量為 5.4%。而模式四之決定係數 R^2 為 .358，表示自變項酒駕危險了解、犯罪前科紀錄、酒駕法律信仰與教育程度共可解釋依變項總變異量的 35.8%，代表加入自變項教育程度後，可提高解釋依變項總變異量的 2.4%。模式五表示進入迴歸模式的變項有：酒駕危險了解、犯罪前科紀錄、酒駕法律信仰、教育程度與執法感受，決定係數 R^2 為 .366，表示該 5 項自變項共可解釋依變項總變異量的 36.6%，而執法感受變項，單獨的解釋變異量為 0.8%。由模式六可以得知：第六個進入迴歸模式者是消遣型休閒型態，代表是最能解釋剩下的依變項變異程度的自變項，而模式六決定係數 R^2 為 .376，表示自變項酒駕危險了解、犯罪前科紀錄、酒駕法律信仰、教育程度、執法感受與消遣型休閒型態共可解釋依變項總變異量的 37.6%，易言之，加入自變項消遣型休閒型態後，可提高解釋依變項總變異量的 1.0%。模式七表示進入迴歸模式的變項有：酒駕危險了解、犯罪前科紀錄、酒駕法律信仰、教育程度、執法感受、消遣型休閒型態與飲酒情境，決定係數 R^2 為 .384，表示該 7 項自變項共可解釋依變項總變異量的 38.4%，而變項飲酒情境，單獨的解釋變異量為 0.8%。

表 6-4　個人基本特性、控制因素與機會因素對酒駕行為之解釋模式

自變項	M1	M2	M3	M4	M5
酒駕危險了解	-0.433***	-0.388***	-0.300***	-0.280***	-0.289***
犯罪前科		-0.306***	0.267***	0.232***	0.237***
酒駕法律信仰			-0.254***	-0.229***	-0.197***
教育程度				-0.165***	-0.166***
執法感受					0.094**
消遣型					
飲酒情境					
飲酒情境監控					
同儕附著					
職業（工）					
R^2	0.188	0.280	0.334	0.358	0.366
F 考驗	138.342	115.811	99.524	82.867	68.516

註：1. 表中之迴歸係數爲標準化迴歸係數。
　　2. **$p<.01$；***$p<.001$

表 6-4　個人基本特性、控制因素與機會因素對酒駕行為之解釋模式（續）

自變項	M6	M7	M8	M9	M10
酒駕危險了解	-0.277***	-0.275***	-0.263***	-0.257***	-0.252***
犯罪前科	0.220***	0.214***	0.212***	0.205***	0.205***
酒駕法律信仰	-0.198***	-0.173***	-0.166***	-0.170***	-0.167***
教育程度	-0.138***	-0.142***	-0.139***	-0.134***	-0.118**
執法感受	0.109**	0.094**	0.108**	0.115**	0.111**
消遣型	-0.108**	-0.125***	-0.121**	-0.096**	-0.090*
飲酒情境		0.100**	0.095**	0.110**	0.106**
飲酒情境監控			-0.088**	-0.085**	-0.084*
同儕附著				-0.082**	-0.080*
職業（工）					0.072*
R^2	0.376	0.384	0.391	0.397	0.401
F 考驗	59.471	52.751	47.511	43.092	39.465

註：1. 表中之迴歸係數爲標準化迴歸係數。
　　2. *$p<.05$；**$p<.01$；***$p<.001$

　　依此步驟，最後，本書研究選擇了模式十作為最適當之模式，因其餘變項加入模型十均未能再顯著增加新模式的決定係數 R^2 值，故模式十應為本書研究之最適當模式。由模式十可以得知第十個進入迴歸模式者是職業（工），而模式十之決定係數 R^2 為 .401，表示 10 項自變項：酒駕危險了解、犯罪前科紀錄、酒駕法律信仰、教育程度、執法感受、消遣型休閒、飲酒情境、飲酒情境監控、同儕附著與職業（工），共可解釋依變項總變異量的 40.1%（F=39.465；p<.001），而職業（工）變項，單獨的解釋變異量為 0.4%。

　　綜合上述分析結果，本書研究發現：對於依變項酒駕行為次數具有負向影響力者共計 6 項：教育程度、酒駕法律信仰、酒駕危險了解、同儕附著、飲酒情境監控與消遣型休閒活動。而對於依變項酒駕行為次數具有正向影響力者計有 4 項：職業（工）、犯罪前科紀錄、執法感受與飲酒情境。

　　在個人基本特性中，教育程度、職業（工）與犯罪前科紀錄均為有效之預測變項。教育程度越高時，其酒駕之機率越低；犯罪前科紀錄越嚴重者，其酒駕之機率越高；在職業方面，職業（工）者其酒駕之機率顯著高於職業駕駛。

　　其次，在控制因素方面，僅社會控制因素部分有變項能顯著預測酒駕行為。在社會控制因素中，酒駕法律信仰、酒駕危險了解與同儕附著均為有效預測酒駕行為之變項。個人對於酒駕法律信仰之程度越高時，則酒駕之機率越低；個人對於酒駕危險了解之程度越高，其酒駕的機率越低；個人同儕附著之程度越高，其酒駕的機率越低。易言之，當社會控制因素程度越高時，個人酒駕之機率是越低的。

　　最後，機會因素中之監控因素、執法感受與休閒型態等方面，均為預測酒駕行為之顯著變項。在監控因素方面，飲酒情境監控與飲酒情境均為顯著之預測變項，當飲酒情境監控之程度越高，則酒駕之機率越低；而個人所處之飲酒情境程度越高時，則個人酒駕之機會也越大。在執法感受方面，個體對於執法感受越強時，則酒駕之機率越高。在休閒型態方面，不同之休閒型態對於酒駕行為會有不同之影響，如果個人越熱衷消遣型休閒活動，則酒駕之機會越低。

第二節　研究發現

　　經由迴歸統計方法對於酒駕行為預測力之分析，本書研究發現所蒐集之量化實證資料經統計分析後所得出之結果，與本書研究最初設計之研究架構有所差異，對於依變項酒駕行為具有預測力之因素，在個人基本特性方面有：教育程度、職業與犯罪前科紀錄；在控制因素方面有：酒駕法律信仰、酒駕危險了解與同儕附著；在機會因素方面則有：飲酒情境監控、飲酒情境、執法感受與消遣型休閒型態等，本書研究並就量化實證資料所得之新發現內容部分，綜合討論如下：

一、個人特性與酒駕行為

　　酒駕樣本中以高中職專科者最多 162 人佔樣本之 54.0%、國中以下 40 人佔樣本之 13.3%、大學以上 98 人佔樣本之 32.7%、故高中職以下即高達 67.3%；其教育程度與非酒駕組情形是不同的。非酒駕組中是以大學程度以上最高佔 59.7%、其次方為高中職專科 37.0%、而國中以下為 3.3% 最少、高中職以下佔 40.3%，遠低於酒駕組的 67.3%，另國中以下部分雖然兩組一樣都是最少的，惟酒駕組中屬於國中以下者是非酒駕組的 4 倍，此與一般國內外文獻是吻合的。教育程度對於酒駕行為有直接的負向影響，當教育程度越高時，則酒駕行為發生之機會是越低的。

　　職業勾選工組別者，其酒駕行為發生之比例是較高的。依據國外相關之文獻指出：酒駕者在職業方面傾向是較低的社經地位（Cavaiola & Wuth, 2002；Donovan et al., 1985）、受教育的層面是偏向比較不良好的教育，通常僅完成高中教育且從事較低階層的工作（Donovan et al., 1985；Donovan & Marlatt, 1983；Vingilis, 1983；Donovan, 1980）。另著者於 2010 年針對 311 位違規被取締之酒駕者進行研究分析時，結果發現：職業勾選工者，其酒駕行為之比例是最高的，綜合上述的研究結果，均在本研究中再次得到實證支持，職業勾選工者，其教育程度在高中職以下者高達 71.0%，同時，也顯示出：職業

的特性與次級文化，均可能會影響到個人酒駕行為之發生機會。

研究顯示出犯罪前科越嚴重者，則其酒駕行為之機會越大。本書於相關文獻探討時，即發現許多國外實證研究指出：犯罪前科與酒駕行為是有密切關聯的（Nochajski, 1993；Murty & Roebuck, 1991；Nichols & Ross, 1989；Beerman, Smith & Hall, 1988；Wells-Parker, Cosby & Landrum, 1986；Argerious, McCarty & Blacker, 1985），個人的犯罪前科紀錄是能預測酒駕行為之發生。國外的相關研究文獻在本書研究中亦得到實證之支持，所有受測樣本自陳有犯罪前科紀錄，而其中有酒駕行為者，高達 95.2%。

二、控制因素與酒駕行為

當酒駕衍生的肇事案件逐漸為大眾重視之際，交通部透過所製作的宣導短片提醒民眾勿酒駕，其內容包括：酒駕行為容易發生意外危險事故以及要接受許多重罰，包括吊扣、吊銷駕駛執照、移置車輛、高額罰鍰與講習課程等。這是大多數民眾了解與學習為何「酒後不開車、開車不喝酒」的重要管道，本書研究均納入為酒駕法律信仰的一部分。

研究結果顯示，駕駛人對於酒駕危險了解之程度越高時，其酒駕行為之機會越低；相對地，當個人對於酒駕行為可能產生之高風險了解程度愈薄弱時，則酒駕行為發生之機會是越高的。同時，當駕駛人對於酒駕法律信仰之傾向越高，則酒駕機會是越低的。在本書研究中亦獲得實證之支持。

雖然研究並未證實家庭監控因素對酒駕行為具有預測力，這部分與國內研究（陳明志，2008）有差異。不過，經 t 檢定酒駕組與非酒駕組在社會控制中之家庭監控變項方面達顯著差異，同時顯示：非酒駕組之家庭監控程度顯著高於酒駕組，代表非酒駕組受試者受到家庭監控之程度是較高的；而酒駕組受試者受到家庭監控之程度則是較薄弱的，因此，本書研究認為大致上仍趨向於相關理論之觀點。

社會控制因素方面，同儕附著對於酒駕行為具有顯著的直接影響力，且為負向的影響，易言之，個人的同儕附著越強時，則酒駕行為發生之機會是越低的。綜合以上探討，本書研究發現與 Hirschi 社會控制理論是一致的。

三、機會因素與酒駕行為

　　本書研究發現：監控因素中，飲酒情境監控對於酒駕行為具有顯著之預測力，易言之，當駕駛人之飲酒情境監控程度越高時，其酒駕行為發生之機會是越低的；飲酒情境監控程度越低，其酒駕之機會越高。另一方面，飲酒情境對於酒駕行為亦具有顯著之預測力，當聚餐飲酒的情境越熱絡時，則酒駕行為發生之機會越高。從學者 Cohen & Felson 日常活動理論觀點中可以得知：當缺乏足以遏止犯罪發生的抑制者在場，亦即缺乏任何足以監控的機制時，而飲酒的情境又極有利於有能力及傾向的駕駛人時，其酒駕行為發生之機率就會大幅的增加，該理論觀點在本書研究中亦獲得實證之支持。

　　警察實施酒駕取締專案勤務，大部分係集中於深夜，因此當駕駛人執法感受愈強烈時，亦代表其夜間之活動可能是較多的，易言之，執法感受越多時，其酒駕的機會可能是越高的，本書研究認為這是因為由於遊樂型休閒時間多屬於夜間，因此可能有較多的遊樂型休閒型態，相對地其酒駕行為發生之機率是較大的。換言之，愈偏好於遊樂型的休閒活動時，則發生酒駕之機會是越高的。

　　本書研究有關於消遣型休閒型態活動在本問卷調查中包括：看電視或看電影、聽廣播或聽音樂、閱讀書報雜誌等傳統的活動，結果發現：當個人參與於消遣型的休閒活動程度愈高時，其酒駕行為發生之機會越低；相對地，當個人參與於消遣型的休閒活動程度愈低時，其酒駕行為發生之機會則是越大的。學者 Hirschi 的社會控制理論中強調當個人愈將自己參與（Involvement）於傳統的活動中，其愈不易發生偏差行為，易言之，當個人忙著參與許多正當的活動，就沒有時間及機會去犯罪（Hirschi, 1969；蔡德輝、楊士隆，2008；黃富源、范國勇、張平吾，2007；許春金，2010a；周文勇，2002），所以，該理論在本書研究中亦得到實證之支持。

　　雖然研究並未證實運動型休閒活動對酒駕行為有預測力，這部分與國內研究（陳明志，2008）有差異，不過，經 t 檢定酒駕組與非酒駕組在運動型休閒型態變項上，達顯著差異性，分析顯示：酒駕組的運動型休閒程度顯著

低於非酒駕組，這代表非酒駕組受試者在運動型休閒活動程度上是較高的；而酒駕組受試者在運動型休閒程度上是較低的，因此，本研究認為仍趨向於相關理論觀點。同時，本書研究發現：30歲以下之樣本在偏向運動型休閒型態方面佔43%，惟同時偏向遊樂型休閒型態方面者亦佔24%，因此，年輕族群在休閒型態方面係呈現出多元化的情形。

綜合本文上述分析結果，驗證了本書之研究假設如下：

假設二：「酒駕組與非酒駕組在控制因素有顯著差異存在。」僅成立部分，例如：當酒駕法律信仰之傾向越高，則酒駕機會是越低的。駕駛人對於酒駕危險了解之程度越高時，則其酒駕行為之機會越低。個人的同儕附著越強時，則酒駕行為發生之機會是越低的。

假設三：「酒駕組與非酒駕組在機會因素有顯著差異存在。」部分是成立的。研究結果顯示：若駕駛人之飲酒情境監控越高越不易酒駕、飲酒情境越高越容易酒駕。駕駛人愈屬於消遣型休閒型態者，愈不易酒駕。

假設四：「個人基本特性、控制因素、機會因素等，對酒駕行為具有顯著之預測力存在」綜合上述之分析結果可知，僅為部分成立。

第三節 結論

本書研究最大的貢獻除了透過量化資料蒐集並經實證研究，可以明確地幫助吾人了解酒駕組與非酒駕組在個人基本特性、控制因素與機會因素等各方面之差異情形。更進一步深入探究出可以預測酒駕行為發生之因素為何，同時，明確地了解影響酒駕行為的因素是多元化層面而非單一因素，對於我國長久仰賴正式社會控制提供不同的思維模式，並與犯罪學相關理論相互印證，對於可以加強改善之部分，本研究提出於建議中供相關單位於執行面參考。另一方面，本書研究主要針對台北市實施問卷調查所回收駕駛人資料詳加統計分析，以深入了解酒駕行為之實際情況為何，故依本研究樣本分析所得係呈現出台北市的酒駕現況，因此，這樣的研究結果恐尚未能有效地推估到全國，併先敘明。

一、酒駕實務現況趨勢

(一) 酒駕樣本基本特性分析

1. 男性、30～39 歲居多

酒駕者在性別方面：以男性居多，男女比例約為 9：1。而年齡方面：30～39 歲者最多佔 33.0%、29 歲以下次之約佔四分之一強、再次之 40～49 歲者佔 21.7%、50 歲以上佔 19.7% 最少。

2. 未婚者居多

酒駕者關於婚姻部分：最高者是未婚組佔 46.7%，其次為已婚組 36.7%，最少者為不穩定婚姻組佔 16.7%；惟本研究要特別指出：在「不穩定婚姻組別」方面，酒駕組是非酒駕組的近 3 倍。

3. 低社會經濟地位傾向

酒駕者以高中職專科佔 54.0% 最多、酒駕組屬國中以下程度者佔 13.3% 是非酒駕組的 4 倍，因此，專科以下者高達 67.3%，大學以上僅佔 32.7%。職業方面：酒駕組屬服務業者佔 31.7% 最高、其次為勾選工者佔 20.7% 且是非酒駕組的 4 倍、無業者佔 11.0% 是非酒駕組的 2 倍。家庭收入方面：酒駕組 4 萬元以下收入者佔 49% 近一半，6 萬以上者僅佔 27.7%。至於，犯罪前科紀錄方面：酒駕組中有犯罪前科者佔 20.0% 為非酒駕組之 20 倍。因此，酒駕者較非酒駕者有較低的社會經濟地位。

(二) 酒駕 5 次以上者特性分析

1. 男性、40～49 歲居多

酒駕 5 次以上者在性別方面：仍以男性佔 95.7% 居多。而年齡方面：40～49 歲者佔 30.0% 最多、30～39 歲次之佔 28.6%、再次之為 50 歲以上佔 21.4%、29 歲以下最少佔 20.0%；換言之，年齡是稍長的。

2. 未婚、不穩定婚姻者居多

酒駕 5 次以上者在婚姻部分：以未婚組最高佔 44.3%，其次爲已婚組 30.0%，不穩定婚姻組部分佔 25.7%；在「不穩定婚姻組別」方面是非酒駕組的 4 倍多，同時也較一般酒駕者爲嚴重。

3. 低社會經濟地位爲多

酒駕 5 次以上者以高中職專科者佔 52.9% 最多、國中以下程度者佔 28.6% 是非酒駕組的 8 倍多，因此，專科以下者高達 81.5%，大學以上僅佔 18.5%。職業方面：以勾選工者最多佔 30.0% 且爲非酒駕組的 6 倍、服務業次之佔 27.1%、無業者佔 10.0% 是非酒駕組的近 2 倍。家庭收入方面：4 萬元以下收入者佔 58.6% 超過一半，6 萬以上者僅佔 18.6%。至於酒駕 5 次以上者在犯罪前科方面：有犯罪前科者佔 35.7% 爲非酒駕組之 35 倍多。綜合上述，在社會經濟地位方面，酒駕 5 次以上者較一般酒駕者更低弱。

(三) 酒駕有犯罪前科者特性分析

1. 男性爲主、年齡較長

酒駕有犯罪前科者在性別方面：同樣以男性居多佔 95.0%。而年齡方面：分別以 40～49 歲與 50 歲以上者各佔 30.0% 最多、30～39 歲次之佔 26.7%、29 歲以下最少佔 13.3%，易言之，酒駕有犯罪前科者其年齡是最長的一群。

2. 未婚、不穩定婚姻者居多

酒駕有犯罪前科者在婚姻部分：仍然以未婚組佔 40.0% 最高，其次爲已婚組 36.7%，最少者爲不穩定婚姻組 23.3%；惟在不穩定婚姻組別方面是非酒駕組的近 4 倍，同樣較一般酒駕者爲高。

3. 嚴重低社會經濟地位

酒駕有犯罪前科者以高中職專科者 66.7% 最多、國中以下程度者佔 23.3%

是非酒駕組的 7 倍，因此，專科以下者竟高達 90.0%，大學以上僅佔 10.0%。
職業方面：以勾選工者最多佔 30.0% 且是非酒駕組的 6 倍、無業者次之佔
18.3% 是非酒駕組的 3 倍。家庭收入方面：4 萬元以下收入者佔 65.0% 近 7
成，6 萬以上收入者僅佔 18.3%。綜合以上分析，在酒駕者中，不論在教育程
度、家庭收入或職業方面等社經地位上，具有犯罪前科者均是最嚴重的群體。

(四) 我國強調正式社會控制

縱觀我國十餘年來對抗酒駕之主要策略，是以修正「道路交通管理處罰
條例」為主，自 1986 年起，直至 2013 年，透過立法院先後三讀修正「道路
交通管理處罰條例」計達 5 次，包括：加重吊扣駕駛執照時間、加重吊銷駕
駛執照時間、提高違規罰鍰金額、當場強制移置保管駕駛人之車輛、嚴厲處
罰拒絕測試之酒醉駕駛人、以及提高道路交通安全講習時數等等。然而卻無
法產生遏止作用，在社會大眾不斷的強烈民意之下，1999 年，我國則首度改
以「犯罪化」的強硬手段，來嚴懲酒駕違規行為，增訂「刑法第 185-3 條」，
也同時啟動了刑事司法體系之運作，第一線警察機關不遺餘力強力執法取
締，每年我國警察執行取締酒駕平均件數超過 12 萬件。刑事司法體系第二線
之檢察官加強追訴，2009 年時已超過 4 萬人。第三道法院防線，2009 年時全
國各地方法院檢察署執行酒駕公共危險罪定罪人數約 4 萬人左右，占全部刑
案定罪人數的 24%。最後，2009 年時，因公共危險酒駕罪新入監人數已超過
6,300 人達歷史新高。凡此種種一連串之立法與執法策略之實施，均是希望藉
由重罰之手段，以達到嚴懲酒駕者與遏止社會大眾切勿酒駕效果。

二、不同酒駕行為群體之差異

(一) 酒駕組較非酒駕組年長、不穩定婚姻、低社經、有犯罪前科

酒駕組樣本在犯罪前科紀錄方面高達 20.0%，是顯著高於非酒駕組的
1.0%，國外學者 Argerious, McCarty & Blacker (1985) 研究了 1,406 位酒醉駕
車者後，發現：超過 75% 的酒駕者有一次或多次的犯罪行為被控告。同時，

除了與酒駕或機動車輛有關的犯罪行為外，有 50% 的酒駕者因其他犯罪行為被控告，而酒醉駕車的再犯者中約 68% 是有犯罪紀錄的。因此，本研究結果與相關實證資料是相吻合的。另外，在年齡方面亦顯著高於非酒駕組，此結果與國外文獻所述，是略有不同：酒駕者的年齡比起一般駕駛人通常傾向是較為年輕（National Highway Traffic Safety, 2009；Murty & Roebuck, 1991；Mercer, 1986；Donovan et al., 1985；Donelson, 1985；Donovan, 1980）。本書研究認為：這可能與飲酒文化有密切之關聯，外國人往往將某些酒類當成日常飲用飲料，而非嚴重之事情，同時，飲酒年齡通常是較輕的；然而，我國家長通常會禁止年輕人飲酒，直到個體成長進入職場工作後，逐漸接觸飲酒文化與參與不同的休閒型態。因此，國外文獻指出：國外防制酒駕的策略之一是要提高年輕人買酒精飲料產品的年齡限制（Cavaiola & Wuth, 2002）。不過，酒駕組樣本中，本書研究發現：29 歲以下族群佔約 25.7%，這也顯示出我國酒駕者的年齡，確實已有年輕化的趨向。婚姻方面之差異，酒駕組別中，屬於「不穩定婚姻組別」相較於非酒駕者，其所佔比例是明顯偏高的，近 3 倍達 16.67%，易言之，酒駕組中不穩定婚姻組別之人數是明顯多於非酒駕組的，此與國外文獻指出：酒駕者婚姻狀況較多為單身、分居、或離婚，是具一致性（Cavaiola & Wuth, 2002；Yoder & Moore, 1973；Hyman, 1968；Waller, 1967）。最後，在教育程度、家庭收入狀況等方面，酒駕組均顯著低於非酒駕組；酒駕組教育程度屬高中職專科者佔 54.0% 最多，若包含國中小則高達 67.3%；家庭收入在 4 萬以下者即高達 49.0%；職業類別勾選「工」之人數，酒駕組亦多於非酒駕組，且將近為 4 倍，這亦充分顯示出酒醉駕駛人族群是比較偏向低的社經地位，本書研究結果與國外相關實證資料是相一致的（Cavaiola & Wuth, 2002；Donovan et al., 1985；Donovan & Marlatt, 1983；Vingilis, 1983；Donovan, 1980）。

(二) 酒駕組較非酒駕組是社會控制薄弱的

酒駕組在冒險性、投機性與低挫容忍力等變項低於非酒駕組，此與相關之文獻是不相符合的，本書研究認為因素可能為 1993 年 Grasmick et al. 等學

者建構之測量量表共計有 24 個項目，惟本研究最初考量問卷施測之題目數量已過多緣故，因此僅施測 18 題，然恐因而影響其結果。另在家庭監控、酒駕法律信仰以及對於酒駕危險了解之程度上，非酒駕組是顯著高於酒駕組的，此與國內研究具有一致性（陳明志，2008；張文菘，2011），同時，Hirschi 社會控制理論亦指出依附鍵（Attachment）、法律信仰鍵（Believe）均會影響一個人的行為，當鍵的強度愈高時，個體愈不易犯罪，當鍵的強度愈弱時，則個體愈容易產生偏差、犯罪行為，在本研究中亦獲得支持。

(三) 酒駕組較非酒駕組是低監控、高酒駕機會的

對於飲酒情境監控之程度上，酒駕組是顯著低於非酒駕組；惟飲酒情境方面，則恰好相反，酒駕組的飲酒情境是顯著高於非酒駕組的。從學者 Cohen & Felson 之日常活動理論觀點可以得知：當缺乏足以遏止犯罪發生的抑制者在場，亦即缺乏任何足以監控的機制時，而飲酒的情境又極有利於有能力及傾向的駕駛人時，其酒駕行為發生之機率就會大幅的增加，該理論觀點在本研究中獲得實證支持。

本書研究認為：資料分析顯示執法感受方面，酒駕組是顯著高於非酒駕組的，這代表著當駕駛人執法感受愈強烈時，亦表示其夜間之活動可能是較多的，且由於遊樂型休閒時間多屬於夜間，因此，亦可能有較多的遊樂型休閒型態，相對地，其酒駕行為發生之機率自然會比較高，同時，據警政署指出國人因夜生活休閒普及，故而深夜酒駕行為及酒駕肇事之機率偏高，這亦反應了人們因日常活動休閒型態之改變，進而影響犯罪行為之發生變化，本研究認為此與日常活動理論的觀點是相符合的。至於對大眾運輸工具依賴之程度上，非酒駕組是顯著高於酒駕組，這可以透過交通工具的改變創新來了解此一現象，拜科技之賜，高鐵、捷運與公車交通網發達的今日，改變了人們搭乘交通工具的習慣，因此，也可能同時減少酒駕的機會，此亦符合日常活動理論之概念。關於休閒型態部分，酒駕組在遊樂型休閒型態程度上是顯著高於非酒駕組的，因此，酒駕的機會是較高的；至於在消遣型與運動型休閒型態程度上，非酒駕組則是顯著高於酒駕組，本書研究進一步發現：以上

3 種休閒型態呈現出與酒駕行為發生關聯之結果，皆與國內研究相符合（陳明志，2008），並且與 Hirschi 社會控制理論的主張吻合，當個人愈參與傳統的活動，其參與鍵（Involvement）愈強時，則愈不易發生犯罪行為，因為，當一個人將時間都投注於正當傳統的活動方面時，自然也減少了犯罪的機會與時間。

三、影響酒駕行為之因素

本書研究主要目的，係以實證方法探究影響酒駕行為之可能因素，繼而提出酒駕防治策略之建議。首先本書研究根據所蒐集之量化資料使用適當的統計方法分析，因為酒駕行為次數為連續變項，因此，透過複迴歸分析進行各自變項對於依變項影響之檢驗，茲將分析歸納影響酒駕行為之各因素臚列於后：

(一) 個人基本特性

1. 教育程度

本書研究透過統計分析顯示：教育程度之標準化迴歸係數為 -0.118，表示：教育程度對於酒駕行為具負向影響，易言之，教育程度愈低者，其酒駕行為發生的機會是愈高的。酒駕組教育程度方面：國中以下 40 人佔樣本之 13.3%，高中職專科者佔樣本之 54.0%，因此，高中職專科以下者佔樣本之 67.3%，此與國外的相關文獻資料是相吻合的（Cavaiola & Wuth, 2002；Donovan et al., 1985；Donovan & Marlatt, 1983；Vingilis, 1983；Donovan, 1980）。

2. 職業

本書研究透過統計分析顯示：職業（工）之標準化迴歸係數為 0.072，表示：受試者在職業方面勾選工者相對於對照組，其酒駕行為之比例是較高的。依據國內外相關文獻亦指出：酒駕者在職業方面大多是傾向較低的社經地位、受教育的層面是偏向比較不良好的教育，通常僅完成高中教育且從事較低階層的工作（Cavaiola & Wuth, 2002；Donovan et al., 1985；Donovan &

Marlatt, 1983；Vingilis, 1983；Donovan, 1980；王邦安，2008)。

　　另著者於 2010 年曾針對 311 位違規被取締之酒駕者進行研究分析時，結果發現：職業勾選工者，其酒駕行為之比例是最高的，上述的研究結果，均在本研究中再次得到實證支持。

3. 犯罪前科

　　本書研究透過複迴歸分析結果發現：「犯罪前科」對於酒駕行為之影響力位居第二，犯罪前科之標準化迴歸係數為 0.205，表示：犯罪前科對於酒駕行為具正向影響，易言之，犯罪前科紀錄越嚴重者，則其酒駕行為之機會越大。相關的文獻資料亦指出：犯罪前科與酒駕行為是有密切關聯的，而個人的犯罪前科紀錄是能預測酒駕行為之發生(Nochajski, 1993；Murty & Roebuck, 1991；Nichols & Ross, 1989；Beerman, Smith & Hall, 1988；Wells-Parker, Cosby & Landrum, 1986；Argerious, McCarty & Blacker, 1985)，國外的許多研究發現在本研究中獲得實證之支持。

(二) 社會控制因素

1. 酒駕危險了解

　　本書研究透過複迴歸分析結果發現：「酒駕危險了解」對於酒駕行為是最具影響力之因素，酒駕危險了解之標準化迴歸係數為 -0.252，表示酒駕危險了解對於酒駕行為是具有負向之影響力，易言之，當個體對於酒駕危險了解程度越高時，則其酒駕行為發生之機會是越低的。

2. 酒駕法律信仰

　　本書研究透過複迴歸分析結果發現：「酒駕法律信仰」對於酒駕行為之影響力位居第三，酒駕法律信仰之標準化迴歸係數為 -0.167，表示酒駕法律信仰對於酒駕行為是具有負向之影響力，此意謂著當個體對於酒駕法律信仰之傾向越高時，則其發生酒駕違規行為的機會是越低的。

3. 同儕附著

透過複迴歸分析結果發現：同儕附著之標準化迴歸係數爲 -0.080，表示個體對於同儕附著程度愈低時，其發生酒駕的機會是愈大的。因此，若能讓駕駛人了解正確的同儕附著，將有助於降低酒駕行爲發生之機會。

Hirschi 的社會控制理論中強調信仰鍵（Believe）對於影響個人偏差行爲的重要性。關於酒駕行爲所衍生之風險及處罰的加重，均是由交通部主導，並以製作的宣導短片進行大眾教育，易言之，駕駛人對於因酒駕行爲所可能產生危險意外之了解以及相關的罰則，多數是經由交通部宣導得知，因此，酒駕危險了解與酒駕法律信仰兩部分，均屬於酒駕法律信仰規範的一部分。

研究結果發現：當個人對於酒駕法律規範之信仰程度愈高時，其酒駕行爲發生之機會是越低的；相對地，當個人對於酒駕法律規範信仰程度愈低時，其酒駕行爲發生之機會則是越大的。當個人對於酒駕行爲可能產生之高風險了解程度愈高時，則酒駕行爲發生之機會越低；相對地，當個人對於酒駕行爲可能產生之高風險了解程度愈薄弱時，則酒駕行爲發生之機會是越高的。因此，該社會控制理論在本研究中獲得實證之支持。

(三) 機會因素

1. 飲酒情境監控

本書研究統計分析顯示：飲酒情境監控之標準化迴歸係數爲 -0.084，表示飲酒情境監控對於酒駕行爲具負向影響，所以，當駕駛人之飲酒情境監控程度越高時，其酒駕行爲發生之機會是越低的。

2. 飲酒情境

本書研究統計分析顯示：飲酒情境之標準化迴歸係數爲 0.106，表示飲酒情境對於酒駕行爲具正向影響，易言之，當駕駛人聚餐之飲酒情境越高時，則其酒駕行爲發生之機會越高。

犯罪與偏差行爲的發生在時空關係上是須要與人們日常的合法活動相互

配合,所以,日常活動理論發展之初,學者 Cohen & Felson 以巨觀(Macro)的角度來檢視美國的犯罪問題,進一步發現:傳統犯罪學家們忽略了「合法活動、日常生活的改變,對於犯罪現象的影響」。易言之,人們的日常活動內涵會影響犯罪發生的機會。後來發展以微觀(Micro)角度來探究犯罪之所以發生,是在特定的時空下,至少要有三要素相聚合:具有能力及傾向的犯罪者、適合的標的物、足以遏止犯罪發生的抑制者不在場。

本書研究發現:監控因素中,飲酒情境監控對於酒駕行為具有顯著之預測力,飲酒情境監控程度越高,其酒駕之機會越低;飲酒情境監控程度越低,其酒駕之機會越高。換言之,監控因素在本書研究中得到實證之支持。

本書研究同時發現:監控因素中,飲酒情境對於酒駕行為具有顯著之預測力,飲酒情境程度越高,其酒駕之機會越大。從學者 Cohen & Felson 之日常活動理論觀點可以得知:當缺乏足以遏止犯罪發生的抑制者在場,亦即缺乏任何足以監控的機制時,而飲酒的情境又極有利於有能力及傾向的駕駛人時,其酒駕行為發生之機率就會大幅的增加,該論點在本書研究中亦得到實證之支持。

3. 執法感受

本書研究統計分析顯示:執法感受之標準化迴歸係數為 0.111,表示:執法感受對於酒駕行為具正向影響,易言之,當駕駛人對於執法感受之程度越高時,其酒駕行為發生之機會是越高的。

警察單位於實施酒駕取締專案勤務時,大部分係集中於深夜時段,因此,當駕駛人對於執法感受愈強烈時,亦代表其夜間之活動可能是較多的。我國學者許春金等人研究發現:遊樂型休閒型態會影響其偏差行為及被害可能性(許春金、陳玉書、馬傳鎮,2000)。同時,據警政署指出國人因夜生活休閒普及,故而深夜酒駕行為及酒駕肇事之機率偏高,亦反應了人們因日常活動休閒型態之改變,進而影響犯罪行為之發生變化。同時,由於遊樂型的休閒活動,其時間多半是屬於夜間,因此,亦可能代表個體有較多的遊樂型休閒型態,相對地其酒駕行為發生之機率是較高的,此與下一段落的發現是相符合的。

4. 休閒型態

本書研究統計分析顯示：消遣型休閒型態之標準化迴歸係數為 -0.090，表示：消遣型休閒型態對於酒駕行為具負向影響，易言之，若個體喜愛消遣型休閒型態之程度越高時，則其發生酒駕行為之機會越低。

本書研究有關於消遣型休閒型態活動在本問卷調查中包括：看電視或看電影、聽廣播或聽音樂、閱讀書報雜誌等傳統的活動，分析結果發現：當個人參與於消遣型的休閒活動程度愈高時，其酒駕行為發生之機會越低；相對地，當個人參與於消遣型的休閒活動程度愈低時，其酒駕行為發生之機會則是越大的。學者 Hirschi 的社會控制理論中其所強調當個人愈將自己參與（Involvement）於傳統的活動中，其愈不易發生偏差行為，易言之，當個人忙著參與許多正當的活動，就沒有時間及機會去犯罪（Hirschi, 1969；蔡德輝、楊士隆，2008；黃富源、范國勇、張平吾，2007；許春金，2010a；周文勇，2002），所以，該理論在本書研究中亦得到實證之支持。

本書研究旨在以多元化面向探討影響酒駕行為之可能因素有那些，因此，本書研究之主要貢獻，在於幫助吾人探討與了解不同之個人基本特性、控制因素與機會因素等，是否會影響酒駕行為之發生。透過複迴歸進行分析發現：個人基本特性方面如：教育程度、犯罪前科、職業對酒駕行為是具有顯著影響的；控制因素方面如：酒駕法律信仰、酒駕危險了解、同儕附著等對酒駕行為是具有顯著影響的；機會因素方面包括：飲酒情境監控、飲酒情境、執法感受、消遣型休閒型態等對酒駕行為是具有顯著影響的。同時，本書研究發現：在上述變數中，最有影響力之因素是社會控制中的酒駕危險了解、其次為個人特性中的犯罪前科紀錄、再次之為酒駕法律信仰、教育程度、次之為機會因素中的執法感受、消遣型休閒型態、飲酒情境、飲酒情境監控、最後為同儕附著、職業（工）。

第四節　建議

　　本書研究之主要目的，係以量化實證方法探究影響酒駕行為之可能因素，繼而提出防治酒駕策略之建議。經過分析探究發現：影響酒駕行為的因素是多元化的，因此，應採取多面向方式的預防策略，以避免酒駕行為之發生。

　　第一個部分是透過本書研究之實證資料深入了解影響酒駕行為的因素後，提出積極有效之預防策略；第二個部分則是建議於未來研究防治酒駕議題時，可以更多元化之方式來嘗試努力各項可行之策略。

一、研究建議

(一) 加強酒駕之法律教育與風險觀念

　　透過本書研究實證資料顯示：對於酒駕行為最具有影響力之因素為酒駕危險之了解，以及酒駕法律信仰，本書研究發現吻合 Hirschi 的社會控制理論學說，當個體酒駕法律信仰愈高時，愈不容易犯罪，易言之，愈不信仰酒駕法律者，其酒駕情形愈嚴重。所以，本書研究認為如何內化個人對於酒駕法律之信仰，誠屬當前最重要的工作，並持續強化駕駛人對於酒駕行為高風險之了解工作。

　　因此，本書研究建議應透過各種機制以加強法律教育與宣導酒駕行為風險以及所產生之危害情況，此作為屬於犯罪三級預防中（蔡德輝、鄧煌發、蕭銘慶，2004；鄧煌發，2007a）之第一級預防：

1. 學校

　　學校是僅次於家庭對於個體重要影響之機構，故應徹底落實各級學校中之法律教育課程，與酒駕危險了解之課程，惟切勿流於形式，本書研究認為其教育內涵之深度將有助於個體社會化的順利發展與否，其中老師的角色與功能發揮與否是極重要的關鍵（蔡德輝，1993；鄧煌發，2001a；許春金，2006；鄧煌發，2008b）惟又依據相關犯罪學理論，例如自我控制理論之學說，應特

別注重向下扎根，尤其是針對國小與國中學生部分，強化飲酒與交通安全關聯之教育觀念與內涵，其效果更佳。若錯失此時機，日後個體受到社會飲酒文化與多元機會之影響下，則易於發生酒駕違規行為。

2. 駕訓機構

我國法律明文規範：每一位駕駛人上路前必須經過考驗駕駛執照之法定程序，因此，本書研究認為應藉此駕駛訓練課程先行強化：所有準駕駛人關於酒駕違規行為法律責任之教育與酒駕危險了解之重要宣導等課程。

3. 媒體

多元化的民主自由社會，媒體的力量是無遠弗屆的，尤其以我國媒體現行之發展趨勢，若能善於利用媒體之優勢，適時地將酒駕風險與法律責任深植於民眾心中，力量是無形的。並應加強宣導呈現我國酒駕肇事所衍生重大傷亡之現況與酒駕易於肇事之觀念，進一步，提昇駕駛人對於酒駕危險的了解程度，以及所應負起之法律責任，教化宣導於日常生活，應有助於避免酒駕違規情形之發生。

(二) 加強高危險族群之宣導

1. 年輕族群

本書研究實證資料顯示：酒駕情形似有年輕化之趨勢，經統計分析顯示：18～29 歲之酒駕者已達 25.7%，因此，不可輕忽 29 歲以下之年輕族群，本書研究建議應對於該年輕族群經常進出之公共場所強化宣導。

2 低社經地位族群

本書研究實證資料顯示：酒駕者受教育的層面往往是偏向比較不良好的教育，例如通常僅完成高中職教育，統計分析顯示：其教育程度在高中職專科以下者高達 67.3%。同時，酒駕者在職業方面傾向是較低的社經地位，本書研究分析發現：酒駕組中職業勾選工者係非酒駕組 4 倍，同時，其教育程度在高中職以下者更高達 71.0%，因此，建議應對於該族群加強宣導。

(三) 適性而多元之道安講習

道安講習課程是第一階段教育環節之最後一道防線，但並非是屬於第一級預防，因爲，此道安講習是針對已經發生酒駕違規行爲之駕駛人實施，惟仍不可輕忽其所具備之功效，透過上課之技巧、方式與內容，例如：酒精對於人體生心理之影響等，應可以產生一定程度之效果。研究顯示對酒駕危險之了解與酒駕法律信仰是對於個體酒駕行爲最具預測力之因素，因此，上課方式除介紹相關酒駕法令規定以及酒駕危險之風險外，應特別注重「雙向溝通」，而非僅只於教條式的傳達法律而已，以期使違規駕駛人能成功內化，從內心接受現行的酒駕處罰規範是合理的、並充分地了解酒駕行爲所產生的高風險，進一步願意去遵守相關法律規範，這應是本書研究所欲達到的最終目的。

同時，應針對不同狀況的酒駕者提供不同的課程設計，例如：酒駕組中累犯者他們對於酒駕危險了解之程度，以及從事傳統休閒活動均是最薄弱的一個群體，因此，累犯者應接受這方面更深入且更多元的教育認知；在教育的方法上亦應有所考量，因爲，累犯者的教育程度往往是最低的，所以，授課的師資應考慮其教學的技巧能否引起學員們的共鳴，而非僅只於懂得法律內容，會講授課程而已；更重要的觀念是：上課之目的並非強調處罰而是使當事人的觀念與行爲能有所轉變；另外，累犯者的上課時數要高於初犯駕駛人，初犯者提供一般的內容課程（Grohosky, Moore & Ochshorn, 2007）。

(四) 加強飲酒情境監控

有關於飲酒情境監控可分爲業者部分與個人部分，情境監控之作爲屬於三級預防中之第二級預防：

1. 業者作爲

政府應積極鼓勵補助餐飲業者準備「酒精濃度測試器」，並且主動爲來店消費之客人於離開前測試其酒精濃度，若有超過法令值時，應進一步再採取相關預防措施，例如：主動爲消費者代叫「代理駕駛」或主動爲消費者代叫

「計程車」，以避免其違規酒駕上路。

2. 個人措施

由於大部分的邀約行程均屬於事前約定的，因此，個人在每次聚餐應酬之前，可預作準備例如帶不喝酒的朋友或家人去幫忙開車或指定其中一位於宴席中勿飲酒。同時，若能加強家人的監控力，請民眾多關心家人聚餐時的交通問題，均可減少酒駕違規。

(五) 避免遊樂型休閒型態

本書研究實證資料顯示：休閒型態方面，酒駕組在遊樂型休閒型態之程度上是顯著高於非酒駕組的，而遊樂型休閒多屬於夜間之活動，警察實施酒駕取締專案勤務，亦大部分集中於深夜，因此當駕駛人執法感受愈強烈時，亦代表其夜間之活動可能是較多的。所以，可以透過媒體之宣導，多鼓勵大眾要盡量避免遊樂型休閒型態，並搭配前項餐飲業者情境監控作為。

(六) 鼓勵正確合適的休閒活動

本書研究實證資料顯示在消遣型與運動型休閒型態之程度上，非酒駕組是顯著高於酒駕組的；酒駕組在遊樂型休閒型態之程度上則是顯著高於非酒駕組的。因此，透過教育與媒體之宣導，多鼓勵大眾從事正確合適的休閒活動，例如消遣型與運動型休閒型態；同時要避免遊樂型休閒型態。

(七) 鼓勵健康之婚姻關係

本書研究實證資料顯示：非酒駕組中不穩定婚姻者係酒駕組 3 倍，不穩定婚姻組別包括：未婚同居、已婚分居、離婚單身，以及離婚同居等。因此，鼓勵維繫健康之婚姻關係將有助於減少酒駕行為之發生。

(八) 加強宣導酒駕肇事傷亡之嚴重性

酒駕衍生之交通事故除需要龐大看護、醫療費用等，更造成個人與家庭

必須承受經濟與精神上之沉重負擔，本書研究資料顯示：近年來酒駕引發之車禍件數、死傷人數均是倍數成長，因此，對於社會大眾應加強宣導酒駕肇事現況與產生之嚴重後果，藉以強化民眾對於酒駕之風險概念。

(九) 強化監獄酒駕受刑人之教化課程

本書研究資料顯示：每年因酒駕而新入監執行之人數已遠超過 6,000 人，相當 2 座一級監獄之容額標準以上，因此，本書研究認為應藉此機會強化酒駕受刑人之專業教化課程，除酒駕處罰法令、酒駕風險了解宣導之外，尚應包括：對於飲酒之正確觀念、酒精對人體健康與生、心理之影響等。

(十) 強化正確的同儕附著

透過研究發現：個體對於同儕附著程度愈低時，其發生酒駕的機會是愈大的。因此，本書研究認為可藉由相關的課程內容讓駕駛人了解正確的同儕附著，有助於降低酒駕行為發生之機會。

(土) 重視累犯酒駕者之預防

本書研究發現隨著酒駕行為次數之增加，酒駕人口逐漸減少，酒駕組中初犯者佔 31%；2～3 次佔 34.7%；4 次以上佔 34.3%，其酒駕行為總共計有571 次，佔酒駕樣本全部犯次的 62.9%。進一步分析發現：共計有 70 位受訪者自陳有 5 次以上之酒駕行為，佔 300 位酒駕者之 23.3%，而這 70 位駕駛人總共的酒駕行為犯次高達 439 次，佔樣本所有酒駕行為次數之 48.3%，已達近一半數量，綜合以上分析本研究同時發現與 2-8 定律符合：多數的事件卻發生在少數的地點或人身上。犯罪學家們所關切者應為這一小部分的持續再犯者，除犯罪前科無法改變外，課程部分應針對「酒駕危險了解、酒駕法律信仰、休閒活動與同儕附著」等內容加強教育，並了解其專長以輔導就業增加收入，最終藉多元化方式來降低酒駕行為之發生。

參考書目

一、中文部分

內政部警政署（2008）。**防制酒醉駕車工作檢討報告**。台北：內政部警政署。

內政部警政署（2008）。**警察機關全面加強取締酒醉駕車執法工作計畫**。台北：內政部警政署。

內政部警政署（2008）。**台閩刑法統計**。台北：內政部警政署。

王文科、王智弘（2007）。**教育研究法**。五南圖書出版有限公司。

王保進（2006）。**中文視窗版 SPSS 與行為科學研究**。心理出版社。

王保進（2004）。**多變量分析：套裝程式與資料分析**。高等教育文化事業有限公司。

王邦安（2008）。**酒醉駕車決意歷程與預防對策之研究－以高雄地區為例**。國立中正大學犯罪防治研究所碩士論文。

史錫恩（1999）。**中國刑事訴訟法論**。台灣警察專科學校。

丘立誠（1990）。**酒醉駕駛行為特性分析與防治策略之研究**。中央警察大學碩士論文，頁 63-67。

立法院公報（1999）。院會紀錄。第 88 卷，第 13 期。

交通部運輸研究所（1988）。**駕駛人行為反應之研究－酒精對駕駛人生理影響之實驗分析**。

交通部運輸研究所（1993）。**駕駛人行為反應之研究－酒醉駕車對駕駛行為之分析研究**。

交通部運輸研究所（1990）。**駕駛人行為反應之研究－酒精對駕駛行為之分析研究**。

交通部道安委員會、台北市監理處（1999）。**交通管理常用法令彙編**。

李震山（1998）。**警察法務法論**。

呂青霖、丘立誠（1999）。**交通警察**，台灣警察專科學校。

何賴傑（1999）。**正當法律程序原則——刑事訴訟法上一個新的法律原則？**收錄於正當法律程序原則之內涵與落實學術研討會。

法務部公報（1995）。第 181 期。

法務部（1999）。88 簡字第 001669 號函。

法務部（2011）。**犯罪狀況及其分析**。法務部。

周文勇（2002）。**青少年犯罪幫派形成之影響因素與特質之研究**。中央警察大學博士論文。

周文勇（2006）。**刑事司法與犯罪控制**。文刊刑事司法－組織、體系與策略，三民書局，頁 39-82。

孟維德（2000）。**公司犯罪影響因素及其防制策略之實證研究**。中央警察大學博士論文。

孟維德（2005）。**警察與犯罪控制**。五南圖書出版有限公司。

孟維德（2007）。**從美國堪薩斯市預防巡邏實驗評析見警率與巡邏的效能**。中央警察大學警學叢刊，第 39 卷第 4 期，頁 1-21。

孟維德（2011）。**犯罪分析與安全治理**。五南圖書出版有限公司。

林健陽（1997）。**監獄矯治問題之研究**。中央警察大學學報，第 30 期。

林健陽（2009）。**犯罪矯正專題研究**。中央警察大學。

林茂榮、楊士隆（2007）。**監獄學—犯罪矯正原理與實務**。五南圖書出版有限公司。

林山田（1999）。**論正當法律程序原則**。軍法專刊，第 45 卷第 4 期。

林國漳（1999）。**淺釋行政法學上之「正當法律程序」原則**。收錄於行政法之一般法律原則(一)，城仲模主編。

林山田（1999）。**刑法通論 (上)**。台大法律系。

林山田（1999）。**刑法通論 (下)**。台大法律系。

林山田（1999）。**刑法各論 (上)**。台大法律系。

林山田（1999）。**刑法各論 (下)**。台大法律系。

林山田（1998）。**刑事程序法**。台大法律系。

林東茂（1999）。**危險犯與經濟刑法**。五南圖書出版有限公司。

吳明隆（2008）。**SPSS 操作與應用變異數分析實務**。五南圖書出版有限公司。

吳明隆、涂金堂（2008）。**SPSS 與統計應用分析**。五南圖書出版有限公司。

周道濟（1997）。**基本人權在美國**。臺灣商務印書館。

邱皓政（2008）。**量化研究與統計分析**。五南圖書出版有限公司。

邱文彬（1999）。「**後形式思考的發展及其與人際關係之容忍性、同理心、自我揭露、自主性之關係**」。國立政治大學博士論文。

胡龍騰、黃瑋瑩、潘中道合譯（2003）。**研究方法步驟化學習指南**。學富文化事業有限公司。

洪文玲編（1999）。**警察實用法令**。中央警察大學。

侯崇文、許福生（1997）。**治亂世用重典社會意向之研究**。犯罪學期刊，第 3 期，頁 43-57。

侯崇文（2000）。**青少年偏差行為—社會控制理論與社會學習理論的整合**。犯罪學期刊，第 6 期，頁 35-61。

翁岳生（1996）。**大法官有關保障人身自由之解釋**。收錄於中央警察大學法學論集，創刊號，中央警察大學法律學系。

酒後駕車相關問題座談會（2000）。台灣本土法學雜誌社主辦，台灣本土法學雜誌第 8 期。

馬傳鎮、陳玉書、蔡田木、楊宗憲（2001）。**個人特性和環境因素對青少年中途輟學與犯罪行為影響之實證研究**。中央警察大學犯罪防治學報，第 2 期，頁 29-54。

許春金、孟維德（1997）。**家庭、學校、自我控制與偏差行為**。中央警察大學學報第
　　30 期，頁 225-256。

許春金（2006）。**刑事司法之意義、觀點與系統模式**。文刊刑事司法－組織、體系與策
　　略，三民書局，頁 1-37。

許春金（2010a）。**犯罪學**。三民書局。

許春金（2010b）。**人本犯罪學**。三民書局。

許福生（2008）。**刑事政策學**。三民書局。

許福生（2010）。**犯罪與刑事政策學**。元照出版有限公司。

黃富源、鄧煌發（1998）。**單親家庭與少年非行之探討**。中央警察大學警學叢刊，第
　　29 卷第 3 期，頁 129-131。

黃富源、范國勇、張平吾（2007）。**犯罪學概論**。三民書局。

黃徵男（2007）。**監獄學**。一品出版社。

郭生玉（2005）。**心理與教育研究法**。精華書局。

郭介桓（1998）。**正當法律程序－美國法制之比較研究**。收錄於憲法體制與法治行政
　　－城仲模教授六秩華誕祝壽論文集。

梁添盛（1999）。**警察權限法**。作者自版。

梁添盛（1999）。**整建我國警察權限法制之研究**。國立政治大學法律學系博士論文。

張麗卿（1999）。**刑事訴訟法理論與運用**。五南圖書出版有限公司。

張麗卿（1998）。**行政罰與刑罰對抗酗酒與嗑藥駕車之法理分析**。收錄於憲法體制與法
　　治行政－城仲模教授六秩華誕祝壽論文集。

張麗卿（2000）。**酒醉駕車應屬有罪**。台灣本土法學雜誌第 8 期。

張麗卿（1999）。**酗酒駕車在交通往來中的抽象危險－評台北地方法院 88 年度北簡字
　　第 1484 號等判決**。月旦法學雜誌第 54 期。

張麗卿（1999）。**論刑法公共危險罪章的新增訂**。月旦法學雜誌第 55 期。

張文菘（2008a）。**防治酒醉駕車公共危險犯罪之思維**。2008 年台灣警學與安全管理研
　　討會論文集，頁 683-698。

張文菘（2008b）。**公共危險酒醉駕車實務之探討**。2008 年行政警察實務與學術研討會
　　論文集，台灣警察專科學校，頁 41-66。

張文菘（2009）。**酒醉駕車犯罪之探討**。2009 年第四屆海峽兩岸暨香港、澳門警學研
　　討會論文集，頁 102-135。

張文菘（2010a）。**酒醉駕駛人特性及其影響因素之研究**。2010 年台灣警學與安全管理
　　研討會論文集，頁 391-410。

張文菘（2010b）。**酒醉駕車行為影響因素之實證研究**。中央警察大學犯罪防治學報第
　　11 期，頁 99-130。

張文菘（2011）。**社會控制與酒駕行為之省思**。2011 年台灣警學與安全管理研討會論文

集，頁 409-423。

許宗力（1990）。**行政機關若干基本問題之研究**。收錄於翁岳生等著，行政程序法之研究，行政院經建會健全經杜法規工作小組。

莊耀嘉（1996a）。**犯罪的心理成因：自我控制或社會控制**。國家科學委員會研究彙刊：人文與社會科學，第 6 卷，第 2 期，頁 235-257。

莊耀嘉（1996b）。**兒童品性異常的成因：低自制力與不良休閒活動**。犯罪學期刊，第 2 期，頁 125-150。

陳敏（1998）。**行政法總論**。自版。

陳敏（1987）。**行政法院有關依法行政原則裁判之研究**。政大法學評論第 36 期，頁 112。

陳運財（1998）。**憲法正當法律程序之保障與刑事訴訟**。收錄於刑事訴訟與正當之法律程序，月旦出版社。

陳正昌、程炳林、陳新豐、劉子鍵合著（2009）。**多變量分析方法－統計軟體應用**。五南圖書出版有限公司。

陳玉書、許春金、馬傳鎮等（2000）。**青少年從事特種行業影響因素及防制對策之研究**。行政院青年輔導委員會委託研究。

陳玉書（2004a）。**社會治安與犯罪被害恐懼感**。中央警察大學犯罪防治學報第 5 期，頁 39-58。

陳玉書（2004b）。**青少年從事特種行業機會因素之分析**。犯罪學期刊，第 7 卷第 1 期，頁 16-38。

陳高村（1999）。**評刑法第 185 條之 3 修正案爭議與交通執法之因應**。中央警察大學交通學刊第 22 期，頁 27-30。

陳南翰（2003）。**低自我控制、性行為、飲酒行為與少年偏差行為之研究**。中央警察大學碩士論文。

陳明志（2008）。**酒後駕車者之問題行為症候群研究－以臺北市為例**。國立臺北大學犯罪學研究所碩士論文。

葉俊榮（1993）。**環境行政的正當法律程序**。台大法學叢書。

湯德宗（1999）。**論憲法中的正當法律程序**。收錄於「正當法律程序原則之內涵與落實」學術研討會。

廖天美譯、柯威恩·帕特森著（1992）。**美國憲法釋義**。結構群文化事業有限公司。

曾幼涵（2000）。**解析青少年犯罪率高峰之現象：低自我控制與成熟代溝之再議**。國立政治大學碩士論文。

溫世頌（2006）。**心理學辭典**。三民書局。

楊慧萍（1997）。**兒童衝動性格、自我韌性、家庭因素與違犯行為之相關研究**。屏東師院教育研究所碩士論文。

楊國樞（2007）。**社會及行為科學研究法**。東華書局。

楊士隆、林健陽（2007）。**犯罪矯正－問題與對策**。五南圖書出版有限公司。

榮泰生（2007）。**SPSS 與研究方法**。五南圖書出版有限公司。

蔡墩銘（1980）。**論保安處分處所之處遇**。軍法專刊，第 26 卷第 6 期。

蔡德輝、陳超凡、陳玉書（1986）。**犯罪學古典學派之探討**。中央警察大學警政學報第
　　10 期，頁 161-176。

蔡德輝、鄧煌發、蕭銘慶（2004）。**飆車青少年之休閒需求及因應對策**。中央警察大學
　　警學叢刊，第 34 卷第 4 期，頁 19-25。

蔡德輝、鄧煌發（2007）。**社區犯罪矯正處遇之發展與未來趨勢**。文刊於犯罪矯正－問
　　題與對策，五南圖書出版有限公司，頁 395-418。

蔡德輝、楊士隆（2008）。**犯罪學**。五南圖書出版有限公司。

蔡田木（2006a）。**我國監禁狀況及其趨勢之分析**。中央警察大學犯罪防治學報第 7 期，
　　頁 227-258。

蔡田木（2006b）。**機構處遇研究**。文刊刑事司法-組織、體系與策略。三民書局，頁
　　445-474。

蔡田木（2008）。**外籍人士在臺犯罪狀況及其在監生活之分析**。中央警察大學犯罪防治
　　學報第 9 期，頁 165-191。

蔡中志主持（1997）。**道路交通法立法之研究**。中華民國運輸學會。

鄧煌發（2001a）。**國中生輟學成因及其與偏差行為相關性之研究**。中央警察大學博士
　　論文。

鄧煌發（2001b）。**影響臺灣地區近廿年來犯罪問題之社會因素及其未來趨勢預測之研
　　究**。中央警察大學學報，第 38 期，頁 183-211。

謝文彥、許春金（2005）。**台灣地區未來犯罪趨向之質性研究**。中央警察大學犯罪防治
　　學報第 6 期，頁 1-28。

謝益銘（1998）。**提昇酒後駕車執法品質之研究**。中央警察大學碩士論文。

韓忠謨（1993）。刑法各論。三民書局。

魏大喨（2000）。**臺灣高等法院 88 年度上易字第 4856 號判決補充理由**。台灣本土法學
　　雜誌第 8 期。

臺灣臺北地方法院刑事判決，88 年度北簡字第 1617 號。

臺灣臺北地方法院刑事判決，88 年度北簡字第 1484 號。

臺灣臺北地方法院刑事判決，88 年度北簡字第 1708 號。

臺灣高等法院刑事判決，88 年度上易字第 4856 號。

臺灣臺北地方法院檢察署檢察官 88 年度上字第 1038 號。

臺灣臺北地方法院檢察署檢察官 88 年度上字第 1028 號。

臺灣臺北地方法院檢察署檢察官 88 年度上字第 1016 號。

中國時報，1996 年 10 月 18 日，5 版。

聯合報，1997 年 10 月 21 日，5 版。
聯合報，1996 年 11 月 16 日，7 版。

二、英文部分

Argerious, M., McCarty, D., and Blacker, E. (1985). Criminality among individuals arraigned for drinking and driving in Massachusetts. *Journal of Studies on Alcohol*, 46: 525-529.

Beerman, K. A., Smith, M. M., and Hall, R. L. (1988). Predictors of recidivism in DUIs.. *Journal of Studies on Alcohol*, 49: 443-449.

BROWN v. TEXAS, 443 U.S. 47. (1979). https://supreme.justia.com/cases/federal/us/443/47/case.html

Cavaiola, Alan A., Ph.D. and Wuth, Charles H. (2002). *Assessment and treatment of the DWI offender*. The Haworth Press.

Cavaiola, A. A. and DeSordi, E. (1999). *Locus of Control in A Group of DWI Offenders versus Non-Offenders*. Paper presented at the 74th Annual Meeting of the Eastern Psychological Association, Aprial, Providence, Rhode Island.

Chang Wen Song. (2009). Get Tough on Drunken Driving Offense in Taiwan, *Asian Association of Police Studies.*

Clarke, R.V. & Eck, J. (2003). *Crime analysis for problem solvers in 60 small steps*, U. S. department of Justice, Office of Community Oriented Policing Services.

Cohen, L. & Felson, M. (1979). Social Change and Crime Rate Trends: A Routine Activity Approach. *American Sociological Review*, 44: 588-608.

Donovan, D. M. (1980). *Drinking behavior, personality factors, and high-risk driving*. PhD Dissertation, University of Washington.

Donovan, D. M. and Marlatt, G. A. (1982). Personality subtypes among driving-while-intoxicated offenders: Relationships to drinking behavior and driving risk. *Journal of Consulting and Clinical Psychology*, 50: 241-249.

Donovan, D. M., Marlatt, G. A. (1983). Personality subtypes among driving-while-intoxicated offenders: Relationships to drinking behavior and driving risk. *Journal of Consulting and Clinical Psychology*, 50: 241-249.

Donovan, D. M., Marlatt, G. A., and Salzburg, P. M. (1983). Drinking behavior, personality factors and high risk driving: A review and theoretical formulation. *Journal of Studies on Alcohol*, 44: 395-428.

Donovan, D. M., Queisser, H. R., Salzberg, P. M., and Umlauf, R. L. (1985). Intoxicated and bad drivers: Subgroups within the same population of high risk men drivers. *Journal of Studies on Alcohol*, 46: 375-382.

Donovan, D. M., Umlauf, R. L., and Salzberg, P. M. (1990). Bad drivers: Identification of a target group for alcohol-related prevention and early intervention. *Journal of Studies on Alcohol*, 51: 136-141.

Fell, J. C. (1993). Repeat DWI offenders: Their involvement in fatal crashes. In H. D. Utzelmann, G. Berhaus, and G. Kroj (Eds.), *Alcohol, drugs, and traffic safety*, 92, (pp.1044-1049). Cologne, Germany: Verlag TUV Rheinland GmbH.

Felson, M., & Clarke, R. V. (1998). *Opportunity makes the thief: Practical theory for crime prevention*. London UK: Home Office Police and Reducing Crime Unit.

Franklin, S. (1989). Demographic and diagnostic characteristics of 108 women convicted of DWI in Allen Country, Indiana. In *Women, Alcohol, Drugs and Traffic, Proceedings of the International Workshop*. Stockholm, Sweden, ICADTS.

Gerald R. Wheeler & Rodney V. Hissong. (1988). Effects of criminal sanctions on drunk drivers: beyond incarceration. *Crime & Delinquency*, 34: 29-42.

Grasmick, H. G., Tittle, C. R., Bursik, R. J. & Arneklev, B. J. (1993). Testing the core empirical implications of Gottfredson and Hirsch's general theory of crime. *Journal of research in crime and delinquency.*

Gottfredson, M. & Hirschi, T. (1990). *A General Theory of Crime*, Stanford University Press.

Hindelang, M. J., Gottfredson M. R. & J. Garofalo. (1978). *Victims of personal crime: An empirical foundation for a theory of personal victimization.* cambridge, MA: Ballinger.

Hirschi, Travis. (1969). *Causes of Delinquency*, University of California Press.

Jessor, R. (1987). Problem behavior theory, psychosocial development and adolescent problem drinking. British . *Journal of Addiction*, 82: 331-342.

Jessor, R.and Shirly Jessor. (1977). *Problem Behavior and Psychosocial Development*, New York: Academic Press.

Jeffrey B. Bumgarner. (2007). Criminal Profiling and Public Policy.

Jonah, B. A. and Wilson, R. J. (1986). Impaired drivers who have never been caught: Are they different from convicted impaired drivers? In *Alcohol, Accidents and Injuries, (P-173)*, SAE Technical Paper. Series 860195. Warrendale, PA: Society of Automotive Engineers.

Leonard Evans. (1991). "Traffic Safety And The Driver", Van Nostrand Reinhold.

Maxfield, M. G. (1987). *Lifestyle and routine activity theories of crime: Empirical.*

McCord. (1984). Drunken driving in longitudinal perspective. *Journal of Studies on Alcohol*, 45: 316-320.

McCormack, A. (1985). Risk for alcohol-related accidents in divorced and separated women. *Journal of Studies on Alcohol*, 46: 240-243.

McMillen, D. L., Pang, M. G., Wells-Parker, E., and Anderson, B. J. (1992). Alcohol, personality traits and high risk driving: A comparison of young, drinking drivers.

Addictive Behaviors, 17: 525-532.

Mercer, G. W. (1986). *Counterattack Traffic Research Papers*, 1985. Victoria, Canada: Ministry of the Attorney General.

Miller, B. A. and Windle, M. (1990). Alcoholism, problem drinking and driving while impaired. In R. J. Wilson and R. E. Mann (Eds.), *Drinking and Driving* (pp.68-95). New York: Guilford Press.

Murty, K. S. and Roebuck, J. B. (1991). The DUI offender as a social type. *Deviant Behavior*, 12: 451-470.

MICHIGAN DEPT. OF STATE POLICE v. SITZ, 496 U.S. 444. (1990). https://supreme. justia.com/cases/federal/us/496/444/

Nochajski, T. H., Miller, B. A., Wieczorek, W. F., and Whitney, R. (1993). The effects of a drinker-driver treatment program: Does criminal history make a difference？ *Criminal Justice and Behavior*, 20: 174-189.

Nichols, J. L. (1990). Treatment versus deterrence. *Alcohol Health & Research World*, 14(1): 44-51.

Nichols, J. L. and Ross, H. L. (1990). The effectiveness of legal sanctions in dealing with drinking drivers. In *Surgeon General's workshop on drunk driving. Background papers* (pp.93-112). Rockville, MD: Office of the Surgeon General, U. S. Department of Health and Services.

Nolan, Y., Johnson, J. A., and Pincus, A. L. (1994). Personality and drunk driving: Identification of DUI types using the Hogan Personality Inventory. *Psychological Assessment*, 6: 33-40.

Norstrom, T. (1978). Drunken Driving: A tentative causal model. In R. Hauge (Ed.), *Drinking and Driving in Scandanavia*.Oslo, Norway: Scandanavia University Books.

Parks, K. A., Nochajski, T. H., Wieczorek, W. F., and Miller, B. A. (1996). Assessing alcohol problems in female DWI offenders. In H. Kalant, J. M. Khana,and Y. Israel (Eds.), *Advances in Biomedical Alcohol Research* (pp.493-496). Oxford, England: Pergamon Press.

Paternoster & Bachman. (2001). Classical School: An Essay on Crime and Punishment.

Perrine, M. W. (1990). Who are the drinking drivers? *Alcohol Health and Research World*, 14: 26-35.

Per-Olof H. Wikström & Kyle Treiber. (2007). The role of self-control in crime causation beyond Gottfredson and Hirschi's General Theory of Crime. *European Society of Criminology.*

Popkin, C. L., Rudisill, L. C., Waller, P. F., and Geissinger, S. B. (1988). Female drinking and driving: Recent trends in North Carolina. *Accident Analysis and Prevention*, 20: 219-225.

Richard A. Ball and J. Robert Lilly. (1986). The potential use of home incarceration for drunken drivers. *Crime & Delinquency*, 224-247.

Selzer, M. L., Vinokur, A., and Wilson, T. D. (1977). A psychosocial comparison of drunken drivers and alcoholics. *Journal of Studies on Alcohol*, 38: 1294-1312.

Selzer, M. L. and Barton, E. (1977). The drunken driver: A psychosocial study. *Drug and Alcohol Dependence*, 2: 239-253.

Shore, E. R. and McCoy, M. L. (1987). Recidivism among female DUI offenders in a Midwestern American city. *Journal of Criminal Justice*, 15: 369-374.

Shore, E. R., McCoy, M. L. Toonen, L. A., and Kuntz, E. J. (1988). Arrests of woman for driving under the influence. *Journal of Studies on Alcohol*, 49: 7-10.

Simpson, H. M. (1995). Who is the persistent drinking driver? Part II: Canada and elsewhere. In *Strategies for dealing with the persistent drinking driver, Transportation Research Circular*, 437: 21-25.

Sutton, L. R. (1993). Assessment of the femal impaired driver: Implications for treatment. In H. D. Utzelman, G. Berghaus, and G. Kroj (Eds.), *Alcohol, Drugs and Traffic Safety.* Cologne, Germany: Verlag Tuv Rheinland.

SCHMERBER v. CALIFORNIA, 384 U. S. 757. (1966). https://supreme.justia.com/cases/federal/us/384/757/case.html

Tittle, C. R. (1977). Sanction, fear, and the maintenance of social order. *Social Forces*, 55, 579-595.

Valerius, M. R. (Ed.) (1989). Women, alcohol, drugs and traffic. In proceeding of the international workship. Stockholm, Sweden: ICADTS.

Vingilis, E. (1983). Drinking drivers and alcoholics: Are they from the same population? In R. G. Smart, F. B. Glaser, Y. Israel, H. Kant, R. E. Popham, and W. Schmidt (Eds.), *Research Advances in Alcohol and Drug Problems, Volume*, 7 (pp.229-342). New York: Plenum Press.

Waller, J. A. (1967). Identification of problem drinking among drunken drivers. *Journal of the American Medical Association*, 200: 114-120.

Wells-Parker, E., Cosby, P. J., and Landrum, J. W. (1986). A typology for drinking diving offenders: Methods for classification and policy implication. *Accident Analysis and Prevention*, 18: 443-453.

Weinrath, M. and Gartrell, J. (2001). Specific deterrence and sentence length: The Case of Drunk Drivers. *Journal of Contemporary Criminal Justice*, 17: 105-122.

Weinrath, M. (1990). The ignition interlock program for drunk drivers: A multivariate test. *Crime & Delinquency*, 1997 43: 42-59.

Wieczorek, W. F., Miller, B. A., and Nochajski, T. H. (1990). Alcohol diagnoses among DWI offenders. *The Problem-Drinker Driver Project Research Note*, 90-6, Research Institute on Addictions: Buffalo, NY, August: 1-2.

Wieczorek, W. F., Miller, B. A., and Nochajski, T. H. (1992). The limited utility of BAC for identifying alcohol-related problems among DWI offenders. *Journal of Studies on Alcohol*, 53: 415-419.

Wilson, R. J. and Jonah, B. A. (1985). Identifying impaired drivers among the general driving population. *Journal of Studies on Alcohol*, 46: 531-537.

Wolfgang, M. E., Figlio, R. M., & Sellin, T. (1972). *Delinquency in a birth cohort.* Chicago, IL: University of Chicago Press.

Yoder, R. D. and Moore, R. A. (1973). Characteristics of convicted drunken drivers. *Quarterly Journal of Studies on Alcoho*, 34: 927-936.

Zador, P. L. (1991). Alcohol-Related relative risk of fatal driver injuries in relation to driver age and sex. *Journal of Studies on Alcoho*, 52: 302-310.

Zuckerman, M. (1990). The psychophysiology of sensation seeking. *Journal of Personality*, 58: 313-345.

http://www.moj.gov.tw

http://www.motc.gov.tw

http://www.npa.gov.tw

https://www.mvdis.gov.tw

http://www.doh.gov.tw

http://www.judicial.gov.tw

http://law.moj.gov.tw

http://www.nhtsa.gov

http://online.sagepub.com

http://laws.findlaw.com/us/443/47.html

http://laws.findlaw.com/us/496/444.html

http://laws.findlaw.com/us/384/757.html